Siegfried Tesche

# Harrison Ford
# Seine Filme,
# sein Leben

Henschel Verlag

Sie können uns 24 Stunden am Tag erreichen
unter:
http://www.dornier-verlage.de
http://www.henschel-verlag.de

Vom selben Autor ist im Henschel Verlag
bereits erschienen:
Das große James Bond Buch. Berlin 1999
ISBN 3-89487-338-8
Sean Connery. Die Biografie. Berlin 2000
ISBN 3-89487-362-0

Die Deutsche Bibliothek –
CIP-Einheitsaufnahme
Ein Titeldatensatz für diese Publikation ist bei
Der Deutschen Bibliothek erhältlich.

ISBN 3-89487-415-5

© März 2002 by Henschel Verlag, Berlin
Der Henschel Verlag ist ein Unternehmen der
Verlagsgruppe Dornier.

Umschlaggestaltung:
Mediabureau Di Stefano, Berlin
Titelbild: CINETEXT
Satz und Gestaltung: Rainer Zenz, Berlin
Druck und Bindung:
Westermann Druck Zwickau
Printed in Germany

Gedruckt auf alterungsbeständigem Papier mit
chlorfrei gebleichtem Zellstoff

# Inhalt

# Vorwort

»Eine Rolle zu spielen ist mein bester Versuch, sie zu definieren. Anschließend darüber zu sprechen ist ein intellektuelles Unterfangen. Ich fühle mich nicht besonders wohl dabei.« Mit diesen Worten hat Harrison Ford einmal in einem Interview auf den Punkt gebracht, was er davon hält, sich Fragen von Journalisten zu stellen. Diese Mischung aus gespielter Höflichkeit, Ablehnung und Desinteresse ist immer zu spüren, wenn man Harrison Ford begegnet. Das habe ich ebenso erfahren müssen wie viele meiner Kollegen, die mir für dieses Buch ihre Erfahrungen schilderten und zum Teil ihre Interviews zur Verfügung stellten. »Ist er immer noch so langweilig wie damals?«, fragte eine Londoner Kollegin als Erstes, nachdem sie gehört hatte, dass ich über ihn recherchiere. »Ich habe ihn das erste Mal bei den Dreharbeiten von *Das tödliche Dreieck* in London getroffen«, fuhr sie fort, »und das letzte Mal 1999. Er hatte sich nicht verändert.« Die Eindrücke anderer waren ähnlich, was die Arbeit an diesem Buch nicht gerade einfach machte. »Er war höflich und bestimmt und irgendwie genervt«, schrieb ein deutscher Kollege. »Und er hasst den Rummel um seine Person!« Wie der Schauspieler in einem Interview 1994 selbst sagte: »Die Leute haben keine Ahnung, wer ich wirklich bin. Und so soll es auch bleiben.«

Von Beginn an war klar, dass es eine Zusammenarbeit mit Harrison Ford für dieses Buch nicht geben würde. Er wird seit Jahrzehnten von derselben Agentin vertreten, die nicht einmal dem amerikanischen Kollegen Lee Pfeiffer entgegenkommen wollte, der für die Reihe *The Films of …* über Ford schrieb. Ford hat durch sie bekannt geben lassen und auch mehrfach selbst öffentlich geäußert, nicht daran interessiert zu sein. Zudem räumt er ein, ständig Dinge zu vergessen oder durcheinander zu bringen.

So blieb, wie auch bei meiner Veröffentlichung über Sean Connery, nur der Umweg über die Filme und zahlreichen Sekundärmaterialien, um etwas mehr über Harrison Ford, seine Gedanken und seine Arbeit, über Rollenauswahl und -verständnis zu erfahren. Die deutschsprachigen Buchveröffentlichungen über ihn sind veraltet, überdies wurden wichtige Quellen und Filme, an denen er mitgewirkt hat, nicht berücksichtigt.

Steven Spielberg sagte einmal über ihn: »Was an Harrison Ford so attraktiv ist, ist die Tatsache, dass man ihn auf der Straße einfach nicht bemerken würde. Man würde ihn in der Masse nicht wahrnehmen, und noch nicht mal auf einer Cocktailparty, auf der nur ein Dutzend Leute sind. Er ist wirklich ein Chamäleon. Wenn er arbeitet, wird er zu der Figur, die er spielt, und danach wieder zu Harrison Ford, jemand, der Holz bearbeitet und Möbel herstellt. Seine Magie besteht darin, dieser durchschnittliche, gewöhnliche Typ zu sein.«

Dieser »gewöhnliche Typ« ohne College-Abschluss ist durch Hartnäckigkeit, Konsequenz und harte Arbeit, aber auch eine gehörige Portion Glück zum bestbezahlten Kinostar aller Zeiten aufgestiegen, obwohl er zwischendurch sieben Jahre als Zimmermann arbeitete und den Beruf des Schauspielers weit gehend vernachlässigte. Er hat sich nie mit den Studios angelegt und Gagen eingeklagt wie beispielsweise Sean Connery und sich dennoch in der Branche einen Respekt verschafft, der nahezu beispiellos ist. So hat er hohe Gagen und viel versprechende Rollen ausgeschlagen, wenn ihn die Drehbücher nicht faszinierten. Und Ford setzt sich intensiv mit den Details einer Rolle auseinander, indem er beispielsweise eingehend die Charaktere der Menschen studiert, die er verkörpern soll. Er selbst sieht sich als »Assistent des Geschichtenerzählers« und zieht in Gesprächen gern Parallelen zwischen dem Beruf eines Schauspielers und dem eines Handwerkers. Und »Ford verfügt über ein enormes technisches Wissen«, sagte der Regisseur Alan J. Pakula einmal über ihn. Häufig hält er sich bei der Filmcrew auf, diskutiert mit Special-Effects-Verantwortlichen und Kameraleuten, ist neu- und wissbegierig.

Alle hier zusammengetragenen, jahrelang gesammelten Informationen erklären hoffentlich, warum Harrison Ford es geschafft hat, zu einem der teuersten Filmstars der Welt zu werden, dem man Gagen von bis zu 25 Millionen US-Dollar pro Film anbietet.

Am 17. Februar 2000 wurde dem Schauspieler in Los Angeles der Lifetime Achievement Award für sein Lebenswerk verliehen. In einer kleinen Publikation zu diesem Anlass äußert er sich: »Ich möchte das, was ich tue, so lange tun, wie ich davon leben kann und nicht total blind werde. Das ist mein Wunsch. Aber ich brauche meine Ausgeglichenheit und muss dafür in einer Situation sein, in der sich niemand um meine üblichen Launen kümmert … Normal zu sein ist so etwas wie ein Sieg. Wie lange es auch immer dauern mag, einen Film zu drehen, so besteht die Freude in meinem Leben doch darin, nach Beendigung der Dreharbeiten wieder in die Realität zurückkehren zu können, in meinen Alltag.«

Dieses Buch, eher eine Darstellung seines Werkes als eine Biografie, soll die Arbeit Harrison Fords von 1966 bis heute dokumentieren.

Es war vor allem das Publikum, das ihn groß gemacht hat, nicht die Kritik. Dazu Ford: »Ich denke nicht, dass das Publikum etwas ist, das von mir getrennt ist. Man muss das Publikum mit etwas verführen, an das es sich erinnert. Du kannst es bei seinen grundlegenden Instinkten packen, bei seinen höchsten und erhabensten Absichten und Vorstellungen, seiner Gutherzigkeit und seinen Werten. Für mich ist das die höchste Form von Unterhaltung. Und darum geht es.«

Siegfried Tesche, Frühjahr 2002

# Dank

Ich danke den folgenden Schauspielern, Regisseuren, Produzenten und Pressebetreuern, die mir im Laufe der Jahre Interviews gewährten, Informationen und Fotos zur Verfügung stellten: Klaas Akkermann, Vic Armstrong, Michael Ballhaus, Silke Bertram-Shalom, Glenn Close, Sean Connery, Willem Dafoe, Andrew Davis, Harrison Ford, Guy Hamilton, Jeffrey Katzenberg, Arnold Kopelson, Natasha McElhone, Mike Nichols, Philip Noyce, Gary Oldman, Julia Ormond, Alan J. Pakula, Wolfgang Petersen, Sydney Pollack, Ivan Reitman, Greta Scacchi, Michael Sheard, Julia Stiles, Sigourney Weaver, Peter Weir und Katherine Willing.

Ich danke den Sammlern, Freunden und Journalisten für ihre Hilfe: Raya Abi-Rached, Peter Beddies, Johannes Blunck, Susanne und Holger Bross, Sonja Brummer, Andrea Butz, Helmut Fiebig, Bernd Frenz, Renate Frommelt, Andreas Fuchs, Hayo Göhmann, Marianne Gray, Frau Hahne und dem Team der Flebbe-Filmtheaterbetriebe in Hannover, Jens-Peter Johannsen, Karsten Kastelan, Corinna und Jörg Kastner, Klaus Kirschner, Tanja Krapp, Horst Kruse, Angela Leifeld, Lee Pfeiffer, Daniel Ronel, Harald Schneider, Michael Siegel, Stefan Stosch, Markus Tschiedert und Christian Unucka.

Dank auch den Programmdirektoren einiger Fernsehsender, die mir Gelegenheit boten, immer wieder mal ältere Filme mit Harrison Ford zu sehen, auch wenn Werbepausen und fehlende Credits das Vergnügen einschränkten. Speziellen Dank an das Cinema-Archiv, Oliver Bayan und Claudia Walter, deren unermüdliche Hilfe und einzigartige Videokollektion mir eine Reihe von Gedächtnislücken schlossen, und an Jens-Peter Johannsen mit seiner außergewöhnlichen *Star-Wars*-Sammlung für ergiebiges Zahlenmaterial. Dank schließlich den Soundtracks des einmaligen Plattenlabels Colosseum, der Musik von John Barry, Ennio Morricone und Hans Zimmer, die für ein angenehmes Arbeitsklima sorgten.

# Die Filme
## von 1966 bis heute

# Dead Heat on a Merry-go-round
(Immer wenn er Dollars roch) USA 1966

## Inhalt

Der Gangster Eli Kotch (James Coburn) macht sich die Psychiaterin Inger Knudson (Camilla Sparv) hörig, um mit ihrer Hilfe einen großen Coup zu landen. Er heiratet Inger, um ein Alibi zu haben. Kotch will das Durcheinander beim Besuch des russischen Präsidenten auf dem Flughafen in Los Angeles nutzen, um dort eine Bank zu überfallen.

## Hintergrund

Als der Film entstand, war Ford bereits bei Columbia Pictures unter Vertrag, die ihm 150 US-Dollar pro Woche zahlten. Er nahm Schauspielunterricht und wurde in ihr so genanntes New Talent Program aufgenommen. Auf die Frage, ob er entdeckt worden sei, antwortete er 1991 in einem Interview: »Ich wurde nie entdeckt. Ich habe nur immer mal wieder versucht mich bei Leuten ins Gespräch zu bringen, bis Columbia mich schließlich unter Vertrag nahm.« Nach einer kurzen Pause fügte er hinzu: »Nun, wenn man von einer Entdeckung sprechen will, dann verdanke ich sie Ian Bernard. Er war Komponist und schickte mich zum Chef des Besetzungsbüros von Columbia, nachdem er mich in einem Stück am Laguna Beach Playhouse in Kalifornien gesehen hatte.« Das Stück hieß *John Brown's Body*, wurde im März 1965 gespielt und war die einzige Theaterproduktion, in der Ford dort mitwirkte.

Im Vorwort zu dem 2001 erschienenen Buch ›Portraits‹, das Ford für den befreundeten Fotografen Timothy White schrieb, schildert er seine ersten Erfahrungen mit dem Studio Columbia Pictures. Da Elvis Presley gerade Erfolg hatte, sei er mit dessen Foto zum Friseur geschickt worden, damit dieser ihm einen ähnlichen Haarschnitt verpasste. Dann habe man ihm Flanellhemd und Jeansjacke gegeben und ihn zum Studiofotografen geschickt. »Ich fühlte mich benutzt und ausgenutzt. Das Image, das man mir verlieh, gefiel mir nicht.«

»Ich verdiente mein Geld, indem ich mit den anderen Schauspielern am Strand von Malibu herumtobte«, sagte er 1981 dem ›Rolling Stone‹. »Die Fotos erschienen dann in Magazinen wie ›Argosy‹. Die Bildunterschriften lauteten: ›Harrison Ford und andere am Strand. Foto: Columbia Pictures‹. Es war zwar nicht so kultiviert wie Modell zu stehen, aber es war ein Weg, um als Schauspieler akzeptiert zu werden, während ich den Beruf erlernte.«

## Dreharbeiten, -orte und Budget

Fords erster Leinwandauftritt ist so kurz, dass man ihn verpasst, wenn man nicht genau hinschaut. Er spielt einen Pagen des Sheraton Hotels und sagt zu Hauptdarsteller James Coburn: »Telegramm für Mr. Jones. Mr. Jones? Ein Telegramm, Sir!« Dafür bekam er 50 US-Dollar. Gedreht wurde im Frühjahr und Sommer des Jahres 1966 in Los Angeles und Boston, Massachusetts. Das Budget betrug zwei Millionen US-Dollar.

Ford sah seinen Eintritt ins Filmgeschäft eher nüchtern. »Es war kein besonders erhebendes Erlebnis. Das Ganze hat absolut keinen Eindruck auf mich gemacht.« Auf den Chef der Columbia wohl auch nicht. Der zitierte ihn in sein Büro und erzählte ihm folgende Geschichte: »Als Tony Curtis zum ersten Mal in einem Film mitspielte, hatte er nur irgendwo eine Tüte mit Lebensmitteln abzuliefern! Aber man brauchte den Mann nur ein einziges Mal anzuschauen und wusste sofort, das ist ein Star. Aber du hast einfach nicht das Zeug dazu. Geh wieder zurück in deinen Schauspielunterricht. In den nächsten sechs bis zwölf Monaten will ich dich nicht mehr im Studio sehen.«

Fords Reaktion: »Wenn ein Typ in einem Film etwas abliefern soll, dann soll er so ausschauen, als würde er etwas abliefern – und nicht so, als wäre er ein Star!« 1993 gestand er, dies sei das einzige Mal in seiner Karriere gewesen, dass ihm jemand gesagt habe, er werde es nicht schaffen.

Den Wunsch des Studios, er solle sich einen anderen Namen zulegen, lehnte er ab. Als er zurückfragte: »Wie wäre es mit Kurt Affair?«, war das Thema erledigt.

*Als Page neben Camilla Sparv in seinem ersten Leinwandauftritt*

## Kritik

»Ein von den Klischees abweichender, geschickt inszenierter Krimi«, urteilte das ›Lexikon des internationalen Films‹ und auch US-Kritiker Leonard Maltin war angetan: »Unterhaltender Krimi über einen kniffligen Plan, die Bank in einem Flughafen auszurauben. Achten Sie auf das überraschende Ende – und schauen Sie schnell, um Harrison Fords Filmdebüt nicht zu verpassen.« Sein Kurzauftritt kommentierte ein US-Branchenmagazin: »Harrison Ford kommt aus einer Showbusiness-Familie und ist dabei, sich seinen Weg zum Filmruhm zu bahnen.«

# Luv
(Versuch's doch mal mit meiner Frau) USA 1967

## Inhalt

Der in Beruf und Liebe erfolglose Harry Berlin (Jack Lemmon) trägt sich mit dem Gedanken an Selbstmord. Sein alter Schulfreund Milt Manville (Peter Falk) aber kann ihn davon abbringen, von der Manhattan Bridge zu springen. Er nimmt ihn mit nach Hause und stellt ihn seiner Frau Ellen (Elaine May) vor, in die sich Harry sofort verliebt. Das macht Milt nichts aus, weil er selbst in die Gymnastiklehrerin Linda (Nina Wayne) verliebt ist. Milt und Ellen lassen sich scheiden. Milt heiratet Linda und Ellen Harry, doch dann stellen Milt und Ellen fest, dass sie noch immer etwas füreinander empfinden. Sie beschließen Harry von der Brücke zu stoßen, doch Linda rettet ihn. Harrison Ford spielt einen Hippie, der in einen Autounfall verwickelt wird.

## Hintergrund

Der Film basiert auf einem Theaterstück von Murray Shisgals, das bereits 1964 erfolgreich am Broadway gelaufen war. Es wurde in 19 Sprachen übersetzt und in 26 Ländern gespielt.

Der Film wurde im Rahmen des so genannten New Talent Program des Studios gedreht. Ford hatte nur einen Auftritt, nach etwa einem Drittel des Films: Als Ellen mit ihrem VW an einer roten Ampel zu spät bremst, auf die Kreuzung rutscht und wieder zurücksetzt, knallt sie gegen Fords Wagen. Der steigt aus, sagt kurz »Hi«, haut Beifahrer Harry eine rein und geht zu seinem Auto zurück. Die kurze Szene wurde öfter in US-Talkshows gezeigt, wenn Ford zu Gast war, so mehrfach bei Talkmaster Jay Leno.

## Dreharbeiten und -orte

Regisseur Clive Donner drehte Ende 1967 und Anfang 1968 vier Monate in New York und anschließend in Los Angeles. Dort wurde Fords kurze Szene aufgenommen.

### Kritik

Das Urteil über den Film fiel überwiegend negativ aus. So schrieb etwa das ›Monthly Film Bulletin‹: »Aus der leichtgewichtigen, aber bissigen Theaterkomödie über die Liebe in der heutigen Freud-besessenen Gesellschaft ist eine dümmliche, tödlich witzlose Farce geworden.« Harrison Ford wurde nirgends erwähnt.

## A Time for Killing
## (The Long Ride Home)
(Der gnadenlose Ritt) USA 1967

*Drei Szenen als Nordstaaten-Offizier und ein schneller Tod: Ford in Uniform*

### Inhalt

Im Jahr 1865 bricht der Südstaaten-Offizier Captain Bentley (George Hamilton) mit einigen Leuten aus einem Gefangenenlager der Nordstaaten in Utah aus. Auf der Flucht erbeuten sie einen Transport mit Lebensmitteln und nehmen die Krankenschwester Emily Biddle (Inger Stevens) gefangen, die in Major Wolcott (Glenn Ford) verliebt ist. In einer Kneipe tötet Bentley einen Meldereiter und erfährt, dass der Krieg zu Ende ist, behält das aber für sich. Er misshandelt Emily, lässt sie zurück und reitet weiter in Richtung Süden. Wolcott, der Emily inzwischen gefunden hat, will sich rächen. Schließlich stellt er Bentley in Mexiko zum Duell und muss erfahren, dass der Krieg zu Ende ist und er damit Unrecht begeht. Ford spielt den zu den Nordstaatlern gehörenden Leutnant Shaffer, dessen kleiner Trupp Emily begleitet. Er wird bei dem Überfall getötet.

### Hintergrund

Die Geschichte, zu der Halsted Welles das Drehbuch schrieb, basiert auf dem Roman ›The Southern Blade‹ von Nelson und Shirley Wolford. Ford, der eine Zeit lang bei den Cowboys der Ranch der Columbia Studios Reitunterricht genommen hatte, bekam die Rolle des Leutnant Shaffer auch deshalb, weil er gut mit Pferden umgehen konnte. Walter Beakel, der Chef des New Talent Program, war allerdings anderer Meinung. »Er konnte nicht wirklich gut reiten. Er hatte Angst vor dem Pferd, und wenn man genau hinschaut, kann man ihm das ansehen – der totale Terror.«

*Der gnadenlose Ritt* war nicht nur Glenn Fords 100. Spielfilm, sondern auch Harrison Fords letzte Arbeit für Columbia, da sein Vertrag nach 18 Monaten gekündigt wurde. Ford nahm das gelassen, da er der Meinung war, »vom Naturell her nie für den Beruf des Studioschauspielers geeignet« gewesen zu sein und sich außerdem in den Minirollen, die er zu spielen hatte, nicht entfalten zu können. Nach der Kündigung nahm ihn die Produktionsfirma Universal unter Vertrag.

### Dreharbeiten und -orte

Gedreht wurde im Herbst 1966 im US-Bundesstaat Utah, im Zion-Nationalpark und nahe der Stadt Kanab. Ursprünglich hatte man Roger Corman als Regisseur verpflichtet, der jedoch nach fünf Tagen ohne Angabe von Gründen gefeuert wurde. Fords Kollege Paul Petersen sagte dem Autor Garry Jenkins: »Die Produktion des Films war der größte Mist, den ich je erlebt habe

– eine unangenehme Erfahrung. Wir bekamen ein Drehbuch, das fast 30 Jahre alt war. Und viele Leute haben sich verletzt, weil die Produzenten kein Geld für Stuntmen ausgeben wollten. Harrison, ich und der Rest der Crew nahmen unseren Scheck und hielten den Mund.« Über seinen Kollegen Ford sagte er: »Er war ziemlich still. Er machte seine Arbeit und ging nach Hause.«

### Premiere

Der Film kam im November 1967 heraus, allerdings als zweiter einer Doppelvorstellung (Double Bill). Ford wurde an 13. Stelle der Besetzungsliste als Harrison J Ford geführt, da die amerikanische Schauspielervereinigung ihn darauf hinwies, dass bereits ein Künstler seines Namens bei ihnen registriert sei. Als Ford vom Tod seines Kollegen erfuhr, strich er das Initial wieder aus seinem Namen. Der Stern auf dem Hollywood Walk of Fame gehört allerdings dem Stummfilm-Star. Fords Kommentar: »Ein Stern mit dem Namen ist auch genug.«

### Kritik

»Ein Film, der sich über nichts Illusionen macht und dessen polierte Oberfläche immer wieder von seinem Regisseur, der eigentlich im Gangsterfilm zu Hause ist, brutal aufgeraut wird«, heißt es im ›Western-Lexikon‹ von Joe Hembus.

# Journey to Shiloh
USA 1968

### Inhalt

Der junge Texaner Buck Burnett (James Caan) führt eine Gruppe von sieben Soldaten an, die im amerikanischen Bürgerkrieg in der Armee der Konföderierten ihren Mut unter Beweis stellen. Einer von ihnen ist Willie Bill Beardon (Harrison Ford), der bei einem Angriff erschossen wird.

*Nebenrollen in Western: Fords Schicksal als Vertragsschauspieler*

### Hintergrund

Der Film basiert auf dem Bürgerkriegsroman ›Fields of Honor‹ (Felder der Ehre) von Will Henry. Nach zwei Fernsehauftritten Anfang des Jahres 1967 in den Serien ›Die Leute von der Shiloh Ranch‹ und ›Der Chef‹ wurde Harrison Ford in seinem ersten Spielfilm bei der Produktionsfirma Universal besetzt. Ursprünglich sollte das Projekt im Fernsehen ausgestrahlt werden.

### Dreharbeiten und -orte

Gedreht wurde im April und Mai 1967 ausschließlich auf dem Studiogelände von Universal. Nach Informationen von Autor Garry Jenkins nahmen die Schauspielerkollegen Paul Petersen und Don Stroud Ford während der Dreharbeiten als einen »aufmerksamen Mann« wahr, der sich intensiv vorbereitete. »Harrison übte das Messerwerfen so lange, bis er darin perfekt war«, erinnerte sich Don Stroud.

Aufgrund heftiger Auseinandersetzungen zwischen Regisseur William Hale, Produzent

Howard Christie und dem Verleih wurde der Film mehrfach geschnitten, so dass statt der Originalversion von 101 Minuten eine um 20 Minuten kürzere Fassung in die US-Kinos kam.

### Premiere

Der Film lief im Juni 1968 an, wieder im Rahmen einer Doppelvorstellung. Er wurde mit dem Slogan »The Unstoppable Seven« beworben, eine Anspielung auf die erfolgreiche Serie um die *Glorreichen Sieben. Journey to Shiloh* wurde ein Erfolg, der jedoch in Deutschland nicht zu sehen war. Über seine kleine Rolle sagte Ford in einem Interview, er habe das Gefühl, »verschlissen zu werden ohne je zu den Dingen zu kommen, die mich interessieren. Ich wusste immer, dass ich es eines Tages schaffen würde, aber ich wusste auch, es würde lange dauern. Es gibt keinen Erfolg über Nacht. Also hing ich in Filmen wie diesem herum oder arbeitete an meinem Haus. Mein Ziel war immer dasselbe: gute Arbeit abzuliefern«.

Nachdem der Film angelaufen war, wurden drei der Darsteller zu einem Vorsprechen nach New York eingeladen. John Schlesinger, der einen Part in dem Film *Midnight Cowboy* zu besetzen hatte, sah sich Harrison Ford, Michael Sarrazin und Don Stroud an, doch keiner konnte ihn überzeugen. Schließlich erhielt Jon Voight die Rolle an der Seite von Dustin Hoffman.

### Kritik

»Routine, aber gespielt mit jugendlicher Energie«, kommentierte der amerikanische Kritiker Steven H. Scheuer den Film. Und im ›Monthly Film Bulletin‹ hieß es: »Die darstellerischen Leistungen sind oft chargenhaft und grell und das Drehbuch zu naiv-emotional, da es häufig in eine unangenehme Empfindsamkeit abrutscht.« Der Kritiker von ›Film and Television Daily‹ nannte das Werk »gewöhnlich«, räumte aber ein, dass die »Leistungen der jungen Besetzung« das wieder wettmachen.

# Getting Straight
(Getting Straight) USA 1970

*Im Schatten des großen Elliot Gould: Ford als Hippie*

### Inhalt

Der amerikanische Lehramtsstudent und Vietnam-Veteran Harry Bailey (Elliot Gould) will an seinem früheren College seinen Abschluss machen. Kurz vor dem Examen gerät er zwischen zwei Fronten: auf der einen Seite die Kommilitonen, die das Studium reformieren wollen, auf der anderen die rückständigen und reformunwilligen Professoren. Bailey muss sich entscheiden, ob ihm seine akademische Karriere oder seine Überzeugungen wichtiger sind. Auch seine Freundin Jan (Candice Bergen) ist unentschlossen, welcher Weg der richtige ist. Einer ihrer Kommilitonen ist Jake (Harrison Ford).

### Hintergrund

Man kann kaum von einer richtigen Rolle sprechen, denn Ford war als Hippie – mit langen Haaren und breiten Koteletten – lediglich in drei kurzen Szenen zu sehen.

Der Film kam am 13. Mai 1970 in die US-Kinos. Frustriert machte sich Ford Gedanken über seine Zukunft im Filmgeschäft: »Es gab nur kleine Lücken, die ich ausfüllen konnte. Es waren keine Rollen, in denen ich irgendeine Präsenz hatte oder aufbauen konnte. Vielleicht hatten ja auch diejenigen Recht, die sagten, dass ich noch nicht so weit wäre. Aber ich wurde älter. Als ich 21 war, dachten die anderen, ich wäre 17, aber ich wurde schnell älter. In meinem Innern brodelte es und ich wurde langsam verrückt. Die Studios setzten kein Vertrauen in mich … Ich wollte jedenfalls kein Studioschauspieler werden oder bleiben, da das bedeutete jeden verdammten Job annehmen zu müssen. Individualität hatte in diesem System keine Bedeutung und mein Verstand sagte mir, dass ich in die falsche Richtung steuerte. Sechs Jahre meines Lebens hatte ich in dieses Geschäft investiert und ich wollte nicht aufgeben. Aber ich wusste, dass ich wegmusste.«

So wurde aus dem Schauspieler Harrison Ford der Zimmermann Harrison Ford, der in der folgenden Zeit nur drei Tage vor der Kamera stand. Der Produzent Fred Roos, der später zum Freund und Förderer von Ford werden sollte, hatte ihn dem italienischen Regisseur Michelangelo Antonioni vorgestellt, der ihm jedoch keine größere Rolle gab, sondern ihn lediglich als Flughafenarbeiter in dem Film *Zabriskie Point* beschäftigte. Die ursprünglich vorgesehene Nebenhandlung, in der Ford mitwirken sollte, fiel der Schere zum Opfer. »Ich war einfach nicht auf die Enttäuschungen vorbereitet, die einem Schauspieler widerfahren«, merkte Ford an.

Seit 1970 wird er von der in Los Angeles ansässigen Agentin Patricia McQueeney vertreten. Die Zusammenarbeit geht auf die Vermittlung von Besetzungschef und Produzent Fred Roos zurück, dauert bis heute an und ist einzigartig in der Branche. Ihr erstes Zusammentreffen schilderte Patricia McQueeney den Autoren Lewis und Pfeiffer: »Er saß auf der Couch in meinem Büro, den Kopf gesenkt, und steckte die Hände zwischen die Knie. Er runzelte seine Stirn, schaute mich unter seinen Augenbrauen leicht enttäuscht an und fühlte sich offensichtlich unwohl. Zu dieser Zeit arbeitete er als Zimmermann und hatte einige Jobs in der Stadt. Ich erinnere mich, dass ich ihn anschaute und mir

dachte: Was in aller Welt mache ich bloß mit ihm? Harrison hatte immer eine unglaubliche Würde. Wenn ich ihm eine Rolle anbot und er sie nicht mochte, lehnte er einfach ab. Manchmal waren das gute und lukrative Jobs. Aber es waren Fernsehrollen und er wollte auf keinen Fall in einer Serie spielen. Er sagte Nein und meinte, dann baue er lieber einen Schrank.« Auch Werbung lehnte Ford ab.

## Dreharbeiten und -orte

Der Film entstand zwischen Dezember 1969 und Januar 1970, bis auf einige Straßenszenen ausschließlich auf dem Gelände des Lane Community College in Eugene im US-Bundesstaat Oregon. 400 junge Leute wurden engagiert, um die Studenten zu spielen. Als Dank für die gute Kooperation richtete die Produktionsfirma Columbia einen Lehrstuhl für Filmtheorie und Kinogeschichte ein, die Verantwortlichen des Films hielten die erste Vorlesung.

## Kritik

»Der Film ist eine moderne Komödie, die viel zu lang, viel zu selbstverliebt und heute unwiderruflich unzeitgemäß ist«, schrieb der US-Filmkritiker Leslie Halliwell in einem seiner Lexika. Und in der ›Katholischen Filmkritik‹ heißt es, typisch verklausuliert: »Zwiespältiger Konsumfilm, der den Anspruch vortäuscht, individuelle Aspekte zum Thema Anpassung und Widerstand beizutragen, jedoch das Emanzipationsproblem scheinsatirisch verfehlt und zum unverbindlichen Konformismus herunterspielt.«

# American Graffiti

(American Graffiti) USA 1973

## Inhalt

Ein Sommerabend 1962 in einer Kleinstadt der USA. Im Mittelpunkt stehen vier Jugendliche, die sich mit schnellen Autos und bei lauter Musik ausleben: Curt (Richard Dreyfuss), der sich eher unfreiwillig mit der Gang der Pharaohs einlässt und in dieser Nacht eine Mutprobe bestehen muss; Steve (Ron Howard), der seiner Freundin Laurie nahe legt, man solle vielleicht auch andere Freundschaften eingehen, wenn man sich drei Monate lang nicht sehen könne, was zu schweren Verstimmungen zwischen den beiden führt; Terry (Charlie Martin Smith), der Steves Wagen fahren darf und ein Mädchen aufgabelt; und John (Paul Le Mat), der auf der Suche nach hübschen Mädchen ist und sich auf ein Rennen mit dem rücksichtslos rasenden Bob Falfa (Harrison Ford) einlässt. Da einige der Jungs am nächsten Morgen zur Armee gehen oder in andere Städte reisen, werden sie sich in dieser Runde nie wieder sehen.

## Hintergrund

Ein schwerer Autounfall, in den George Lucas am 12. Juni 1962 in seiner Heimatstadt Modesto in Kalifornien mit seinem Fiat-Zwei-Zylinder verwickelt wurde, prägte ihn so, dass er beschloss einen Film über die Autobesessenheit von Jugendlichen zu drehen. Auf fünf Seiten skizzierte er die Idee. Nachdem sein Film *THX 1138* wegen der kühlen Atmosphäre kritisiert worden war, wollte Lucas nun ein farbenprächtiges, lautes Spektakel mit viel Musik inszenieren. Nach Vorgesprächen mit United Artists erhielt er am 14. Mai 1970, seinem 26. Geburtstag, von deren Chef David Picker die Zusage über einen Vorschuss von 10.000 US-Dollar für das Drehbuch. Er vergab den Auftrag an seinen früheren Studienkollegen Richard Walters, mit dessen Entwurf er aber nicht zufrieden war, da er viele drastische Sexszenen enthielt. Also machte er sich selbst an

*Dem Tod entronnen: Nach einem Autorennen steigt Ford benommen aus dem Wagen.*

die Arbeit. Sein Entwurf wiederum fand bei Picker kein Gefallen und das Projekt wurde erst einmal verschoben. Dann wandte sich Lucas an seine beiden Studienfreunde Willard Huyck und Gloria Katz, die ein neues Drehbuch verfassten. Mit dem und der Musik, die er in den Film integrieren wollte, ging er zu Universal Pictures und erhielt eine erste Budgetzusage über 600.000 US-Dollar, die später um 150.000 Dollar aufgestockt wurde. Nachdem Francis Ford Coppola, dessen Film *Der Pate* gerade sensationellen Erfolg hatte, als Produzent gewonnen werden konnte und Lucas es geschafft hatte, eine Änderung des Titels in ›Rock Around the Block‹ zu verhindern, konnte die Universal-Produktion beginnen.

Die Auswahl der Schauspieler überließen Lucas und Coppola dessen Freund Fred Roos, der die Aspiranten in das Werbestudio des bekannten Kameramannes Haskell Wexlers bestellte und mit ihnen Probeaufnahmen machte. Unter ihnen war auch Harrison Ford, der sich zu der Zeit als Schreiner mit Renovierungsarbeiten von Studios und Häusern Prominenter in Hollywood einen Namen gemacht hatte. Lucas bot ihm 480 US-Dollar pro Woche an, doch Ford antwortete: »Als Zimmermann bekomme ich mehr.« Lucas erhöhte um 20 Dollar und Ford akzeptierte. »Er bezahlte die Hälfte von dem, was ich in derselben Zeit als Zimmermann verdient hätte, aber Fred Roos, den ich von Universal kannte, machte die Besetzung, also wusste ich, dass er die richtigen Leute kannte und die Umstände stimmen würden«, sagte Ford dem ›Rolling Stone‹. »Obwohl ich keine große Rolle spielte, hatte ich zum ersten Mal das Gefühl, wirklich etwas zu einem Film beitragen zu können. Es war meine erste künstlerische Erfahrung.«

### Dreharbeiten, -orte und Budget

Der Film entstand zwischen 26. Juni und 4. August 1972 in nur 29 Tagen in den kalifornischen Städten Sonoma, San Rafael, Petaluma und Marin County und wurde in San Francisco fertig gestellt. Gedreht wurde fast ausschließlich zwischen 21.00 Uhr und 5.00 Uhr morgens. Das Budget bewegte sich zwischen 750.000 und 775.000 US-Dollar, wobei die Rechte an den Musiktiteln allein 90.000 Dollar verschlangen.

Da Harrison Ford mit 30 Jahren der Älteste in der Gruppe der Hauptakteure war, galt er als Respektsperson. Der Darsteller des Bob Falfa, der sich am liebsten bei illegalen Straßenrennen mit seinem Widersacher Milner misst, fuhr einen schwarzen 55er Chevrolet 150 Sedan Hot Rod, der schon in Monte Hellmans Film *Asphaltrennen* eingesetzt worden war – dort allerdings grau und nicht frisiert. Bei einer der Autojagden für *American Graffiti* entging Ford nur knapp einem Unfall. Zunächst brach die Vorder-, dann die Hinterachse seines Chevrolets. Beim dritten Versuch wurden zwei Kameramänner, die auf der Straße lagen, fast von den Wagen überrollt.

Nach Informationen verschiedener Kollegen erwies sich Ford während der Dreharbeiten nicht gerade als Gentleman. So erinnerte sich Candy Clark, dass er zu der Gruppe der »resident rowdies« zählte, die »lange aufblieben, viel Bier tranken und alberne Sachen anstellten, etwa Bierflaschen auf die Spitze des sich drehenden

Holiday Inn Logos zu stecken«. Auch Richard Dreyfuss erzählte ähnliche Anekdoten. Danach haben Ford und Paul Le Mat »in die Eismaschine des Hotels uriniert«, er selbst wurde in den Swimmingpool des Hauses geworfen. Zu den Dreharbeiten meinte Ford lakonisch: »Es war ein Jux, denn das Ganze lief ab wie eine Party – wenn auch nicht wie eine Hollywood-Party. Es war ein echter Low-Budget-Film. Ich bekam nur ein paar Hundert Dollar pro Woche. Es gab keine Garderobe und die Schauspieler saßen mit den Kostümbildnern im selben Wohnwagen.«

### Premiere

Nachdem Cutterin Verna Fields den Film um 45 Minuten auf zwei Stunden gekürzt hatte, kam es am 28. Januar 1973, einem Sonntag, im Northpoint Theatre in San Francisco zu einer ersten Preview. 800 Zuschauer waren begeistert, doch der Universal-Produktionschef Ned Tanen war entsetzt und bestand auf Änderungen. Nach einer Überarbeitung und Kürzung um viereinhalb Minuten wurde der Film im März 1973 in Los Angeles erneut gezeigt, doch wieder war Tanen nicht zufrieden und bestand auf weiteren Schnitten. Vier andere Szenen wurden gekürzt, darunter auch der von Harrison Ford improvisierte Song ›Some Enchanted Evening‹. Komponist Richard Rodgers und Oscar Hammerstein, der Nachlassverwalter von dessen damaligem Partner, hatten ihre Freigabe zurückgezogen, nachdem sie den Film gesehen hatten. Lucas reagierte mit einem Wutausbruch. An einer weiteren Preview in Beverly Hills am 15. Mai 1973 nahmen auch viele der Schauspieler teil, unter ihnen auch Ford. Mit Richard Dreyfuss verließ er die Vorführung vor ihrem Ende, da sich beide für ihre Darstellung schämten. Das restliche Publikum zeigte sich begeistert, nur Tanen nicht.

Schließlich erlebte der Film am 1. August 1973 in Westwood seine Uraufführung. In den US-Kinos wurde er zwar nicht auf Anhieb ein Erfolg, entwickelte sich aber zu einem ›Langläufer‹, der im ganzen Land gut ankam. Der ersten Auswertung zufolge erzielte Universal über 55 Millionen US-Dollar Einnahmen, nach Abzug der Werbekosten von 500.000 Dollar. Ab 26. Mai 1978 wurde der Film in einer zwei Minuten längeren Fassung aufgeführt und Harrison Fords Gesang war endlich zu genießen. Die Idee zu singen hatte er übrigens selbst. 1991 kokettierte er: »Ja, ich kann singen, aber ich singe sehr, sehr schlecht.« Die Theaterbesucher waren anderer Meinung.

Der Film wurde für fünf Oscars nominiert, gewann aber keine der Trophäen. Dafür erhielten die Autoren George Lucas, Gloria Katz und Willard Huyck Preise von den New Yorker Filmkritikern und der National Society of Film Critics für das beste Drehbuch. Zudem bekam *American Graffiti* den Golden Globe für die beste Komödie des Jahres. Das Werk wurde einer der erfolgreichsten unabhängigen Filme aller Zeiten und brachte es auf ein Einspielergebnis von 117 Millionen US-Dollar. Auch Lucas war zufrieden und bescheinigte sich, ganz bescheiden, »ein gewisses Talent für die Regie«.

### Kritik

»Getragen von sympathischen Darstellern«, konstatierte das ›Lexikon des internationalen Films‹. Mit Ausnahme des ›San Francisco Chronicle‹, der den Film verriss, erhielt er durchweg positive Kritiken. Wenn es um die Darsteller ging, wurde allgemein die Ensemble-Leistung gewürdigt. Vereinzelt wurden Richard Dreyfuss und Ron Howard erwähnt. Ford blieb meist unberücksichtigt, ausgenommen in der ›Variety‹: »Harrison Ford ist ein Hotrodder, der Paul Le Mat zu einem Rennen herausfordert. Dies führt zu einem gewalttätigen Höhepunkt der Geschichte dieser rastlosen Nacht.« Insgesamt war man begeistert: »Bisher einer der besten Filme, die sich mit der Nostalgie der Jugendlichen beschäftigt«, attestierte das Branchenblatt. »Alle jungen Hauptdarsteller haben eine sichere und lang andauernde Karriere vor sich, so wie Lucas.«

# The Conversation
(Der Dialog) USA 1974

### Inhalt

Der Überwachungsspezialist Harry Caul (Gene Hackman) hat den Auftrag, die Gespräche des Pärchens Mark (Frederic Forrest) und Ann (Cindy Williams) auf einem öffentlichen Platz abzuhören und aufzuzeichnen. Er bemerkt, dass sie bedroht werden. Als er die Bänder bei seinem Auftraggeber abgeben will, der sich entschuldigen lässt und von seinem Assistenten Martin Stett (Harrison Ford) vertreten wird, schöpft er Verdacht. Er behält die Bänder und wird fortan selbst bedroht und überwacht.

### Hintergrund

Nach dem immensen Erfolg von *Der Pate* gründete Regisseur Francis Ford Coppola gemeinsam mit Peter Bogdanovich und William Friedkin die Directors Company und entwickelte Projekte, die er mit seinen Zoetrope Studios realisieren wollte. Nach einem Script, das er schon länger in der Schublade hatte, drehte er die Geschichte des Abhörspezialisten Harry Caul. Schon als Kind, schreibt Biograf Michael Schumacher, experimentierte Coppola mit Abhörgeräten, baute Wanzen in Telefone und verdrahtete das eigene Haus. Sein Spitzname in der Schule war »Science«.

1966 hatte er mit dem Drehbuch begonnen. Die Idee entstammte einem Gespräch mit dem Regisseur Irvin Kershner, der ihn auf die Leistungsfähigkeit der Abhörtechnik aufmerksam machte. 1969 war das Script fertig und Coppola bot Marlon Brando die Hauptrolle an, der jedoch ablehnte. Er überarbeitete den Text im Frühling und Sommer 1972, direkt vor Drehbeginn im Spätherbst dann nochmals. Er konnte Gene Hackman für die Hauptrolle begeistern, der zuvor für *Brennpunkt Brooklyn* einen Oscar als bester Darsteller gewonnen hatte.

Produzent Fred Roos, der Harrison Ford bereits das Vorsprechen für die Rolle in *American*

*Graffiti* vermittelt hatte, verschaffte ihm auch den Part des Martin Stett, der in früheren Drehbuchfassungen noch namenlos war oder nur als »young man« auftauchte. Ursprünglich dachte Ford, er bekäme die Rolle des Mark, die dann Frederic Forrest spielte. Ford nahm dennoch an, weil er vor Gene Hackman großen Respekt hatte und gerne mit ihm arbeiten wollte. Minty Clinch zufolge sagte Ford: »Es gab keine wirkliche Rolle, bis ich entschied einen Homosexuellen aus ihm zu machen.« Doch im Film sind die Anspielungen in dieser Hinsicht kaum zu erkennen. Nach Recherchen von Garry Jenkins kam Ford auf die Idee, als er in einem Geschäft einen grünen Seidenanzug sah, dessen Farbton dem eines Billardtisches entsprach. Ausstatter Dean Tavoularis kaufte ihn für 900 US-Dollar. Coppola soll laut geschrien haben, als er ihn das erste Mal sah.

*Aus Verehrung für Gene Hackman übernahm Ford eine Rolle und spielte einen Homosexuellen.*

### Dreharbeiten, -orte und Budget

Gedreht wurde ab 26. November 1972 in San Francisco, vor allem am Union Square, wo die ersten entscheidenden Bilder von der Überwachung des Paares mit vier Teams und sechs Kameras aufgenommen wurden. Trotz mehrerer Überarbeitungen war das Drehbuch noch nicht endgültig fertig, als Coppola zu filmen begann. Vor allem fehlte ein schlüssiges Ende. Die Dreharbeiten wurden im März 1973 abgeschlossen. Ford hatte lediglich zehn Drehtage. Das Budget betrug 1,6 Millionen US-Dollar.

### Premiere

Der Film wurde bei den Internationalen Filmfestspielen in Cannes im Mai 1974 uraufgeführt und gewann die Goldene Palme. Er wurde für vier Golden Globes und drei Oscars nominiert.

### Kritik

In den Zeiten der Watergate-Affäre waren die Kritiken über den Film von der Premiere an enthusiastisch. So hieß es im englischen ›Guardian‹, den Film solle sich »kein scharfsichtiger Kinobesucher entgehen« lassen. In Bezug auf die darstellerische Leistung wurde nur Gene Hackman ausführlich gewürdigt. Harrison Ford wurde nicht erwähnt.

## Star Wars
(Krieg der Sterne) USA 1977

### Inhalt

Die Imperialen Sturmtruppen des Lords Darth Vader (David Prowse) wollen sich das Weltall untertan machen und entführen die Prinzessin Leia Organa (Carrie Fisher). Zuvor war es den Rebellen des Planeten Alderaan gelungen, die Pläne des so genannten Todessterns, die Basis der Angreifer, zu entwenden. Diese Pläne kann Leila ihren beiden treuen Dienern, den Robotern C-3PO (Anthony Daniels) und R2-D2 (Kenny Baker) übergeben, die sie losschickt, um Hilfe zu holen. Sie entkommen Darth Vader und geraten in die Hände des jungen Farmers Luke Skywalker (Mark Hamill). Gemeinsam nehmen sie zu dem alten und weisen Jedi-Ritter Ben Obi-Wan Kenobi (Alec Guinness) Kontakt auf, der dem jungen Mann seine Kenntnisse vermittelt. Sie chartern das Raumschiff ›Rasender Falke‹ des Weltraumsöldners Han Solo (Harrison Ford) und seines Co-Piloten Chewbacca (Peter Mayhew), entkommen den Sturmtruppen, befreien Leia und vernichten gemeinsam mit den Rebellen den Todesstern. Nur Darth Vader kann entkommen.

*Der erste Welterfolg: Harrison Ford als Han Solo*

## Hintergrund

Die ursprüngliche Idee zu *Krieg der Sterne* beschrieb George Lucas als »so etwas wie ein Flash-Gordon-Action-Abenteuer«. Im Frühjahr 1974 begann er mit den Vorbereitungen für eine Sternensaga, die später den Titel ›The Adventures of Luke Starkiller‹ trug. Seinen 13 Seiten langen Entwurf lehnte etwa David Picker von United Artists ab, der 1961 ein goldenes Händchen bewiesen hatte, als er die James-Bond-Serie finanzierte. Auch Universal, bei denen Lucas noch in der Pflicht war, einen Film zu realisieren, lehnte ab, da man schlechte Erinnerungen an die verschiedenen Kürzungen von *American Graffiti* hatte. Schließlich war Alan Ladd jr. von 20th Century Fox bereit, den Film zu finanzieren und den Verleih zu übernehmen. Am 28. Januar 1975 hatte Lucas die erste Drehbuchfassung fertig, am 1. August eine weitere. Er tat sich mit Produktionsdesigner Ralph McQuarrie zusammen, der als Illustrator bei Boeing tätig war und dessen Arbeiten ihm gefielen. Der malte fünf Bilder, um Lucas' Visionen zu veranschaulichen. Daraufhin signalisierte der Geldgeber grünes Licht und stellte ein Budget in Aussicht. Lucas' erste Planung ging von 3,5 Millionen US-Dollar aus, die sich aber bald auf zwölf erhöhten. Das war Fox zu viel. Schließlich bewilligte man 8,5 Millionen, mit denen Produzent Gary Kurtz auskommen musste. Der glaubte schon damals an den Erfolg und bezeichnete die Idee als »eine ideale Mischung dessen, was alle amerikanischen Kinder sich unter dem Raumfahrtzeitalter vorstellen: eine Kombination aus James Bond und Action-Abenteuer«. Lucas dachte eher an eine »Weltraumoper«. Nach zwei weiteren Drehbuchfassungen begann man Schauspieler zu suchen.

Lucas hatte die Überlegung, nach neuen Gesichtern zu suchen, da es wenig Sinn machte, bekannte Akteure in Raumanzüge zu stecken, und überdies kein Geld für sie vorhanden war. Also suchte er unbekannte Schauspieler, denen er erfahrene Größen wie Peter Cushing und Alec Guinness an die Seite stellen wollte. Nach ersten Gesprächen kamen Christopher Walken, Nick Nolte und Paul Le Mat für die Rolle des Han Solo in Betracht. Für die Rollen von Luke und Prinzessin Leia wählte Lucas Mark Hamill und Carrie Fisher aus. Während der Interviews stolperte Lucas eines Tages, im wahrsten Sinne des Wortes, über Harrison Ford, der an der Eingangstür von Coppolas Büro arbeitete. »Er fragte mich, ob ich ihm beim Casting helfen könnte«, sagte Ford. »Das tat ich ein paar Wochen lang. Nach 200 Schauspielern bot er dann mir die Rolle an. Ich war mir nicht sicher, ob ich annehmen sollte. Als Lucas mir das Angebot unterbreitete, hatte ich drei Jahre lang keinen großen Film gedreht. Meine Frau aber machte mir Mut und bestärkte mich zuzusagen.«

Für George Lucas war der Film »vor allem eine Frage des Glaubens an das Projekt – die meisten hielten es für sinnlos und undurchführbar. Aber Harrison war einer der ganz wenigen, die den Glauben hatten. Dafür hat ihn dieser Film reifen lassen. Er begann als zorniger junger

Mann und entwickelte sich zu einem professionellen und hoch qualifizierten Darsteller«. Ford nannte den Film eine »zugängliche, menschliche Geschichte« und erzählte: »Ich war mir nicht wirklich bewusst, dass ich mich auf Kämpfe im Abenteuergenre einlasse, und wusste nicht viel über Sciencefiction. Ich kannte George. Der Film klang ein bisschen durchgedreht und mir war es egal, ob er erfolgreich war oder nicht. Ich bin kein Athlet – ich bin ein notorischer Faulenzer. Ich trainierte nicht, sondern sagte einfach, ich bin dabei.«

*Unbekannte, die zu Stars wurden: Ford, Mark Hamill und Anthony Daniels*

### Dreharbeiten, -orte und Budget

Die Dreharbeiten begannen am 22. März 1976 in Tunesien, wo man zweieinhalb Wochen in der Wüste arbeitete, 60 Kilometer von der Stadt Nefta entfernt. Die Landschaft stellte den Planeten Tatooine dar. Zunächst regnete es und ein Sandsturm zerstörte einen der Sandcrawler, was die Arbeit verzögerte. Probleme gab es auch mit den beiden Robotern, deren Technik öfter versagte und deren Akteure unter den Wetterbedingungen litten. Nachdem auch die Aufnahmen in Djerba und Matama im Kasten waren, zog die Crew in die EMI-Elstree-Studios in Borehamwood bei London um, wo in neun Hallen die gigantischen Sets entstanden waren. Dort kam es zu Auseinandersetzungen mit dem überwiegend englischen Team, das Lucas Hochmut vorwarf.

Der stritt sich mit Kameramann Gil Taylor über dessen Farbdramaturgie. Dann musste Make-up-Designer Stuart Freeborn ins Krankenhaus und Lucas ließ mit drei Teams gleichzeitig drehen, um Zeit aufzuholen. Als Alan Ladd jr. zu Besuch kam, um das Material in Augenschein zu nehmen, empfand er die 40 Minuten, die er sah, als Katastrophe. Zu der Zeit waren bereits Budget und Zeitplan überschritten, so dass der geplante Starttermin Weihnachten 1976 nicht gehalten werden konnte. Nach der Rückkehr in die USA schaute sich Lucas die ersten Effekte an und erlitt einen Kreislauf- und Nervenzusammenbruch.

Aus den geplanten 13 Wochen wurden schließlich 18, die nach weiteren Dreharbeiten im Tikal-Nationalpark in Guatemala und dem Death Valley National Monument in Kalifornien im Juli 1976 abgeschlossen waren. Im Rahmen der aufwändigen Nachbearbeitung erschuf man 365 Trick- und Spezialaufnahmen, die statt einer halben drei Millionen US-Dollar verschlangen und mehr als ein halbes Jahr dauerten. Zum Vergleich: Der Film mit den meisten Effekten, 35 Trickaufnahmen, war bis dahin *2001 – Odyssee im Weltraum*. Schließlich kletterte das Budget auf zehn Millionen Dollar. Es war vereinbart, dass der Profit zwischen Fox und Lucas im Verhältnis 60 zu 40 aufgeteilt werden sollte.

Trotz aller Probleme glaubte Ford von Anfang an an das schwierige Unterfangen: »Ich war einer der wenigen, der sich dachte, dass das Ganze funktionieren könnte, und ich hatte noch nicht mal irgendwelche Spezialeffekte gesehen. Schwierig waren für mich Textzeilen wie: ›Es dauert noch eine Megasekunde für den Nava Computer, um die Koordinaten zu berechnen.‹ Außerdem fühlt man sich lächerlich, mit Waffen zu schießen, die keine Geräusche von sich geben, und Raumschiffe zu zerstören, die man nicht sehen kann, weil die Spezialeffekte erst in ein paar Monaten entstehen würden. Ich dachte mir nur, dass George etwas Uranfängliches berührt hatte, irgendeinen Mythos, dessen Kraft ich wahrnahm. Der weise alte Krieger, gespielt von Alec Guinness, der unerfahrene Prinz, gespielt von Mark Hamill, die Prinzessin, gespielt von Carrie Fisher, und ich, wir wussten, dass ich die polternde Schalotte des Universums bin. Und ich empfand das als lustig. Ich habe mir immer gedacht, dass *Star Wars* und *Indiana Jones* im Grunde Komödien sind. Der Humor entwickelte sich aus den Beziehungen und durch die Tatsache, dass wir originelle Typen sind.« Für Ford war Han Solo »eine Charakterrolle, aber sie hat ein ganz anderes Niveau. Es ist die einfachste Rolle, die ich je gespielt habe. Alles Übrige war unwichtig für mich. Ich verstand seine Bedeutung in der Story und was er zum Ausdruck bringen wollte. Für mich ist das einfach eine menschliche Geschichte, ich hatte kein Sciencefiction zu spielen. Ich dachte mir, der Film wird entweder ein riesiges Publikum finden, das das Ganze als spaßigen Raumwestern ansehen wird, oder es wird so lächerlich, dass meine beiden Kinder, die mir den Spitznamen ›Harrison Force‹ gaben, sich für mich schämen«. Die damals 19-jährige Carrie Fisher, die sich während der Dreharbeiten mit Ford anfreundete und noch heute zum engsten Freundeskreis zählt, meinte: »In einem Schauspieler wie Harrison geht jede Rolle auf. Ich war sofort von seiner Kraft überwältigt – ein Mann mit absoluten Starqualitäten, die mit denen von Humphrey Bogart oder Spencer Tracy vergleichbar sind. Ich habe nie in meinem Leben jemand anderen getroffen, der eine solche Ausstrahlung hat.«

Harrison Ford, der vor und nach den Dreharbeiten sein Geld als Zimmermann verdiente, kommentierte, dass ihm »Han Solo zu spielen weniger einbrachte als die Renovierung einer Wohnung«. Als Lucas sich erkenntlich zeigte und allen Hauptbeteiligten eine Art Prämie auszahlte, luden seine Frau und er die Schauspielkollegen zu Hummer und Kaviar zu sich nach Hause ein. Der scherzende Gastgeber bemerkte: »Ja, der Erfolg kam über Nacht – nur hat die Nacht bei mir ungefähr 15 Jahre gedauert.«

Weitere Angebote ließen nicht auf sich warten, und auch wenn Ford später immer wieder sagte, dass der *Krieg-der-Sterne*-Erfolg vor allem George Lucas gebührt und nicht den Darstellern, so freute er sich doch darüber, mit der richtigen Rolle im richtigen Moment am richtigen Ort gewesen zu sein. »Ich hatte riesengroßes Glück. Wer nicht in den Olymp der Großen gelangt ist, solange er noch ohne Herzschrittmacher auskommt, kann sich einpökeln lassen. Seit ich als Han Solo in den Kinos zu sehen war, bekam ich Angebote, von denen ich früher kaum zu träumen wagte. Jetzt bin ich ein gemachter Mann und kann mir meine Rollen aussuchen. Die Gagen stiegen gewaltig. Ich bilde mir zwar nichts darauf ein, denn der Auslöser war nur der ungeheure Erfolg des Films, aber schön ist es doch. Und Lucas – das ist in diesem Geschäft unglaublich – schenkte mir, obwohl dies nicht vertraglich vereinbart war, einen Anteil am Gewinn von *Krieg der Sterne*. Das ist wie ein Treffer im Lotto. Ich habe ausgesorgt.« So wurde aus der festen Gage von 10.000 US-Dollar eine glatte Million.

In der 1997 veröffentlichten überarbeiteten Neufassung ist unter den 150 Aufnahmen mit Computereffekten auch eine Szene mit Harrison Ford zu sehen, in der er auf die Kreatur Jabba the Hutt trifft. Das Wesen bedrängt den Weltraumsöldner eine alte Geldschuld zu begleichen. Ford hatte die Szene schon 1976 mit einem Schauspieler gedreht, »den George Lucas später durch eine animatorische Puppe ersetzen wollte«, sagte Rick MacCallum, der die Überarbeitung betreute. »Aber er hatte damals nicht das Geld und die Zeit dazu und so fiel die Szene unter den Tisch.« Die Trilogie wurde insgesamt viereinhalb Minuten länger.

### Premiere
Ursprünglich sollte der Film Weihnachten 1976 in den USA anlaufen, doch die aufwändigen Spezialeffekte und die Nachbearbeitung verhinderten dies. So startete er am Donnerstag, dem 25.

Mai 1977, in nur 25 Filmtheatern; am Freitag kamen neun weitere hinzu. Über das Wochenende spielte der Film dann sensationelle 2.556.418 US-Dollar ein. Damit übertrumpfte er schon in den ersten Tagen *Der weiße Hai*, den damals erfolgreichsten Film aller Zeiten. In den folgenden Wochen brach eine regelrechte *Star-Wars*-Manie aus. »Ich glaube, es handelte sich um eine Art Massenhysterie, die zur richtigen Zeit kam«, kommentierte Mark Hamill das Ereignis. »Es ist ein Kinderfilm für Erwachsene.« Die Yellow Press berichtete von Besessenen, die sich den Film mehr als 40-mal angeschaut hatten und über »Entzugserscheinungen« klagten, wenn sie ihn zwei Tage nicht sahen. Aus dem krisengeschüttelten Abenteuer wurde der kassenträchtigste Film aller Zeiten. Im August 1977 hatte er weltweit 202 Millionen US-Dollar eingespielt und damit die Ergebnisse des *Weißen Hais* (200 Millionen) übertroffen. Bis heute sind es 323 Millionen.

Der Film wurde für elf Oscars nominiert und gewann sieben, allerdings nur in den Nebenkategorien. Regisseur und Autor George Lucas sowie Darsteller Alec Guinness gingen leer aus.

Die deutsche Premiere fand am 2. Februar 1978, acht Tage vor dem bundesweiten Start, mit 650 Gästen im Hamburger Grindel-Kino statt. Am 31. Mai 1978 wurde dem Film in Frankfurt die 80. Goldene Leinwand verliehen. In nur neun Wochen sahen ihn 3.113.000 Besucher.

Bereits wenige Tage nach der Veröffentlichung als Videokassette in den USA am 1. Juni 1982 waren über eine Million Stück verkauft, bis zur Wiederaufführung der neuen Version 34 Millionen. Am 4. Juni 1982 lief der Film, diesmal geringfügig geschnitten (drei Minuten und 18 Sekunden) und freigegeben ab 6 Jahren, erneut in den deutschen Kinos an. Im Februar 1983 wurde er im Pay TV ausgestrahlt. Der US-Sender CBS zahlte 23 Millionen US-Dollar für die Rechte – die höchste Summe, die jemals von einem Sender für einen Film bezahlt worden war – und strahlte ihn 1984 aus.

### Kritik

Für das amerikanische ›Time‹-Magazin war der Film »der beste Film des Jahres«, eine Mischung aus *Flash Gordon, Der Zauber von Oz / Das zauberhafte Land* und den Errol-Flynn-Piratenabenteuern der dreißiger und vierziger Jahre. ›Analog‹, eines der führenden Sciencefiction-Magazine, nannte ihn einen »galaktischen *Vom Winde verweht*« und für ›Variety‹ war es schlicht ein »prächtiger und herrlicher Film«. Harrison Ford sei »hervorragend als liebenswerter Pilot und Söldner«. Auch die ›New York Times‹ hob den Schauspieler hervor: »In der Tradition der harten Männer des Leinwand-Heldentums gestaltet Mr. Ford seinen Einsatz so mühelos, als flöge Han Solo am Licht vorbei.«

## Heroes
(Helden von heute) USA 1977

### Inhalt

Der ehemalige Vietnam-Kämpfer Jack Dunne (Henry Winkler) hat aus dem Krieg einen psychischen Schaden davongetragen und versucht in New York junge Männer davon abzuhalten, sich freiwillig zur Armee zu melden. Er wird verhaftet und ins Krankenhaus gebracht. Dort schenken ihm seine ehemaligen, zum Teil verkrüppelten Kameraden 1.000 Dollar für den Aufbau einer Wurmfarm. Als Arzt verkleidet flieht er aus dem Hospital und lernt auf seiner Reise in einem Bus in Richtung Kansas City Carol Bell (Sally Field) kennen. Sie will eigentlich in ein paar Tagen heiraten, ist sich jedoch nicht ganz sicher und bemüht sich dem überdreht und verwirrt wirkenden Dunne eine Rückkehr in das alltägliche Leben zu ermöglichen. Unterwegs besuchen sie Jacks Kriegskameraden Ken Boyd (Harrison Ford), der in einem Wohnwagen haust und Autorennen fährt. Carol versucht dem völlig verwirrten Jack Mut zuzusprechen, nachdem der die Hölle von Vietnam nochmals vor seinem inneren Auge durchlebt hat. Sie sagt ihre geplante Hochzeit ab, um ihm bei einem neuen Anfang zu helfen.

### Hintergrund

Der Originaltitel *Heroes* steht doppeldeutig für den Umgang mit den Helden der jüngeren US-Vergangenheit. Konzipiert war der von David Foster und Lawrence Turman produzierte Film vor allem für Henry Winkler, der es in der Rolle des Arthur Fonzerelli (oder ›The Fonz‹) in der amerikanischen TV-Serie *Happy Days* zu einigem Ruhm gebracht hatte. Nun versuchte man Winkler für das Kino aufzubauen.

Harrison Ford kam zu der Filmrolle durch seinen Freund Ron Howard, den er bei den Dreharbeiten zu *American Graffiti* kennen gelernt hatte. Howard und Henry Winkler waren Kollegen bei *Happy Days*. »Ich war verzweifelt auf der Suche nach einer Rolle, die absolut anders war als die des Han Solo. Die Rolle in *Heroes* war so eine. Es war ein kleiner Part in einem kleinen Film, in dem Henry Winkler in der Rolle eines Vietnam-Veteranen mit Problemen der Star war. Ich versuchte zu beweisen, dass ich noch etwas anderes kann.«

*Helden von heute* war der erste von fünf Filmen zwischen der ersten und der zweiten Sternensaga, die Ford annahm, um in einem anderen Licht gesehen zu werden: »Ich habe akzeptiert, um schnelles Geld zu verdienen, auch wenn es nicht besonders viel war. Meine Rolle war klein und die Figur hat mich nicht vollständig überzeugt, aber sie gab mir die Chance, einen komplett anderen Typen als Han Solo zu kreieren. Der Film wurde kurz danach veröffentlicht und sollte meine Vielseitigkeit zeigen. Nicht viele Menschen haben ihn gesehen, aber die Leute in der Branche sahen ihn und das war mir wichtig.«

### Dreharbeiten und -orte

Wie andere Road-Movies wurde der Film an verschiedenen Orten gedreht. Einige Szenen entstanden in New York, weitere im April und Mai 1977 in Missouri und in den Städten Lancaster, Petaluma sowie in Eureka, Kalifornien.

Fords Rolle wurde kurz vor Beginn der Dreharbeiten von Regisseur Jeremy Kagan modifiziert. »Jeremy änderte meine Figur von einem Farmer des Mittleren Westens zu einem aus Missouri. Also reiste ich nach Missouri und nahm einen Kassettenrekorder mit, um den dortigen Akzent aufzuzeichnen. Dabei lernte ich einen Typ kennen, wie ich ihn zu spielen hatte. Er interessierte sich für Autos, also ging ich in seine Reparaturwerkstatt, sagte ihm, dass ich Autor wäre und recherchieren wolle. Ich dachte mir, wenn ich sage, dass ich Schauspieler wäre, würden wir nur über Filme reden. Außerdem entstand so eine gewisse Distanz zwischen uns.«

*Erfolg bei der Kritik, aber kaum beim Publikum: Ford als Vietnam-Veteran*

### Kritik

»Ford verschafft uns eine Ahnung davon, was der Film sein könnte«, heißt es im ›Hollywood Reporter‹. »Hinter seinem Benehmen als netter Junge fühlt man den Tribut, den er dem Krieg geleistet hat.« Die ›New York Times‹ schrieb, dass Ford »in einer Nebenrolle eindrucksvoll ist, aber sein Part ist zu klein, als dass er den Film sehenswert macht«.

# Force Ten from Navarone
(Der wilde Haufen von Navarone) GB 1978

## Inhalt

Im England des Jahres 1943 werden die beiden Soldaten Captain Mallory (Robert Shaw) und Sergeant Miller (Edward Fox) beauftragt in Jugoslawien einen Agenten namens Nicolai Lescowar (Franco Nero) auszuschalten, der mit den Deutschen paktiert. Zu ihrer Spezialeinheit ›Sonderkommando 10‹ stößt der amerikanische Colonel Barnsby (Harrison Ford), der den Briten kritisch gegenübersteht. Das Team kapert einen britischen Bomber, gerät in einen Luftangriff, kann aber rechtzeitig mit dem Fallschirm abspringen, ehe die Maschine explodiert. Sie treffen auf eine Gruppe von Partisanen unter der Führung von Drazak (Richard Kiel) und der schönen Maritza (Barbara Bach), die sich später als Tschetniks entpuppen und sie den Deutschen ausliefern. Mit der Hilfe von Maritza, die eine Doppelagentin ist, können sich Mallory und Barnsby befreien, treffen auf Lescovar und den Befehlshaber der jugoslawischen Truppen. Der versichert ihnen, dass der Lescovar, den sie töten sollen, längst liquidiert wurde. Gemeinsam machen sie sich an die Aufgabe, eine wichtige Brücke zu sprengen, die von den Deutschen für Truppentransporte genutzt wird. Sie fordern Material aus der Luft an, doch die Lieferung wird von Lescovar verraten. Mallory enttarnt Lescovar und Barnsby erschießt ihn. Inzwischen hat Miller herausgefunden, dass man nur einen nahe gelegenen Staudamm sprengen muss, um die Brücke zum Einsturz zu bringen.

## Hintergrund

1960 entstand der auf dem gleichnamigen Bestseller des Schotten Alistair MacLean basierende Film *Die Kanonen von Navarone*. Die erste Verfilmung war ein Welterfolg. Sie spielte die damals unglaubliche Summe von 56 Millionen US-Dollar ein, war für sieben Oscars nominiert und gewann eine Trophäe für die besten Spezialeffekte. Produzent Carl Foreman, der auch das Drehbuch schrieb und ebenfalls nominiert war, versuchte nun, 17 Jahre später, noch einmal von der Erfolgsvorlage zu profitieren und engagierte Guy Hamilton, der zuvor drei Bond-Filme inszeniert hatte.

An der Seite von Robert Shaw in dessen letztem Film

Da Produzent Unger die Stars von damals – Gregory Peck als Captain Mallory und David Niven als Miller – nicht wieder verpflichten wollte

(»17 Jahre nach dem Erstling hätten selbst ihre besten Freunde sie nicht mehr als junge Männer beschrieben«), entschied er sich für Robert Shaw und Edward Fox. Harrison Ford ist als amerikanischer Colonel Mike Barnsby zu sehen, war aber nicht die erste Wahl. Ursprünglich wollte Hamilton Charlton Heston für die Rolle, der aber absagte. Als das Projekt bekannt wurde, war die Neugier der Filmbranche groß. Schnell war von »Second Guns« die Rede – das Original heißt *The Guns of Navarone*.

### Dreharbeiten, -orte und Budget

Gedreht wurde 16 Wochen von Oktober 1977 bis Januar 1978 in Jugoslawien, in der Stadt Rijeka, auf Malta, in den Londoner Shepperton Studios und auf Jersey. Auf die Kanalinsel wich man aus, weil Regen und plötzlich einsetzender Schneefall weitere Dreharbeiten in Jugoslawien verhinderten. So benötigte man für die 118 Minuten lediglich ein Budget von 10,5 Millionen US-Dollar. In den Londoner Studios, in denen auch der erste Film entstanden war, besetzte man vier Hallen; in einer stand die Replika eines Lancaster-Bombers, die detailgenau dem Original entsprach. Für die Dammbruchszene benutzte man die direkt am Wasser gelegenen Studios in Malta mit ihrem riesigen Wassertank. Die Bauten des Damms verschlangen alleine eine Million US-Dollar.

Zu Beginn der Dreharbeiten war Ford optimistisch, mit der Figur des amerikanischen Colonel Barnsby eine gute Wahl getroffen zu haben. »Barnsby ist einer dieser Macho-Typen, ein harter Kerl, den ich schon immer mal spielen sollte, wie mir andere geraten haben. Er steckt voller Fähigkeiten. Für mich ist Barnsby eine interessante Figur. Ich glaube, der Film wird funktionieren.«

Darauf angesprochen, dass er nur eine Nebenrolle habe, meinte Ford: »Es macht Spaß, Nebenrollen zu spielen, da sie oftmals über bessere Charakterisierungen verfügen als die Hauptrollen. Leider kann man nicht so häufig gut

geschriebene Nebenrollen spielen, denn in der Filmindustrie existiert eine merkwürdige Sichtweise: Hollywood nimmt nur von dir Notiz, wenn du viel Geld verdienst und in den Besetzungslisten weit oben genannt wirst. Aus diesem Grund war *Der wilde Haufen von Navarone* wichtig für mich. Es war ein Paket voller großer Namen, zu dem auch ich gehörte. Der Film erhöhte meinen Marktwert.«

Nach Aussage Guy Hamiltons sind er und Ford nicht gut miteinander ausgekommen. »Er hatte zwar keine Starallüren, aber sobald er einen Raum betrat, verschlechterte sich die Stimmung.« Dagegen verstand sich Ford blendend mit Robert Shaw, dessen früher Tod ihn schockierte. »Er war ein einzigartiger Typ«, sagte er später über ihn. »Der Film war ein harter Job für uns beide und wir haben uns bei den Dreharbeiten bestens verstanden. Allein seinetwegen war das Ganze die Erfahrung wert.«

### Premiere

Die Weltpremiere fand im Dezember 1978 in England statt. Als sich eine schlechte Aufnahme des Films abzeichnete, sagte Ford dem Journalisten Alan Mackenzie: »Der Film war irgendwie ein Versuch, dem Erfolg von *Krieg der Sterne* eine realere Basis zu geben. Der war kein Erfolg für mich gewesen, sondern für George Lucas. Ich war verloren, weil ich nicht wusste, um was es in der Geschichte ging, und ich hatte nichts zu spielen. Meine Rolle war eigentlich überflüssig. Man hatte mir eine Überarbeitung angeboten, aber dazu kam es nicht. Es war kein schlechter Film. Ehrenhafte Menschen waren daran beteiligt, die sich wirklich um ein ordentliches Ergebnis bemühten, aber das Ganze war nicht das Richtige für mich.«

### Kritik

Speziell in England ging man mit dem Film scharf ins Gericht. In Deutschland waren die Kritiken zwar weniger harsch, aber ein Erfolg stellte sich auch hier nicht ein. So hieß es im Ma-

gazin ›Zoom‹, dass »für die Überraschungsef-
fekte der Geschichte mehr Sorgfalt aufgewendet
wurde als für Logik und Wahrscheinlichkeit«,
und ›Die Zeit‹, die die Unternehmung als »mit-
telmäßig« einstufte, monierte, dass das »simple
Spektakel den Zweiten Weltkrieg vornehmlich
als ein Vergnügen für pyromanisch fixierte Pfad-
findertrupps erscheinen lässt«. Auch Harrison
Ford wurde nicht verschont. Im ›Hollywood Reporter‹ hieß es, dass er »bis zu den letzten 30 Minuten keine Ahnung davon hat, worum es in seiner Rolle geht«. Und ›Newsweek‹ kommentierte
bissig: »Ford, der wohl dazu bestimmt war,
durchgehend grimmig und zielstrebig auszuse-
hen, hat offenbar nicht für sich entschieden, ob
er eher GI Joe oder Terry and the Pirates spielt.«

## Hanover Street
(Das tödliche Dreieck) GB 1979

### Inhalt
1943 lernt der amerikanische Bomberpilot David Halloran (Harrison Ford) in London die
Krankenschwester Margret (Lesley Anne Down)
kennen und lieben. Sie ist verheiratet und hat
eine Tochter, was sie Halloran zunächst ver-
schweigt. Ihr Mann Paul Sellinger (Christopher
Plummer), der für den britischen Geheimdienst
arbeitet, weiß nichts von ihrer Affäre. Als Paul erfährt, dass in Frankreich zwei seiner Agenten ermordet worden sind und sich in den eigenen Rei-
hen ein Doppelagent befinden muss, fliegt er an
Bord von Davids Maschine nach Frankreich, um
im Hauptquartier der Gestapo in Lyon eine Liste
der Doppelagenten zu stehlen. Das Flugzeug
wird abgeschossen. Dennoch gelingt es Paul und
David, als Deutsche verkleidet die Nazis zu über-
listen und die Liste zu fotografieren. Auf der
Flucht wird Paul schwer verletzt. David rettet
ihm das Leben, obwohl er unterwegs erfährt,
dass Paul Margrets Mann ist. Im Krankenhaus
sieht David Margret das letzte Mal, da diese sich
für ihren Mann entschieden hat.

*Mit Christopher Plummer am Drehort in England*

### Hintergrund
Sowohl Harrison Ford als auch Lesley Anne
Down waren kurzfristig eingesprungen, eigentlich sollten Kris Kristoffersen und Genevieve
Bujold an ihrer Stelle spielen. Ford sagte gleich
zu, weil er gerne mit Peter Hyams arbeiten
wollte, dessen Film *Unternehmen Capricorn* ihm
gefallen hatte. Der hatte ihn noch während der
Dreharbeiten von *Der wilde Haufen von Navarone* auf der Kanalinsel Jersey aufgesucht und
überredet: »Zuerst habe ich Nein gesagt«, berichtete Ford, »denn die Dreharbeiten zu *Navarone* dauerten schon einen Monat länger als vorgesehen und ich brauchte eine Pause. Wir hatten
Nachtaufnahmen mit Kampfszenen an einer

windigen Steilküste und redeten bis zum frühen Morgen in meinem Wohnwagen. Ich war beeindruckt von seiner klaren Haltung und der fixen Idee, diesen Film zu machen.« Ford stellte gleich klar, dass er mit einigen Dialogen nicht zufrieden sei und auf Änderungen des Drehbuchs bestehe, doch Hyams änderte nichts mehr, was während der Dreharbeiten zu Auseinandersetzungen führte.

Ford sagte noch aus einem weiteren Grund zu: »Ich habe *American Graffiti*, *Krieg der Sterne*, *Helden von heute* und *Der wilde Haufen von Navarone* gedreht und nicht einmal auf der Leinwand eine Frau geküsst. Die Figuren, die ich gespielt habe, waren geschlechtslos. Und plötzlich kam das Angebot, in einer Liebesgeschichte mitzuspielen. Das war ein klarer, offensichtlicher Grund mitzumachen und so sagte ich zu.«

### Dreharbeiten, -orte und Budget

Gedreht wurde zwischen März und Mai 1978 in London, den nahe gelegenen Studios von EMI-Elstree in Borehamwood und im englischen Hinterland. Dafür wurde ein 400.000 Pfund teures Set der Hanover Street aus dem Jahr 1943 errichtet, mit dem Eingang zu einer U-Bahnstation, Geschäften und einer Kirche. Das überwiegend schlechte Wetter nahm Ford mit Humor: »Ich habe mich schon daran gewöhnt. Ich war für *Krieg der Sterne* hier, dann im kalten Jugoslawien für *Der wilde Haufen von Navarone* und nun wieder für diesen Film. Am Horizont wartet die Fortsetzung von *Krieg der Sterne*, der hier im nächsten Winter gedreht werden soll.«

Die Nacktszene bereitete beiden keine Probleme. Lesley Anne Down hatte sich zuvor für den Film *Der Clan* ausziehen müssen und in einem Fernsehfilm die Stripperin Phyllis Dixey gespielt. »Es war eine geschmackvolle Liebesszene, die ich mit Harrison Ford gedreht habe. Die Kameras kamen sehr nahe an unsere Gesichter heran, aber nicht an unsere Körper«, sagte sie dazu. Ford kommentierte: »Ich denke nicht, dass

die Menschen tatsächlich Sex auf der Leinwand sehen wollen.«

Die englischen Boulevardblätter dichteten Harrison Ford und Lesley Anne Down eine Affäre an, was Produzent Lazarus durch ein Interview noch bestärkte, in dem er Ford »brennende sexuelle Energie« attestierte. Auch das US-Magazin ›People‹ spekulierte über »mehr als ein professionelles Interesse« der beiden. Wahr ist, dass es mit Fords erster Ehe damals nicht zum Besten stand und Down sich während der Arbeit am Film von ihrem langjährigen Partner, dem Drehbuchautor Bruce Robinson, trennte und die gemeinsame Wohnung verließ. Auch Ford zog nach Beendigung des Films aus dem Apartment in Los Angeles aus – er hatte seine angehende zweite Frau Melissa Mathison kennen gelernt.

Später beklagte sich Ford in Interviews über Regisseur Peter Hyams. Sie seien nicht gut miteinander ausgekommen und das Ganze, so Ford, sei keine gute Erfahrung für ihn gewesen. Er selbst habe den Film niemals gesehen. Nachdem die *Krieg-der-Sterne*-Trilogie 1997 wiederveröffentlicht wurde, betonte er erneut, dass er sich seine Filme nicht nochmals anschaue: »Ich will einfach nicht sehen, wie ich vor 20 Jahren gespielt habe.«

### Premiere

Der Film wurde ein kapitaler Misserfolg. In den USA spielte er nur drei Millionen US-Dollar ein. In Deutschland erschien er lediglich auf Video.

### Kritik

»Eine tränenreiche Saga von einem Tee trinkenden romantischen Pärchen im kriegsgeschüttelten Europa«, polemisierte das amerikanische ›Time‹-Magazin und ging eher rücksichtsvoll mit dem Film um. Der englische ›Daily Mirror‹ schrieb, dass »jemand, der Harrison Ford heißt, seine Dialoge abliefert, als wäre jeder Satz ein Fehler«.

# Apocalypse Now
(Apocalypse Now) USA 1979

# Apocalypse Now Redux
(Apocalypse Now Redux) USA 2001

## Inhalt

Der amerikanische Soldat Captain Willard (Martin Sheen) wird während des Vietnamkriegs damit beauftragt, den offensichtlich wahnsinnig gewordenen Colonel Kurtz (Marlon Brando) ausfindig zu machen und zu liquidieren. Auf einem Patrouillenboot macht er sich gemeinsam mit einer Hand voll Männer auf den Weg und dringt mit ihnen immer tiefer in den kambodschanischen Dschungel ein. Er findet Kurtz in einem Lager, in dem er sich mit einer Gruppe ihm ergebener Einheimischer und einem Fotojournalisten (Dennis Hopper) verschanzt hat. Willards Fahrt wird zu einer Reise in die Abgründe der menschlichen Seele.

## Hintergrund

Es war Ende der sechziger Jahre, als Francis Ford Coppola, der als Drehbuchautor für Warner Brothers arbeitete, von einer Idee der beiden Autoren George Lucas und John Milius hörte. »John erzählte eine schier unglaubliche Geschichte von vielen seiner Surferfreunde, die aus Vietnam zurückkehrten und von ihren Einsätzen berichteten«, erinnert sich Coppola. »Er wollte ein Drehbuch darüber schreiben und nannte es ›The Psychedelic Soldier‹ und ›Apocalpyse Now‹. In der Zwischenzeit wollte Carroll Ballard den Roman ›Herz der Finsternis‹ von Joseph Conrad produzieren und ich schrieb ›Der Dialog‹. Vieles entstand durch gegenseitige Befruchtung, um es vorsichtig auszudrücken.«

Nachdem Coppola seine neue Produktionsgesellschaft American Zoetrope aufgebaut hatte, bezahlte er John Milius, um *Apocalypse Now* zu schreiben. Als Coppola den Film dann drehte, stellte er fest, dass er sich mehr und mehr an ›Herz der Finsternis‹ anlehnte: »Anstatt das

Drehbuch mit mir herumzutragen hatte ich ein kleines grünes Taschenbuch bei mir, das voller Notizen und Markierungen war. Ich orientierte mich mehr und mehr an Conrads Roman.« Am Ende trugen viele Leute etwas zu dem Drehbuch bei, auch wenn Coppola John Milius den größten Anteil zuschreibt. »John ist der Originalautor, Michael Herr schrieb den Kommentar und alle Schauspieler schufen mit ihren Improvisationen die Basis für viele Szenen, die ich spät in der Nacht erst erdachte«, sagte der Regisseur später.

*Mit Brille bewaffnet im Kurzauftritt als Colonel Lucas*

Ab November 1975 versuchte Coppola mehrere Schauspieler für die Rolle des Captain Willard und des Colonel Kurtz zu begeistern. Aus unterschiedlichen Gründen sagen Steve McQueen, Al Pacino, James Caan, Jack Nicholson und Robert Redford ab. Schließlich verpflichtete er Harvey Keitel und Marlon Brando. Nach einem Besetzungsgespräch, das im Juli 1976 in Los Angeles stattfand, wurde Harrison Ford für eine kleine Rolle als Offizier engagiert.

Ford musste übrigens nie nach Vietnam: »Dort hinzugehen widersprach dem, woran ich glaube. Es waren weniger religiöse Gründe, denn ich komme nicht gerade aus einer sehr religiösen Familie, sondern moralische. Ich hatte keine Angst davor, zu sterben oder verwundet zu werden, sondern hatte Angst vor mir selbst und dem, wozu ich fähig wäre. Meine Gründe waren ziemlich kompliziert und ich benötigte 20 Seiten Papier, um sie darzulegen. Ich hätte vermutlich drei Jahre auf eine Antwort des Gerichts warten müssen, aber glücklicherweise entschieden sie die Spielregeln zu ändern und legten fest, dass Männer mit Kindern nicht zu dienen brauchten. Meine Frau war zu der Zeit gerade schwanger, also wurde ich befreit.«

### Dreharbeiten, -orte und Budget

Die Vorbereitungen für die Dreharbeiten begannen Anfang März 1976 auf den Philippinen, so dass am 20. März zum ersten Mal gedreht werden konnte. Ford reiste Anfang August für neun Tage an und erhielt 1.750 US-Dollar Gage pro Woche zuzüglich Spesen. Die Sequenz, in der er Willard seinen Einsatz erklärt, ist nur etwas über acht Minuten lang, musste jedoch zweimal gedreht werden, da ursprünglich Harvey Keitel die Rolle des Willard gespielt hatte. Nach drei Wochen ersetzte ihn Martin Sheen. Eigentlich war Ford für eine größere Rolle vorgesehen, doch da sich dieser Part nicht mit dem geplanten Drehbeginn von *Krieg der Sterne* vereinbaren ließ, wurde nichts daraus. Dazu Ford: »Ich beschloss *Krieg der Sterne* anzunehmen und bin froh darüber, denn einige Kollegen reisten auf die Philippinen, um für drei Monate *Apocalypse Now* zu drehen – und blieben über ein Jahr. Nachdem wir *Krieg der Sterne* abgedreht hatten, waren die anderen noch nicht mal zu einem Drittel fertig. Ich war für eine andere Rolle vorgesehen, die ungefähr drei Wochen in Anspruch nehmen sollte, aber habe abgelehnt. Dann wurde mir eine kleinere Rolle vorgeschlagen, die in neun Tagen erledigt sein sollte, und ich sagte zu. Es hat mir Spaß gemacht. Das ist einer der Gründe, warum ich noch in diesem Geschäft bin – der Spaß.«

Die Dreharbeiten sollten vier Monate dauern, man benötigte aber 15. Insgesamt belichtete Coppola an 238 Drehtagen 370 Stunden Film. Martin Sheen erlitt einen Herzanfall, der ihn fast das Leben kostete. Als Marlon Brando anreiste, war er wesentlich dicker und schwerer als erwartet. Keine der Uniformen der Green Berets, die eigens für ihn angefertigt worden waren, passten auch nur ansatzweise. »Also entschied ich, ihn nur von der Brust an aufwärts zu filmen, so dass er wie ein Gigant aussah, so ein Typ wie Paul Bunyon«, erinnert sich Coppola. Nach drei Monaten wurden die Philippinen vom schlimmsten Taifun der letzten 40 Jahren heimgesucht, so dass die Produktion für sechs Wochen gestoppt werden musste. Produzent Gray Frederickson erinnert sich, dass »der Regen so intensiv war, dass man nicht die Hand vor Augen sehen konnte«. Fast alle von Dean Tavoularis sorgfältig errichteten Dekorationen wurden zerstört und mussten neu gebaut werden. Das ursprüngliche Budget von 16 Millionen US-Dollar explodierte auf über 32 Millionen. Coppola verpfändete seinen kompletten persönlichen Besitz, um die ausstehenden 16 Millionen Dollar aufzubringen. Die Fertigstellung, die in der Regel etwa sechs Monate dauert, beanspruchte über zwei Jahre, so dass wohl von einem Budget von bis zu 35 Millionen US-Dollar ausgegangen werden muss. »Wie Captain Willard bewegte ich mich flussaufwärts in einen entfernten Dschungel«, sagte Coppola später dazu, »suchte nach Antworten und hoffte auf irgendeine Form von Katharsis. Wir machten *Apocalypse Now* so, wie die Amerikaner in Vietnam Krieg führten: Es gab zu viele von uns, mit zu viel Geld und Ausrüstung – und Schritt für Schritt wurden wir wahnsinnig.«

Wegen der vielen Verzögerungen hieß es in der Presse immer wieder »Apocalypse Wann?«.

### Premiere

Nach einer Reihe von Previews, die im März und April in den USA stattfanden, lud US-Präsident Jimmy Carter Coppola und andere ins Weiße

Haus ein, wo am 10. Mai eine Vorführung stattfand. Schließlich erlebte der Film als so genanntes Work in Progress mit einer Länge von 153 Minuten am 19. Mai 1979 auf dem Filmfest in Cannes seine Uraufführung. Er gewann, gemeinsam mit Volker Schlöndorffs *Blechtrommel*, die Goldene Palme und wurde für acht Oscars nominiert. Der Film erhielt zwei: für die beste Kamera und den besten Ton.

Die um 50 Minuten längere Fassung des Films erlebte als *Apocalypse Now Redux* am 11. Mai 2001, wiederum beim Filmfestival in Cannes, seine Welturaufführung und kam im August in die amerikanischen und im Oktober in die deutschen Kinos. Die Sequenz mit Harrison Ford wurde nicht verändert. Im selben Jahr wurde der Film vom American Film Institute als einer der wichtigsten 100 Filme der amerikanischen Geschichte bezeichnet.

## Kritik

Sicher bedingt durch die eher bescheidene Rolle wurde Harrison Ford bei der Erstveröffentlichung in den Besprechungen nicht erwähnt. Aufgrund seiner Bekanntheit wies zumindest das Magazin ›Newsweek‹ 2001 auf den Kurzauftritt hin und bemerkte einen »merkwürdig seltsamen und unbeholfenen Harrison Ford«. Gerald M. Rafschoon schrieb nach der Vorführung im Weißen Haus im Auftrag von Jimmy Carter an Coppola, dass er »ein großes, die Zeit überdauerndes Filmwerk« geschaffen habe. Für den Kritiker der ›New York Times‹ ist es »ein erstaunliches Werk, technisch komplex und meisterhaft wie kein anderer Kriegsfilm, an den ich mich erinnern kann«. Der ›Playboy‹ lobte: »verblüffend, staunenswert und wundervoll«.

# The Frisco Kid
(Ein Rabbi im Wilden Westen) USA 1979

*Aus Feinden werden Freunde: Mit Gene Wilder im Wilden Westen*

## Inhalt

Im Jahr 1850 wird der polnische Jung-Rabbiner Avram Mutz (Gene Wilder) aus seinem Heimatland nach Amerika geschickt, um einer Gemeinde in San Francisco geistlichen Beistand zu leisten. Er soll die Tochter eines angesehenen Juden heiraten, die er noch nie gesehen hat. In Philadelphia betritt er amerikanischen Boden, wird ausgeraubt und macht sich zunächst zu Fuß in Richtung San Francisco auf, das nach Auskunft seines Chef-Rabbis in der Nähe von New York liegt. Unterwegs trifft er auf den Gangster Tommy Lillard (Harrison Ford), der gerade einen Zug überfallen hat.

## Hintergrund

Während der Dreharbeiten von *Helden wie heute* erhielt Henry Winkler das Drehbuch mit dem Titel ›No Knife‹ und überlegte, ob er neben Gene Wilder die Hauptrolle spielen solle. Er entschied sich, wie schon vor ihm John Wayne, dagegen und man bot Ford den Part an, der zusagte. Aus ›No Knife‹ wurde *The Frisco Kid* und Produzent Mace Neufeld, der später die Verfilmung der Jack-Ryan-Bücher von Tom Clancy zum Teil ebenfalls mit Harrison Ford realisierte, engagierte Regie-Veteran Robert Aldrich. Allerdings war auch der nicht erste Wahl gewesen. Welche beiden anderen Regisseure zuvor abgesagt hatten, wurde nicht bekannt. Auf Aldrichs Konto gehen Western wie *Vera Cruz* (1954) oder *Keine Gnade für Ulzana* (1972), Thriller und Abenteuerfilme wie *Wiegenlied für eine Leiche* (1965), *Der Flug des Phoenix* (1966) oder *Das dreckige Dutzend* (1967). Auch Westernkomödien wie *Vier für Texas* (1963) hatte Aldrich gedreht. Ford empfand großes Vertrauen zu ihm. »Mit dieser Arbeit war ich viel glücklicher als mit den vorigen«, sagte er später. »Mit Aldrich zu arbeiten war großartig. Ich spiele einen Bankräuber, einen rauen Typen, wie es ihn im alten Westen öfter gab, eine Figur, die sich gut von Gene Wilders polnischem Rabbi abhob. Wir reisen zusammen von New York nach San Francisco, es ist also so etwas Ähnliches wie ein Road-Movie.« Wilder hoffte vor allem auf eine gelungene Komödie. »Dies ist ja nicht die erste Western-Komödie, nicht die erste Rabbi-Komödie, nicht die erste Verulkung des Genres Cowboyfilm. Wir haben versucht den Film durch die Verbindung einer Lustspielhandlung mit einer grotesken Kombination von Personen – Priester und Gangster, zart besaiteter Gottesmann und Gunman – und Situationen dennoch originell zu gestalten.«

### Dreharbeiten und -orte

Gedreht wurde von Oktober bis kurz vor Weihnachten 1978 in Arizona, Colorado und Nord-Kalifornien. Während der Dreharbeiten war Melissa Mathison häufig zu Gast und es schien dem Team so, als entwickle sich eine Beziehung zwischen ihr und Ford. Im Mai desselben Jahres hatte der sich von Mary Marquardt getrennt. Der

privaten Ausgeglichenheit standen die beruflichen Schwierigkeiten gegenüber. Ford war wieder einmal vertretungsweise eingesprungen und Robert Aldrich machte kein Hehl daraus, dass er lieber mit John Wayne gearbeitet hätte. Die Missachtung setzte sich sogar bis in den Schneideraum fort, denn bei der ersten Schnittfassung wurde Fords Rolle auf ein Minimum reduziert, was Neufeld verärgerte. Aldrich schnitt den Film daraufhin neu. Geholfen hat es dem Werk dennoch nicht.

### Premiere

Gene Wilder war außer sich vor Ärger über den seiner Meinung nach misslungenen Film und beschuldigte Aldrich nach der Uraufführung in den USA, von Komödien keine Ahnung zu haben. »Leider gibt der Film Wilder über weite Strecken Recht«, schrieb Joe Hembus in seinem ›Western-Lexikon‹. Dennoch machte Wilder auf dem Festival des amerikanischen Films im französischen Badeort Deauville Werbung für den Streifen und gab anlässlich der europäischen Premiere Interviews. In den USA spielte das Werk bescheidene zwölf Millionen US-Dollar ein.

### Kritik

Der Film spaltete die Kritik. Während man in den USA das Werk ablehnte, gingen viele Europäer mit ihm sanfter ins Gericht. Susan Lardner schrieb im ›New Yorker‹: »Ein bisschen an der tödlichen Langeweile ist Harrison Ford schuld, ein junger Schauspieler mit finsterem Blick und stirnrunzelndem Charme in der Rolle eines Bankräubers, der zum Partner des Rabbi wird.« In ›Variety‹ hieß es, dass »die Szenen zwischen Wilder und Ford wundervoll zusammenpassen«. Die ›Financial Times‹ nannte das Werk »eine weitschweifige, viel zu lange, sentimentale, mitunter liebenswürdige Komödie«. Im Buch ›Film '79‹ war zu lesen: »Die Anlage der Rollen und besonders Wilders schauspielerische Überlegenheit bringen es freilich mit sich, dass der

Film eher zu einer Ein-Mann-Show Wilders wird.«

# More American Graffiti
# (The Party is Over …)

(Die Fortsetzung von American Graffiti)
USA 1979

### Inhalt

Im Unterschied zum ersten Teil von *American Graffiti*, der an einem Tag des Jahres 1962 spielt, erzählt die Fortsetzung vom Neujahrsabend vier aufeinander folgender Jahre. John Milner (Paul Le Mat) fährt 1964 beim Dragster-Rennen mit, Terry (Charles Martin-Smith) dient 1965 in Vietnam, Debbie (Candy Clark) lebt 1966 als Hippie in San Francisco und Steve (Ron Howard) und Laurie (Cindy Williams) sind 1967 verheiratet und wohnen mit ihren Kindern im kalifornischen Modesto.

### Hintergrund

1977 hatte das Filmunternehmen Universal *American Graffiti* wiederveröffentlicht und erneut ein gutes Geschäft gemacht. Aufgrund eines Vertrags mit dem Studio schuldete George Lucas ihnen noch einen Film und Universal bestand auf einer Fortsetzung des Sechziger-Jahre-Abenteuers, zumal ihnen sowohl der Titel als auch die Figuren gehörten. Die Regie lehnte Lucas wegen der sechs Jahre zurückliegenden Auseinandersetzungen ab, erklärte sich aber bereit, die Verantwortung als ausführender Produzent zu übernehmen. Sein Freund aus Studienzeiten Howard Kazanjian produzierte für ihn und kümmerte sich auch um einen Regisseur. Schließlich einigte man sich auf Drehbuchautor Bill W. L. Norton, der zuvor *Cisco Pike* und *Convoy* geschrieben hatte und dem angeboten wurde zu inszenieren, wenn sein Script angenommen würde. Er begann im Frühjahr 1978 mit der Arbeit.

Harrison Ford, der im Erstling nur wenige Szenen hatte, begnügte sich mit einem Gastauftritt als Motorrad-Polizist Officer Falfa. Er übernahm den Part nur aus Gefälligkeit George Lucas gegenüber, dem er viel zu verdanken hatte, bestand aber darauf, in den Besetzungslisten nicht genannt zu werden. So erscheint er nur kurz auf der Leinwand, als er ein Pärchen wegen Besitzes von Marihuana verhaftet. Er trägt zudem eine dunkle Sonnenbrille und einen Motorradhelm, so dass nur wirkliche Fans ihn erkennen. Selbst einige Biografen übersahen Fords Auftritt.

### Dreharbeiten, -orte und Budget

Gedreht wurde an 45 Tagen von August bis Oktober 1978 in Marin County und im Sacramento-Delta zwischen Modesto und Stockton, das die Kulisse für Vietnam abgab. Ford hatte nur einen Drehtag. Die Vietnam-Szenen drehte Lucas mit dem zweiten Aufnahmeteam selbst. Die Budgetangaben schwanken zwischen sechs und 7,5 Millionen US-Dollar, was etwa dem Zehnfachen des ersten Teils entspricht.

»Emotional betrachtet war mir der Film nie besonders nahe«, äußerte Lucas einmal über die Fortsetzung, obwohl er im Hintergrund die Fäden gezogen hatte. Er bestand sogar darauf, den Film zu schneiden und die Sequenzen der vier Hauptfiguren nach einem bestimmten Schema wieder auftauchen zu lassen – ein Experiment, das gründlich misslang. »Wenn irgendetwas den Film ruiniert hat, dann genau das«, gab er später zu.

Das Werk wurde zu einem finanziellen Desaster, denn es spielte mit 8,1 Millionen US-Dollar gerade die Herstellungskosten ein – allerdings erst zwei Jahre nach dem Kinostart. Die Produktionsfirma hatte jedoch vorab bereits drei Millionen Dollar durch Verkäufe an TV-Sender eingenommen.

### Premiere

Bereits nach einer Preview im Northpoint Theater in Los Angeles deutete sich an, dass der Film beim Publikum nicht gut ankommen würde. Die

Reaktion war allgemein schlecht. Nach Angaben seines Biografen Dale Pollock musste sich Lucas mit Aussagen wie »Das soll wohl komisch sein, George. Ist es aber nicht!« auseinander setzen. Später sagte Lucas: »Ich war enttäuscht von dem Film und viele Dinge an ihm gefallen mir nicht. Aber es gibt auch manches, was ich wirklich mag. Ich schäme mich nicht dafür, ihn gemacht zu haben.«

### Kritik

»Mehr ist weniger in dieser Fortsetzung des Hits aus dem Jahr 1973. Die liebenswerten Figuren werden hier zu einem Quartett stumpfer Vignetten«, schrieb Leonard Maltin in seinem ›Movie and Video Guide‹. Andere Besprechungen waren ähnlich kritisch. »Die komplizierte Verschachtelung der Zeitebenen erschwert das Verständnis«, heißt es im ›Lexikon des internationalen Films‹.

## The Empire Strikes Back

(Das Imperium schlägt zurück) USA 1980

### Inhalt

Luke Skywalker (Mark Hamill), Prinzessin Leia (Carrie Fisher), Han Solo (Harrison Ford) und Chewbacca (Peter Mayhew) haben sich auf den Eisplaneten Hoth zurückgezogen, um den Rebellen zu helfen sich neu zu formieren. Schließlich finden die Truppen den Stützpunkt und es entbrennt ein Kampf mit deren imperialen Kampfläufern. Auf Anraten Ben Obi-Wan Kenobis (Alec Guinness) verschwindet Luke auf den Planeten Dagobah, um den weisen Jedi-Meister Yoda zu treffen, der schon Ben unterwiesen hat. Er holt sich bei ihm Rat und lässt sich zum Jedi-Ritter ausbilden. Inzwischen ist Leia, Han, Chewbacca und den beiden Robotern R2-D2 (Kenny Baker) und C-3PO (Anthony Daniels) die Flucht von Hoth gelungen. Darth Vader (David Prowse) nimmt sie schließlich doch gefangen und friert Han Solo in einer Kohlenstoffgefrier-

anlage ein, um ihn an Jabba the Hutt auszuliefern. Luke befreit seine Freunde und kämpft mit Darth Vader auf Leben und Tod. Der versucht ihn von der dunklen Seite der Macht zu überzeugen und gesteht ihm, dass er sein Vater ist.

### Hintergrund

Nach dem unglaublichen Erfolg des ersten Teils von *Krieg der Sterne* war klar, dass es zu einer Fortsetzung kommen würde. Vertraglich war vereinbart worden, dass innerhalb der nächsten zwei Jahre eine neue Folge der Sternensaga entstehen sollte, da sonst die Rechte an der Geschichte an Fox zurückfallen würden. Also beauftragte Lucas die bekannte Drehbuchautorin Leigh Brackett *(Rio Bravo, Hatari!)* ein neues Script zu verfassen. Im März 1978 war Brackett mit der ersten Fassung fertig, starb aber noch im selben Monat, so dass Lucas gezwungen war jemand anderen zu finden. Er entschied sich für Lawrence Kasdan, der ihm im August das Drehbuch für *Jäger des verlorenen Schatzes* vorlegte. Die Arbeit des ehemaligen Werbetexters aus Chicago gefiel ihm auf Anhieb. Er engagierte Irvin Kershner, einen seiner Lehrer aus der Filmklasse der University of Southern California, für die Regie. Zuvor hatte er ein halbes Dutzend Regisseure gefragt, die allerdings alle abgesagt hatten, wohl aus Angst, vom erfolgreichsten Film aller Zeiten eine Fortsetzung zu drehen. Schon seit März war Produzent Gary Kurtz zur Vorbereitung der Dreharbeiten im Londoner Atelier.

Ford hatte nicht für drei Filme unterschrieben, konnte daher neu verhandeln und erhielt eine höhere Gage und bessere prozentuale Beteiligung. Produzent Gary Kurtz äußerte, dass Ford »totale Angst hatte, zum Stereotypen zu werden, und darauf drängte, dass seine Rolle eher schelmischer und wie eine der Rollen Clark Gables werden sollte«. Nach Informationen des Autors Dale Pollock wollte Ford, dass die Figur des Han Solo »mehr Dimension hatte. Er wollte ein attraktiver feuriger Schurke sein, was zu Lucas' Plan passte, das Liebesdreieck aus *Vom Winde verweht* zu kopieren: Han als Rhett Butler, Leia als Scarlett O'Hara und Luke als Ashley Wilkes«. Lucas wollte diesmal mehr weibliche Zuschauer erreichen und stellte deshalb die Liebesgeschichte in den Vordergrund.

*»Harrison Force« nannten ihn seine Söhne – aber auch die Kollegen sehen kraftvoll aus.*

## Dreharbeiten, -orte und Budget

Die Arbeit begann am 5. März 1979 nahe dem 75 Einwohner zählenden norwegischen Ort Finse – und gleich mit einem Drama. Wegen des strengen Winters war das Team für zehn Tage völlig von der Außenwelt abgeschnitten. Ford kam über London nach Oslo, fuhr mit dem Zug weiter, geriet 30 Meilen vor dem Ziel in einen Schneesturm, so dass man gezwungen war umzukehren. Da Ford für Aufnahmen am nächsten Morgen vor Ort sein musste, »wurde er ausgeladen und erreichte nach zwei schwierigen Taxifahrten Ustaoset, 23 Meilen von Finse entfernt«, so eine Agenturmeldung. »Dort fand ihn das Schneemobil, das ihn durch zehn Meter hohe Schneewehen gegen Mitternacht nach Finse

brachte.« Temperaturen von bis zu 15 Grad unter null und weitere Schneestürme machten den Beteiligten zu schaffen. Schließlich reiste das Team vorzeitig ab, da es unmöglich war, unter diesen Bedingungen zu drehen. Später schickte man ein zweites Team in die Eiswüste, das Aufnahmen machte, bei denen die Akteure nicht gebraucht wurden.

Die folgenden vier Monate verbrachte man in den EMI-Elstree-Studios in London, arbeitete bis Juli 1979 in 64 Kulissen und drehte 250 Szenen. Lucas ließ sogar eine neue Halle (90 mal 40 Meter und 15 Meter hoch) bauen, um das Raumschiff von Han Solo, den »rasenden Falken« (manchmal auch Millennium Falke genannt), unterzubringen. Als die Bilder in England abgedreht waren, zog das Team zum neuen Firmensitz von ILM nach San Rafael um, wo zwischen 600 und 700 Effekt-Einstellungen hinzugefügt wurden.

Das Budget wurde zunächst mit 18,5 Millionen US-Dollar veranschlagt, erhöhte sich aber auf 22 (anderen Quellen zufolge sogar auf 25) Millionen. Während der Arbeit am Film verstarb John Barry, der Regisseur des zweiten Teams. Kershner und Lucas haderten mehrfach miteinander, da der Regisseur Dialogzeilen änderte und die Akteure bisweilen improvisieren ließ.

Ford schätzte die Arbeit mit Irvin Kershner, vor allem dessen stärkere Akzentuierung der Rollen. Er beschrieb ihn als »exzellent. Ihm ist es zu verdanken, dass sich die Figuren, und damit auch die Schauspieler, verbesserten«. Für ihn ist dies der »komplexeste der *Star-Wars*-Filme. Ich hatte eine enge Beziehung zum Regisseur. Wir waren in der Lage, uns gegenseitig gehen zu lassen und nachsichtig zu sein. Ein Beispiel dafür ist die Stelle, als Han Solo eingefroren werden soll. Im Drehbuch sagt die Prinzessin: ›Ich liebe dich‹, und Han erwidert: ›Ich liebe dich auch.‹ Ich hatte das Gefühl, dass wir hier eine Möglichkeit, etwas Humor einfließen zu lassen, verschenkten. Also schlug ich vor, Han sollte sagen: ›Ich weiß.‹ Das gab einen großen Lacher«. Ford wollte übrigens, dass die Figur durch das Einfrieren tatsächlich stirbt, doch Lucas lehnte ab. Die Szene gestaltete sich schwierig und Zeit raubend, da Kershner Wert darauf legte, dass die Kulisse aussieht wie in den dreißiger Jahren, in denen verrückte Wissenschaftler die Helden auf besondere Weise folterten.

Im Juni 1979 konnte Lucas in England einen Rohschnitt sehen, war aber nicht überzeugt: »Ich war außerordentlich durcheinander, weil ich das Gefühl hatte, dass es überhaupt nicht funktionierte. Das Budget war weit überzogen und ich hielt den Film nicht für gut.« Er beriet sich mit Kershner und schnitt den Film neu, bis er zufrieden war.

Nach Angaben des US-Magazins ›Newsweek‹ brachten die ersten beiden *Krieg-der-Sterne*-Folgen allein aufgrund der Merchandising-Verkäufe mehr als eine Milliarde US-Dollar ein, von denen zwischen sechs und 15 Prozent an Lucasfilms Ltd. gingen.

*Seit den Dreharbeiten sind Carrie Fisher und Harrison Ford befreundet.*

### Premiere

Schon am 18. Mai 1980, drei Tage vor dem Start des Films, fanden sich die ersten Besucher vor dem Egyptian Theatre in Hollywood ein, um die Vorstellung mitzuerleben. Als der Zeitpunkt näher rückte, zählten die Wartenden den Countdown mit. Am 21. Mai 1980 lief der Film in den gesamten Vereinigten Staaten an und wurde, wie nicht anders zu erwarten, sogleich ein großer Erfolg. Allein in den USA spielte er über 290 Millionen US-Dollar ein. Nach Angaben von Dale Pollock verdiente Lucas 51 Millionen Dollar mit dem Film und verteilte fünf davon an seine Mitarbeiter – vom Techniker bis zum Nachtportier. Das ›Time‹-Magazin dagegen schrieb, Lucas hätte nur zehn Millionen Dollar an dem Film verdient, jedoch 25 Prozent an seine Mitarbeiter weitergereicht.

Die Deutschland-Premiere fand am 12. Dezember in Berlin statt. Produzent Gary Kurtz und Mark Hamill mit Familie reisten an und wurden von Hellmut Lange in den Kinos Royal und Atelier am Zoo den Gästen vorgestellt. In den ersten fünf Tagen sahen in Deutschland 497.000 Besucher den Film, bis heute sind es mehr als fünf Millionen.

Im Frühjahr 1981 wurde der Film für vier Oscars nominiert und gewann zwei der begehrten Trophäen: für die Spezialeffekte und den Ton.

### Kritik

Die ›New York Times‹ schrieb: »Dieses Mal stiehlt Ford als Han Solo allen die Show. Er schlüpft mühelos in den comicartigen Konversationsstil.« Weder »einen erkennbaren Anfang noch ein imposantes Ende« konnte der ›tip‹ entdecken, resümierte »ein technisch hochgezüchtetes Verbindungsteil« und bezeichnete Han Solo als »eine Art Burt Reynolds im All«. »Ich mochte speziell den Stil von Han Solo in diesem Abenteuer«, schrieb der ›Hollywood Reporter‹. »Er gewinnt nicht nur an Statur, sondern seine romantischen Passagen mit Prinzessin Leia scheinen eindringlicher und herzlicher zu sein als im ersten Kapitel.« – »Nur kleine Einwände« hatte die ›Hannoversche Allgemeine Zeitung‹ und monierte an der deutschen Synchronfassung, »dass der Witz des Originals weit gehend fehlt«.

# Raiders of the Lost Ark

(Jäger des verlorenen Schatzes) USA 1981

*Die Angst vor der Kobra war gut gespielt: Ford mag Schlangen, Indiana Jones hasst sie. Eine Glasscheibe trennte beide.*

## Inhalt

1936 schnappt der französische Archäologe Belloq (Paul Freeman) dem amerikanischen Archäologieprofessor Dr. Indiana Jones (Harrison Ford) eine seltene Figur vor der Nase weg. Kurz danach wird Jones, der hauptberuflich an einer Universität lehrt, vom US-Abwehrdienst beauftragt sich auf die Suche nach der Bundeslade zu machen. Die Geheimdienstler haben Funksprüche aufgefangen, wonach die Nazis nahe Kairo umfangreiche Grabungen durchführen lassen. Die Lade gehört zu den Tafeln, die Moses einst zerschlug, und soll unbesiegbar machen. Nach den Aufzeichnungen von Jones benötigt man einen Stab mit einem Kopfstück, das den genauen Fundort der Lade angibt. Dieses Stück hat ein gewisser Professor Ravenport gefunden. Jones will ihn in Nepal besuchen, findet heraus, dass er tot ist, und kann gerade noch seine Tochter Marion (Karen Allen) vor den Nazis retten, die dem Stück ebenfalls nachjagen. Indy und Marion fliegen nach Nordafrika, entdecken mit Hilfe von Sallah (John Rhys-Davies) die Lade und finden heraus, dass Belloq mit den Nazis kooperiert. Die Lade wechselt mehrfach den Besitzer, macht am Ende aber niemanden unbesieg-

bar, sondern verschwindet in einem großen Lagerhaus.

## Hintergrund

Der Film ist die erste Zusammenarbeit von George Lucas und Steven Spielberg. Lucas' Idee war es, eine Filmserie im Stil der so genannten Cliffhanger-Serials der dreißiger Jahre zu kreieren, in denen eine der Hauptfiguren sich am Ende in einer ausweglosen Situation befindet. Vorbilder waren Serien wie *Spy Smasher* oder, ganz konkret, *Don Winslow of the Navy*, die von einem Abenteurer handelt, der gegen die Nazis und die Verbrecherorganisation SCORPIA kämpft. Lucas hatte überlegt, ob er erst mit den Recherchen zu diesem Projekt oder mit *Krieg der Sterne* anfangen solle, entschied sich dann aber für das Weltraumspektakel. Inspiriert hatte ihn auch ein Plakat, das einen Mann zeigte, der von einem fahrenden Lkw auf ein Pferd springt. »Ich wunderte mich, warum man diese Filme nicht mehr machte. Ich wollte sie immer mal wieder sehen«, sagte Lucas später. Zunächst wurde Regisseur und Autor Philip Kaufman engagiert, der eine Geschichte entwickeln und möglicherweise auch inszenieren sollte. Lucas schwebte ein Archäologieprofessor vor, der sich in den Nachtclubs der dreißiger Jahre mit blonden Schönheiten amüsiert und gerne mal einen zu viel trinkt, wenn er nicht im Ausland nach Artefakten sucht. »Die ursprüngliche Ironie der Geschichte war, dass man sich fragt, wie dieser Professor genug Geld machen kann, um das Leben mit all den Mädchen, schicken Wagen und Pelzen zu führen«, sagte Lucas.

Lawrence Kasdan arbeitete zwei Wochen an der Story, strich Nachtclubs und Mädchen, mochte aber die beiden Identitäten von Jones, die er schon bei *Superman* so schätzte. »Ich ging immer zu einem alten Arzt in Chicago, der besessen war von den legendären Mächten der Bundeslade«, erinnert sich Kasdan an die Recherchen. »Und es gab jede Menge Bücher, die sich mit Hitlers Suche nach okkulten Gegenständen beschäftigen, von denen er dachte, sie würden ihn unbesiegbar machen.« Weil Kasdan nicht selbst drehen wollte und auch Lucas sich eher als Produzent sah, fragte er Spielberg, der sogleich zusagte. Spielberg wollte schon immer einen »Bond-artigen« Film drehen, war aber bei den Produzenten gescheitert, als er sich um die Regie von *Der Mann mit dem goldenen Colt* bewarb. »Die wollten mich nicht haben – weil ich kein Engländer bin«, sagte er 1984 dem ›Stern‹. »Indiana Jones ist meine Rache.«

Auf die Frage, warum Lucas die Abenteuer des Indiana Jones nicht selbst inszeniert habe, sagte er: »Weil ich dann nie in den Genuss gekommen wäre, diesen Film als Zuschauer zu erleben.« Ende 1977 setzten sich Lucas, Spielberg und Kasdan zusammen, berieten ihre Ideen und versuchten sich mit immer tollkühneren Einfällen zu übertreffen. Nach fünf Tagen Beratung war man sich einig. »Wir sind praktisch denkende Menschen«, äußerte Spielberg. »Ich bin immer am besten, wenn ich mit Menschen, die ich respektiere, in einen Raum eingesperrt werde und mich mit ihnen amüsiere. Das ist natürlich kein historisch getreues Zeitdokument, sondern einfach exotische Unterhaltung, unheimlich packend, spannend und mit einem Hauch von Zauberei arrangiert«, sagte er weiter.

Als das Drehbuch fertig war, legte man es mehreren Studios vor, bis Paramount es annahm. »Wir wollten den besten Deal abschließen, den es jemals gegeben hatte«, sagte Spielberg gegenüber ›Newsweek‹, und auch wenn exakte Zahlen nicht bekannt gegeben wurden, ist davon auszugehen, dass man sich eine erhebliche prozentuale Beteiligung sicherte. Am 4. Dezember 1979 meldete das Branchenblatt ›Variety‹, dass Paramount mit der Lucasfilms Ltd. einen Vertrag über vier Filme um Indiana Jones abgeschlossen habe. Man habe von den »üblichen Standardgeschäften« Abstand genommen, die vorsahen, dass Paramount 33 $\frac{1}{3}$ Prozent vom weltweiten Einspielergebnis erhält. Die genauen Konditionen waren nicht zu erfahren. Sicher ist,

dass es der bis dahin »beste Deal aller Zeiten« für Spielberg und Lucas war.

Für die Hauptrolle hatte man Tom Selleck auserkoren, den Lucas in einer Folge von *Magnum* gesehen hatte. Der musste jedoch wegen Überschneidungen mit Drehterminen für die Serie absagen. Erst eine Woche vor Drehbeginn fiel die Wahl auf Harrison Ford. »Ich war ja eh nur zweite Wahl«, kommentierte der später. Anfangs war auch Ford skeptisch: ›Ich bin nicht überrascht, dass sie nicht gleich an mich dachten, denn ich erkannte sofort die Ähnlichkeit von Indiana Jones und Han Solo. Aber sie sind ebenso verschieden, wie sie sich ähneln. Beide reden sehr schnell und sind auf eine gewisse Weise glatt. Indiana Jones hat mehr Ebenen, Han Solo ist weniger kompliziert und geradliniger. Ich habe zur Vorbereitung archäologische Jahrbücher gelesen, aber das war auch schon alles. Ich wollte ihn so glaubwürdig wie möglich spielen.« Ford entwickelte auch Vorschläge für die Ausstattung und arbeitete an Choreografien für Kampfszenen mit. »Das ist nicht etwa ein Privileg für mich«, sagte er. »Ich bin dafür verantwortlich, die Rolle, die ich spiele, dem Publikum zu verdeutlichen, um den Film so gut zu machen, wie es in meinen Kräften steht.«

Über die Vorbereitungen auf seine Rolle äußerte sich Ford während einer Interviewtournee 1999: »Natürlich ist die Vorarbeit für eine Figur wie Indiana Jones, die für mich überhaupt keine Comic-Figur ist, sondern eher ein Fantasy-Held des 20. Jahrhunderts, sehr begrenzt. Es ist unumgänglich, dass ich mir bei der Vorbereitung auf die Rolle sehr spezifische und bis ins Detail gehende Erfahrungen der Figur aneigne, die ich später auf der Leinwand darstelle. Es sind nicht die augenscheinlichen Dinge, die ich suche, sondern die kleinen, beiläufigen Bewegungen, die typischen Eigenarten. Ich sah die Möglichkeit, eine Figur zu spielen, die für das Publikum sehr fesselnd ist. Das Drehbuch beschrieb etwas so Aufregendes, dass die Möglichkeit, genau das mit Steven Spielberg umzusetzen,

*Mehrfach wurde Ford beim Dreh verletzt, aber ein schwerer Durchfall machte ihm am meisten zu schaffen.*

es einfach nicht erlaubte, Nein zu sagen. Das Ganze war ein großer Traum und wir hatten eine wunderbare Zeit, ihn zu realisieren.«

Der Name Indiana Jones steht in der Tradition alter Westernhelden, an welche die Figur auch angelehnt sein sollte, wie etwa Nevada Bill oder Minnesota Jack. Der ursprüngliche Name war eigentlich Indiana Smith. Und: Der Hund der Familie Lucas, zur Rasse der Malemute gehörig, heißt Indiana Jones. Er stand Pate für die Figur des Wookie Chewbacca in der *Krieg-der-Sterne*-Serie.

## Dreharbeiten, -orte und Budget

Spielberg drehte zwischen dem 23. Juni und Oktober 1980. Statt der ursprünglich geplanten 85 Tage war der Film in 73 Tagen fertig – und etwas billiger als die veranschlagten 20 Millionen US-Dollar. Das aber lag auch am Druck von außen. Da Spielbergs Filme *Der weiße Hai* und *1941 – Wo bitte geht's nach Hollywood?* länger und teurer geworden waren als geplant, knüpfte der Chef von Paramount Michael Eisner seine Zusage an

entsprechende Bedingungen. Eine davon war die Einhaltung des Drehplans. Daraufhin ließ Spielberg ein detailliertes Storyboard anfertigen, das sämtliche Einstellungen vorher festlegte. 60 Prozent wurden auch tatsächlich so gefilmt wie geplant. »Die anderen 40 Prozent entstanden während der Arbeit«, erklärte Spielberg.

Gedreht wurde zunächst in Frankreich, im Hafen von La Rochelle, wo das Team eines der U-Boote aus dem Film *Das Boot* von Wolfgang Petersen nutzte. Ursprünglich wollte man auch auf See und im U-Boot drehen. Auch in den Bavaria Filmstudios in München waren Drehtage angesetzt, »doch aufgrund des schlechten Wetters in Frankreich und der fehlenden Zeit am Ende fiel das weg – und meine Rolle auch«, erinnert sich Michael Sheard, der als U-Boot-Kapitän besetzt worden war. Nach den wenigen Aufnahmen, die dennoch gelangen, zog man in die EMI-Elstree-Studios nach London, wo in zwei riesigen Sets, die sich über fünf Hallen erstreckten, gearbeitet wurde. Hier hatte der Ausstatter Norman Reynolds, der für seine Arbeit an *Krieg der Sterne* einen Oscar erhalten hatte, den peruanischen Tempel, die Gruft, in der Indy die Bundeslade entdeckt, und die Schlangengrube gebaut. Ursprünglich war diese Szene mit 1.500 Schlangen geplant, doch ließ Spielberg weitere 4.500 Tiere aus Dänemark einfliegen. Immer noch nicht zufrieden, verwendete er schließlich 6.000 lebende und 2.000 falsche Schlangen. Einen Tag vor der Aufnahme stellte man fest, dass das Gegengift das Verfallsdatum bereits um zwei Jahre überschritten hatte, so dass erst neues aus den USA und Indien herbeigeschafft werden musste, was die Aufnahmen dieser Sequenz um zehn Tage verzögerte. Dann mussten Ford und Karen Allen unter Aufsicht des Schlangenexperten Mike Culling und fünf Assistenten in die Grube, doch als gefährlich empfand Ford das nicht. »Es sieht dramatisch und erschreckend aus«, erzählte er später, »aber in Wirklichkeit war es halb so wild. Unter den rund 8.000 Schlangen befanden sich nur zehn wirklich giftige, nämlich die Königskobras. In einer Einstellung falle ich auf den Boden, will aufstehen und schaue direkt in die Augen einer drohend aufgerichteten Kobra. Der Trick bei dieser Aufnahme ist ganz simpel: Zwischen der Schlange und mir befanden sich zwei dicke Glasscheiben, so dass mir nichts passieren konnte. Überhaupt kann ich nicht verstehen, warum sich so viele Menschen vor Schlangen fürchten. Ich jedenfalls habe keine Angst vor ihnen.«

Nachdem die Innenaufnahmen beendet waren, reiste das Team nach Tunesien, wo man in und außerhalb der Städte Nefta, Kairouan und Tozeur drehte. Die Ausgrabungsstätte von Tanis, in der ersten Planung immerhin 200 Morgen groß, wurde auf 70 Morgen reduziert, was die Kosten um 750.000 US-Dollar senkte. In der Sahara entstanden die Flugzeuglandebahn, Bohrlöcher, betonierte Straßen und die Biwaks für etwa 1.000 Soldaten und die Mitarbeiter. Das englische Unternehmen Classic Cars baute nach dem Vorbild eines Wagens aus den dreißiger Jahren zwei Lkws, die mit Jaguar-Motoren liefen. »Nur zwei Szenen im Film spielte ich nicht selbst«, erklärte Ford, »die Kletterei unter dem fahrenden Lastwagen und der Sprung vom galoppierenden Pferd auf den rasenden Lastwagen. Alle anderen Actionszenen waren nicht in dem Maße riskant – obwohl ich natürlich alles daransetzte, sie so riskant wie möglich aussehen zu lassen –, sondern erforderten in erster Linie körperliche Schwerstarbeit.« Dazu zählte auch, dass Ford tatsächlich mit der Peitsche hinter dem Lkw hergeschleift wurde, wie eine Dokumentation von Peter von Zahn beweist, der die Dreharbeiten besuchte. Darin ist auch zu sehen, wie Ford mit Hilfe von Stuntman Terry Leonhard ausführlich den Umgang mit der Peitsche übte, bis er ihn schließlich perfekt beherrschte. Auch Stunt-Koordinator Glen Randall war von Fords Einsatz angetan: »Er war begierig, alles zu lernen und selbst zu machen. Er hob Gewichte, brachte sich physisch in Form und entwickelte sich zu einem wahren Profi. Es kann sehr schmerzhaft sein, wenn man eine Ochsenpeitsche nicht richtig beherrscht. Er hat das ein paar Mal zu spüren bekommen, aber er gab nie auf. Er hat eine gute Einstellung zu seiner Arbeit.« Ebenfalls in Tunesien entstand die Sequenz mit der auf dem Rollfeld kreisenden Maschine, die die Vickers Werke nachgebaut hatten. »Bei der Prügelei unter dem auf der Piste kreisenden Flugzeug geriet mein rechtes Bein bis hoch zum Knie unter eines der Räder. Wie durch ein Wunder blieb ich unverletzt. Bei einem weiteren Zwischenfall stürzte außerplanmäßig ein startendes Flugzeug in einen Fluss. Ich hing noch halb auf dem Flügel und wollte ins Cockpit krabbeln, da krachten wir auch schon ins Wasser.« Außerdem verletzte sich Ford am Knie. »Dasselbe, was mir später bei den Dreharbeiten von *Auf der Flucht* passierte, geschah hier mit meinem linken Knie. Ich verletzte mir die Kniescheibe und musste operiert werden. Während der Arbeit an einer Folge von *Rauchende Colts* verlor ich alle meine Zähne. In einer anderen TV-Serie kugelte ich mir die Schulter aus. Es ist eben auch ein Beruf, bei dem man Körpereinsatz zeigen muss.«

Bei den Dreharbeiten in Tunesien verdarben sich viele Team-Mitglieder den Magen. »Ich litt an Durchfall und konnte für mehrere Tage kaum etwas tun«, erinnert sich Ford. »Es gibt eine Szene, in der Indiana Jones einem schwertschwingenden Bösewicht von Angesicht zu Angesicht gegenübersteht. Ich sollte auf ihn zustürzen, mit ihm kämpfen und ein langes, spektakuläres Duell fechten. Aber ich war einfach kaputt, also tat ich so, als zöge ich meine Waffe heraus, und erschoss ihn. Ich war überrascht, dass sie diese Szene im Film ließen.«

Die Eingangssequenz wurde auf der Hawaii-Insel Kauai gedreht. Steven Spielberg hat die viereinhalb Monate sehr genossen: »Wir machten nicht nur einen Film im Stil der dreißiger Jahre, ich stieg auch in die Fußstapfen eines Regisseurs, der den Film in den dreißiger Jahren wohl genauso gemacht hätte. Es war, als ob ich eine Rolle spielte. Ich war der Indiana Jones hinter der Kamera. Ich wusste, dass ich kein Meisterwerk schaffen musste, und so befreite mich der Film von dem Perfektionswahn, alles zu wiederholen, bis es hundertprozentig stimmte. Bei *1941* habe ich jede Einstellung durchschnittlich zwanzigmal gedreht, bei *Jäger des verlorenen Schatzes* nur viermal. Dazu kam, dass das Ganze ein großes Vergnügen war. Keiner meiner früheren Filme hat mir solchen Spaß bereitet.«

Für Ford war »die Arbeit perfekt. Steven Spielberg und ich arbeiteten so harmonisch zusammen, wie ich nie zuvor mit jemandem gearbeitet habe. Er ist ein begnadeter Regisseur. Er hat eine wunderbare Vorstellungskraft und ist ein großer Filmemacher. Es war ein Film, der, abgesehen von der Freude, daran mitzuwirken, einfach nur viel Spaß gemacht hat. Es war wie ein Kinderspielplatz. Eine tolle Zeit«. Ähnliches Lob zollte auch der Regisseur seinem Hauptdarsteller: »Er ist ein großartiger Schauspieler. Hier spielt er wie eine Kombination aus Errol Flynn in *Die Liebesabenteuer des Don Juan* und Humphrey Bogart in *Der Schatz der Sierra Madre*. Ford trug sehr viel mehr zum Gelingen des Films bei,

als es sein Vertrag verlangte. Ich halte ihn für intelligent und außerordentlich begabt im Geschichtenerzählen. Ich habe mir immer wieder bei ihm Rat geholt.«

*Jäger des verlorenen Schatzes* enthält eine Reihe von Pannen und Fehlern. So taucht beispielsweise in dem Film, der in den dreißiger Jahren spielt, wiederholt der Name Thailand auf, obwohl das Land bis 1939 Siam hieß. Auch wechselt Fords Schwitzfleck auf seinem Hemdrücken mehrfach Form, Größe und Stelle. Weitere Details sind in Gregor Jochims ›Lexikon der Filmpannen‹ nachzulesen.

Bei einem Unterhaltungsfilm muss man nicht jede Szene analysieren. Dennoch bleibt die Frage, wie Indy es geschafft hat, an der Außenwand des U-Bootes zu einer entlegenen Insel zu kommen ohne zu ertrinken. Ein gefundenes Fressen für die Satiriker von ›MAD‹: »Aber er ertrinkt doch, wenn das U-Boot taucht!! Hat daran noch keiner gedacht? Keiner, der zählt!! Nur du … und ich … und ein paar Millionen Leute, die diesen Film gesehen haben!« Der Comic-Strip, der auf dem Drehbuch und nicht auf der endgültigen Fassung des Films basiert, klärt das Phänomen. Dort ist zu sehen, dass Ford seine Peitsche am Periskop des Bootes festmacht und überlebt, da es nie auf Tiefe geht.

*Jäger des verlorenen Schatzes* wurde für acht Oscars nominiert und gewann vier: für Art Direction, Ton, Schnitt und visuelle Effekte. Art Director Norman Reynolds erhielt zudem einen BAFTA-Award der britischen Filmakademie. Weitere Auszeichnungen waren ein Hugo für die beste dramatische Präsentation. Auch Harrison Ford erhielt Ehrungen. Die deutsche Zeitschrift ›cinema‹ verlieh ihm als beliebtestem Darsteller einen Jupiter und dem Werk einen Preis als bester Film des Jahres. Der Erfolg katapultierte Ford auf Platz 6 der Liste der Box Office Stars des Jahres 1981.

Am 4. Dezember 1984 meldete das US-Blatt ›Hollywood Reporter‹, dass der Videokassette von *Jäger des verlorenen Schatzes* ein Weltrekord gelungen sei: Mit einer Million verkaufter Exemplare hatte sie Michael Jacksons *Making of Thriller* (800.000 verkaufte Exemplare) übertroffen. Die Videoverkäufe von *Jäger des verlorenen Schatzes* erbrachten bis dahin Nettoeinnahmen von etwa 25 Millionen US-Dollar. Im Juli desselben Jahres hatte allein der australische Sender ›Ten Network‹ zwei Millionen US-Dollar für die TV-Rechte bezahlt – so viel wie für *Star Wars*.

### Premiere

Der Film startete, begleitet von einer acht Millionen US-Dollar teuren Werbekampagne, am 12. Juni 1981 in 1.078 amerikanischen Kinos. Bereits nach drei Tagen waren 8.305.823 US-Dollar eingespielt, ein Weltrekord in der US-Kinogeschichte. Ford besuchte die Premiere in New York und flog im September 1981 zu den Filmfestspielen nach Venedig und nach Paris. Anschließend fuhr er mit seinen beiden Söhnen nach Deauville, um beim Festival des amerikanischen Films Interviews zu geben. Ende des Monats war er auch zu einem Kurzbesuch in Frankfurt am Main. Da Harrison Ford mit dem Film zufrieden war, nahm er die ausführliche PR-Tournee gern auf sich. »Dies ist eigentlich ein Film über Filme«, meinte er. »Was ich an Spielberg und Lucas schätze, ist, dass beide in der Filmgeschichte verwurzelt sind und ihnen die schönen Filme einfach so von der Hand gehen.« Er gab bekannt, dass Anfang 1983 die Dreharbeiten für eine Fortsetzung unter der Regie von Spielberg beginnen sollten. Spielberg verglich den Film mit Popcorn: Er ist »leicht zu verdauen, schmilzt auf der Zunge, macht nicht satt und man kann ihn wieder und wieder essen«. Über die Nazis im Film sagte er: »Wie man sie auch darstellt, Nazis sind immer geschmacklos. Simplifizierungen dieser Art kennt man auch aus Cowboyfilmen, wo es die Indianer sind, die nicht immer zutreffend und fair charakterisiert werden. Hier sind die Nazis einfach ein Symbol für das personifizierte Böse. Das ist in Amerika akzeptiert. Es ist in unserem Film nicht nötig, die Motive der Nazis zu untersuchen, sie handeln einfach und fügen sich insofern in das Schwarz-Weiß-Schema ein, das für diesen Typus des Unterhaltungsfilms üblich ist.«

### Kritik

»Dieser Film hat alles, was ein Film haben sollte«, schrieb der ›Herald Examiner‹: »Pro Minute einen Spannungseffekt, einen umwerfenden Helden, eine knackige Heldin, versteckte Schätze, Bösewichte, 6.000 Schlangen, einen verräterischen Affen und ein Unterseeboot.« Andere Medien waren ähnlich enthusiastisch. So heißt es in ›cinema‹: »Dies ist der rasanteste und turbulenteste Abenteurfilm, der je über die Leinwand lief. Manche Höhepunkte prasseln so schnell hintereinander, dass sich die Mehrzahl der Zuschauer den Film noch mal anschaut. Und das ist keine schlechte Idee.« Dem ›Rolling Stone‹ fiel vor allem Fords erster Auftritt auf: »Er ist so hochwertig wie der von John Wayne in *Stagecoach* und Harrison Ford braucht den Vergleich nicht zu scheuen. Man fühlt sich von diesem liebenswerten Bastard angezogen, dessen Grinsen so zerbeult ist wie seine Lederjacke. Ford zeigt Substanz. Er ist nicht von sich selbst überzeugt und geblendet, er versucht nicht zu beschönigen oder im Licht der Kamera oder für das Publikum besser zu erscheinen. Er bringt uns dazu, sich ihm anzuschließen.« Fazit: »Erinnern Sie sich daran, dass Filme Ihnen einen Thrill pro Minute versprochen haben? Dieser Film verdoppelt das beinahe und Sie haben das Gefühl, dass Sie das Tempolimit überschreiten, auch wenn Sie stillsitzen.« Das amerikanische ›Time‹-Magazin zählte *Jäger des verlorenen Schatzes* zu den besten zehn Filmen des Jahres. »Er wird als einer der größten Späße aller Zeiten in die Filmgeschichte eingehen«, schrieb ›Screen International‹. Das Magazin ›Sounds‹ nannte Ford den »neuen großen Star«. ›Der Spiegel‹ dagegen entdeckte bei Ford den »Hauruck-Charme von Bud Spencer, der sich mit seiner Nilpferdpeitsche durch die Wüste prügelt«.

# Blade Runner
(Der Blade Runner) USA 1982

## The Blade Runner Director's Cut
(Der Blade Runner Director's Cut) USA 1993

### Inhalt
Los Angeles im Jahr 2019. Der außer Dienst befindliche Polizist Rick Deckard (Harrison Ford) wird zurückbeordert und beauftragt vier so genannte Replikanten auszuschalten, die sich nicht mit ihrer vierjährigen Lebensdauer abfinden, illegal die Erde betreten haben und ihre eigene Herkunft erforschen wollen. Deckard erledigt zunächst zwei, wird von Batty (Rutger Hauer), dem sterbenden Anführer der Gruppe, aus einer ausweglosen Situation gerettet und stellt sein Tun in Frage. Ist er selbst ein Replikant? Am Ende verlässt Deckard mit der Replikantin Rachael (Sean Young) den Moloch Los Angeles.

### Hintergrund
1966 schrieb der Amerikaner Philip K. Dick das Buch ›Do Androids Dream of Electric Sheep?‹, das 1968 erstmals im Verlag Doubleday erschien. Im Mittelpunkt steht der Polizist Rick Deckard, der untergetauchte Androiden jagt, die nur eine zweijährige Lebenszeit haben, dies aber nicht akzeptieren. Die Menschen, die zum großen Teil vereinsamt und gebrechlich sind und die Erde weitestgehend verwüstet haben, kommunizieren mit androidischen Tieren, um ihr schlechtes Gewissen zu beruhigen. Sich ein echtes Tier leisten zu können bedeutet einem unglaublichen Luxus zu frönen. Deckard besitzt nur ein elektrisches Schaf. Die Handlung spielt in einem chaotischen, unkontrollierbaren San Francisco des Jahres 1992.

Den Stoff schrieb Drehbuchautor David Peoples zu einem futuristischen Film Noir um, der 2019 spielt. Bereits 1969 wollten Martin

*Regieanweisung von Ridley Scott. Zu selten erhielte er Direktiven, beklagte sich Ford später.*

Scorsese und Filmkritiker Jay Kocks das Buch adaptieren. 1973/1974 interessierte sich Produzent Herb Jaffe für eine Verfilmung und sein Bruder, der Autor Robert Jaffe, schrieb ein Script. Da komische Elemente darin im Vordergrund standen, war Philip K. Dick schockiert. Nachdem Jaffe seine Option hatte verstreichen lassen, wagte sich Drehbuchautor Hampton Fancher an die Story. Er sandte es Michael Deeley, dem Produzenten von *Die durch die Hölle gehen*, der bei Ridley Scott anfragte, ob er Interesse an der Regie habe. Das damals ›The Android‹ betitelte Projekt lehnte Scott ab, weil er sich gerade mit dem Film *Alien* beschäftigte. 1978 erwog Universal die Umsetzung des von den Autoren Hampton Fancher und Brian Kelly überarbeiteten Projekts. Das Drehbuch wurde aber nicht realisiert, sondern wechselte zu Warner Brothers und fiel erneut Regisseur Ridley Scott in die Hände, der im März 1980 Interesse bekundete. Man rechnete mit einem Budget von 13 bis 15 Millionen US-Dollar, aber das Script missfiel Romanautor Dick, der zudem wütend war, als er hörte, dass Scott seinen Roman nicht kannte. Nun zog man David Peoples hinzu, der sich ab November 1980 mit dem Stoff beschäftigte. Hier taucht erstmals der Begriff Replikant auf.

Nach etwa vier Monaten und zehn Bearbeitungen wurde der Regen zu einem zentralen Element und Peoples und Scott fassten New York als Schauplatz ins Auge. Schließlich war Dick zufrieden. Ridley Scott schlug ›Gotham City‹ als Titel vor, doch die Rechte waren nicht frei; auch ›Mechanismo‹ wurde als Titel diskutiert. Man einigte sich schließlich auf *Blade Runner*, einen Begriff, der bereits in Fanchers Drehbuch auftaucht. Das schien passend, weil Deckard sich bei seinen Handlungen auf Messers Schneide bewegt, aber auch in der Lage ist, andere über die Klinge springen zu lassen. Möglicherweise hat der Autor den Titel dem Sciencefiction-Roman ›Blade Runner‹ von Alan E. Nourse entlehnt. Man griff als Schauplatz wieder auf Los Angeles zurück. In den Presseunterlagen, die die Journa-

listen bei der Erstaufführung des Films erhielten, sprach Scott immer noch vom Big Apple als Handlungsort.

*Los Angeles 2019: Deckard muss eine außer Kontrolle geratene Stadt verdauen.*

Ridley Scott beschrieb Rick Deckard so: »Unser Hauptdarsteller ist ein Detektiv in der Kino-Tradition von Sam Spade oder Philip Marlowe. Er ist ein Mann, der einen Fall konsequent bis zum Ende verfolgt. Sein Problem ist, dass er bei seinem harten Job langsam ein bisschen Verständnis für seine Opfer, die Replikanten, empfindet. Das macht ihn vielschichtiger, menschlicher. Er ist fast ein Anti-Held.« Harrison Ford sah das ähnlich: »Es ist eine klassische, alte Kriminalgeschichte mit ein paar neuen Verzierungen. Die Geschichte könnte von Raymond Chandler stammen, vielleicht aus einem schwärzeren Zeitalter.« Er nahm das Angebot, Deckard zu spielen, aus mehreren Gründen an: »Die Figur unterscheidet sich vollkommen von den Rollen, die ich bisher gespielt habe. *Krieg der Sterne* und *Das Imperium schlägt zurück* waren zwar auch Sciencefiction-Filme, aber reine Weltall-Fantasien. Auch Indiana Jones aus *Jäger des verlorenen Schatzes* war eine eindimensionale Rolle. Rick Deckard ist anders. Er hat seinen Job als Super-Detektiv aufgegeben und lässt sich nur gezwungenermaßen wieder auf die Jagd nach den vier Replikanten ein. Er ist zwar ein harter Bursche, aber besitzt auch eine sehr menschliche Seite. Er beginnt in den Replikanten, die er gnadenlos verfolgen und töten soll, menschliche Wesen zu sehen. Deshalb hat er seinen Job auch aufgegeben. Meine Rolle hat ein psychologisches Element, das keine meiner vorherigen hatte. Das Reizvolle an dem Film ist auch, dass er in einer Zeit spielt, die wir uns noch nicht so recht vorstellen können. Doch sie ist immerhin nahe genug, dass wir zumindest vage ahnen, wie die Welt einmal aussehen wird.«

*Replikanten oder Menschen? Daryl Hannah und Harrison Ford*

Ridley Scott hatte mit Ford Kontakt aufgenommen, als der in London *Jäger des verlorenen Schatzes* drehte. Der bekundete Interesse, wollte aber nicht in London drehen, da seine erste Ehe auch aufgrund der vielen Trennungen wegen der Dreharbeiten in England gescheitert war. Doch bevor Ford und Scott anfangen konnten, mussten die Verantwortlichen die hohen Gagenforderungen ihres Stars verdauen, denn drei Millionen US-Dollar und 20 Prozent Umsatzbeteiligung waren eine immense Summe. Schließlich einigte man sich. Dustin Hoffman, der auch in der engeren Wahl war, zog den Kürzeren.

## Dreharbeiten, -orte und Budget

Nach einigen Quellen investierte Produzent Alan Ladd 22 Millionen US-Dollar, andere behaupten, das Budget von 20 sei um fünf Millionen Dollar überzogen worden. Außer an drei Drehorten in Los Angeles entstand der Film vom 9. März bis zur zweiten Juliwoche 1981 in den Studios von Warner Brothers in Burbank, und zwar überwiegend abends und nachts, zum Teil bis 4.00 Uhr oder 5.00 Uhr morgens. Aufgrund der aufwändigen Effekte und Dekorationen brauchte man zwei Wochen länger als geplant, was einen Teil der erhöhten Kosten erklärt.

In Los Angeles wurde an drei Orten gedreht: der Union Station, dem Bahnhof der Stadt, dem Ennis-Brown-Haus im Los-Feliz-Viertel, dessen Fassade das Apartment-Gebäude darstellt, in dem Deckard wohnt, und im so genannten Bradbury-Haus in der Stadtmitte, das über besonders schöne Treppen und ein Treppenhaus mit Eisengeländern verfügt. Dort entstand die Jagd am Ende des Films. Ridley Scott wollte, dass der Film fast ausschließlich nachts spielt. »Die alten Detektivfilme spielten auch überwiegend in der Nacht, aber wir waren darüber hinaus gezwungen sämtliche Hintergründe schwarz zu halten, weil dort ja später die Fassaden der Stadt eingespielt werden mussten.« Vielfach kamen so genannte Matté-Paintings zum Einsatz, gemalte Hintergründe, bei denen kleine Flächen ausgespart werden, in die dann die Filmhandlung integriert wird. Der ›cinema‹-Korrespondent Elmar Biebl beschrieb seine Beobachtungen so: »Ganz besonders eindrucksvoll war eine Szene, in der Harrison Ford in schwindelnder Höhe an einem Eisenträger baumelt. Selbstverständlich würde Ford sich dieser Gefahr nicht wirklich aussetzen. Er steht in einem Studio auf festem Boden. Vor ihm ein ›Eisenträger‹ aus Holz mit aufgemalter Patina. ›Blut‹ wird ihm ins Gesicht geschminkt, dann ›fällt‹ er. Nur ein Viertel des Bildes ist gefüllt mit dem verzweifelt hängenden Ford. Dies wurde dann mit einem Gemälde von der atemberaubenden Tiefe kombiniert.«

Für den Dauerregen wurden starke Stahlseile über die Straßen gespannt, an denen rotierende Duschköpfe hingen, des Weiteren die Polizeifahrzeuge aus Schaumstoff und Draht. Per Knopfdruck ließen sie Dampf ab, wurden hochgezogen und wirkten, als würden sie »losfliegen«. Die von Ridley Scott erdachte Vision einer Großstadt der Zukunft nannte man liebevoll ›Ridleyville‹. Am Ende kamen noch rund 90 Trickszenen hinzu.

Die Zusammenarbeit zwischen Ford und Scott war keineswegs ideal, häufig kam es zu Spannungen. Das begann bereits mit einem »Furcht erregenden Prozess«, wie Scott es formulierte, denn Ford hatte sich die Haare kurz schneiden lassen. »Ich musste Ridley dazu überreden«, sagte der Schauspieler. »Er fürchtete, ich würde damit weniger gut aussehen. Er bestand darauf, dabei zu sein. Es dauerte vier Stunden, weil Ridley nach jeder Etappe Bedenkzeit brauchte. Ich hätte sie am liebsten in einem Zug schneiden lassen – ganz kurz. Ich wollte den Eindruck erwecken, dass dieser Mann sich selbst aufgegeben hat, keinen Wert auf seine Erscheinung legt und einen großen Teil seines Egos verloren hat, das uns alle dazu bringt, unser Haar zu kämmen und unsere Zähne zu putzen.« Dann entpuppten sich die langen Wartezeiten für Ford als Gräuel, da Scott Stunden damit zubrachte, die Kamera einzurichten und sich um jedes Detail persönlich zu kümmern. »Er mag es, beim Drehen durch den Sucher zu schauen. Als Schauspieler bin ich froh, dass er das nicht die ganze Zeit über tun konnte. Ich finde, seine Aufmerksamkeit sollte auf andere Dinge gerichtet sein. Ich erwarte, dass er mir während der ganzen Szene bei meiner Darstellung hilft.« Schließlich bot die US-Gewerkschaft dem Regisseur Einhalt. »Zermürbend« nannte ein unbekannt gebliebener Mitarbeiter die Dreharbeiten. Im Magazin ›Premiere‹ sagte er: »Ridley verlangte so viele Takes, dass es Harrison schließlich zu viel wurde. Er war kurz davor, Ridley umzubringen. Während eines Nachtdrehs wollte er wirklich auf ihn losgehen und ließ sich nur mit Mühe und Not davon abbringen.« Aber es finden sich auch Quellen, die behaupten, dass er sich »wie eine Primadonna« aufführte, etwa Frank Schnelle in seinem Buch. Auch Kollegin Sean Young äußerte

Kritik: »Ich denke, er hat 20 Jahre gebraucht, um endlich Erfolg zu haben, und konnte es nicht ertragen, dass dieses junge Ding hereinspaziert kam und eine große Rolle spielen durfte. Er kann sich nicht auf seine Schauspielerkollegen einlassen, weil er denkt, das würde ihn zu sehr in Anspruch nehmen. Stattdessen ist er freundlich zur Crew und glaubt, er könne so allen Schwierigkeiten aus dem Weg gehen.«

Leider konnte der 1928 geborene amerikanische Sciencefiction-Autor Philip K. Dick den fertigen Film nie sehen. Lediglich 20 Minuten einer Vorabversion bekam er von Ridley Scott zu Gesicht, die ihm gefielen. Er starb am 2. März 1982, knapp vier Monate vor der Uraufführung.

Bevor der Film im Juni 1982 in die US-Kinos kam, musste er sich mehreren Testvorführungen unterziehen, nach denen eine Reihe von Änderungen vorgenommen wurden. Tests in Denver und Dallas fielen negativ aus; vor allem das Ende wurde kritisiert. Scott hatte wohlweislich zwei Versionen drehen lassen. Die erste Fassung endete damit, dass sich die Fahrstuhltür vor Rachaels Gesicht schließt und nicht klar wird, was aus den beiden wird. Für die zweite verwendete er Landschaftsaufnahmen aus Kubricks Film *The Shining* aus dem Archiv von Warner Brothers. Zudem fügte er einen Kommentar aus dem Off hinzu, den Ford zu sprechen hatte, den der aber nicht mochte und dementsprechend lustlos von sich gab. »Ich hoffte die ganze Zeit, dass es keinen Off-Kommentar geben würde«, sagte Ford später. »Für mich ist es unsinniges Geschwätz. Die Off-Stimme war Ridleys Idee.« Anfang 1982 wurde diese Version dann einem Testpublikum in San Francisco präsentiert, das aber auch nicht enthusiastisch reagierte.

In einem 1989 erschienenen Interview des Magazins ›Hollywood‹ wiederholte und präzisierte Ford seine generelle Kritik an dem Film: »Ich spiele einen Detektiv, der gar keine Detektivarbeit leistet. Ich musste einen Mann spielen, der selbst einer von den künstlichen Menschennachbildungen sein will, die um ihn herum sind.

Dadurch kommen ihm Humor und Menschlichkeit abhanden und er wird noch uninteressanter als die seelenlosen Wesen um ihn. Mir wurde versprochen, dass entscheidende Änderungen vorgenommen würden, was dann aber nicht der Fall war. Meine Unzufriedenheit resultierte daraus, dass Ridley und ich zu wenig redeten und ich nie wusste, was für einen Film er wirklich machen will. Ich fühlte mich eher als Pfand denn als Partner. Wir haben uns mehrere Wochen lang an meinem Esstisch auseinander gesetzt, aber nur ganz wenig davon ist in den Film eingeflossen. Das Endprodukt hat mich deshalb bis zum heutigen Tag nicht überzeugen können.«

In einer Dokumentation des britischen Senders Channel 4 im Jahr 2000 äußerte Scott hingegen: »Ich denke noch immer, dass der Film einer der besten ist, die je gedreht wurden. Man kehrt zu ihm zurück, so wie man auch sein Lieblingsbuch wieder und wieder liest. Er fängt einen immer wieder.« In einem Interview mit dem Magazin ›steady cam‹ schloss er eine Fortsetzung nicht aus: »Das ist nicht einfach, denn man kann sich nicht damit begnügen, Harrison Ford erneut Replikanten jagen zu lassen, nur dieses Mal mehr davon. Entweder man vertieft das Thema, die Frage nach der Unsterblichkeit, oder man lässt es ganz sein. Eine Fortsetzung würde mich interessieren, doch noch ist nichts spruchreif.«

Am 10. Juli 2000 lüftete Ridley Scott eines der letzten Geheimnisse des Films. Im Rahmen der erwähnten Dokumentation von Channel 4 erklärte er: »Deckard ist ein Replikant.«

## Premiere

Nach dem Kinostart am 25. Juni 1982 verliefen zwar das erste Wochenende und die darauf folgende Woche finanziell zufrieden stellend, doch brach der Film ein und spülte in den USA letztendlich nur 14 Millionen US-Dollar in die Kassen. Er erhielt zwei Oscar-Nominierungen, für Spezialeffekte und Ausstattung, zog aber gegenüber *E. T. – Der Außerirdische* und *Gandhi*

den Kürzeren. So entpuppte er sich bei seiner Erstauswertung zwar als finanzieller Flop, entwickelte sich jedoch im Laufe der Zeit zu einem Kultfilm, der 1985 sogar in die Library of Congress aufgenommen wurde – eine Ehre, die bis dahin nur etwa 50 Filmen zuteil geworden war. Merkwürdigerweise wurde auch die vier Einstellungen und damit knapp eine Minute längere Videokassette ein Bestseller, obwohl sie viele Bilder nur unvollständig wiedergibt. Auch die Ende 1987 erschienene Laserdisc war ein großer Erfolg.

1993 kam der Film als so genannter Director's Cut wieder in die Kinos. In Deutschland war er zuerst auf den Filmfestspielen in Berlin zu sehen. Autor Paul M. Sammon, der sich jahrelang mit dem Thema beschäftigte, entdeckte 70 kleinere Änderungen gegenüber dem Film von 1982. Die wichtigsten: Der etwas naiv wirkende Kommentar aus dem Off wurde ersatzlos gestrichen, es gibt einen Traum von einem Einhorn, und das Ende wurde völlig neu gestaltet. Zudem wurde die Musik von Vangelis verändert.

## Kritik

Nicht nur nach Ansicht der von Phil Hardy herausgegebenen ›Science Fiction Filmenzyklopädie‹ ist es vor allem Rutger Hauer, der darstellerisch überzeugt. Generell wurde dem Film vor allem seine Kühle und jegliches Fehlen von Identifikationsfiguren vorgeworfen. So schrieb Rolf Giesen im ›tip‹: »Wahre Emotionen kommen erst beim großartigen Showdown auf und das ist reichlich spät. Die Gefühlskälte eines, was Äußerlichkeiten anbelangt, unvergesslichen Films stößt menschliche Wärme grundsätzlich ab.« Der ›Filmbeobachter‹ war anderer Meinung: »Die Mischung der Sciencefiction-Erzählung mit Elementen des Kriminalfilms der Schwarzen Serie der vierziger Jahre ist überaus gelungen. In diesem atmosphärisch dichten und geglückten Film ist Harrison Ford als Deckard der Bogart-Marlowe-Typ, der als Ich-Erzähler fungiert, um die Geschichte aufzubauen, zu kommentieren und am Ende abzurunden.« Kritiker Hans-Christoph Blumenberg war der Meinung, dass man besondere Darsteller in Filmen, deren Effekte überwiegen, ohnehin kaum brauche. Er schrieb: »Schauspieler mit einer ausgeprägten Individualität stören im Computer-Kino, das die Handlungen von vorgestern mit der Technologie von übermorgen aufbereitet. Als brauchbar erweist sich ein Typ wie Harrison Ford. Das einzige Markenzeichen dieses Schauspielers ist sein Mangel an Ausdruck. Fords Miene spiegelt kaum je mehr wieder als starre Entschlossenheit. Er wirkt unberührbar, unverletzlich: also langweilig. Im Irrgarten der Effekte stört seine Gegenwart nie. Man kann ihn leicht übersehen und sich ohne Verlust auf die Special Effects konzentrieren.« ›Der Spiegel‹ attestierte Scott ein »frevlerisches Moment« und beschrieb Ford als »einen merkwürdigen Anachronismus, ein Sozial-Sanitäter, zuständig für Unfälle, die bei dem menschlichen Frevel, seinesgleichen zu fabrizieren, entstehen«.

## Return of the Jedi
(Die Rückkehr der Jedi-Ritter) USA 1983

### Inhalt
R2-D2 (Kenny Baker) und C-3PO (Anthony Daniels) wollen Jabba the Hutt auf dem Wüstenplaneten Tatooine eine Botschaft übergeben und stellen fest, dass Han Solo (Harrison Ford) dort eingefroren ist. Parallel dazu erscheinen Kopfgeldjäger, die Jabba Chewbacca (Peter Mayhew) anbieten. Zu dieser Gruppe gehören Leia (Carrie Fischer) und Lando Calrissian (Billy Dee Williams). Auch Luke (Mark Hamill) taucht auf, wird jedoch wie die anderen entdeckt. Es gelingt ihnen, Han Solo und sich bei einem Kampf zu befreien. Derweil baut der Imperator einen neuen Todesstern. Luke fliegt nach Dagobah, um Yoda zu besuchen und etwas über die Macht zu lernen. Ben Obi-Wan Kenobi (Alec Guinness) erscheint vor Lukes Augen, unterrichtet ihn und

klärt ihn auf, dass Leia seine Schwester ist und sein Vater Darth Vader von der dunklen Seite der Macht verführt wurde. Darth Vader umkreist mit dem Todesstern den Waldplaneten Endor, wo die Rebellen auf das Volk der Ewoks gestoßen sind, die ihnen helfen den Schutzschild des Todessterns zu deaktivieren. Schließlich kommt es zu einem finalen Krieg der Sterne, bei dem der Imperator den Tod findet, Luke zum ersten und einzigen Mal seinem Vater in die Augen schauen kann und der Todesstern zerstört wird.

### Hintergrund
Ursprünglich sollte David Lynch in dieser Folge Regie führen, sagte jedoch ab und inszenierte *Der Wüstenplanet*. So wurde der Waliser Richard Marquand verpflichtet, dessen Film *Die Nadel* Lucas gefallen hatte.

Ford, dessen Einfrierprozess am Ende von *Das Imperium schlägt zurück* die Frage aufgeworfen hatte, ob er im dritten Teil wiederkehre, ließ sich Zeit, darüber nachzudenken. Und sagte dann aber doch zu. Im Gegensatz zu Mark Hamill und Carrie Fisher hatte er nicht von Anfang an für die komplette Trilogie unterschrieben. Lucas schlug er vor Solo umzubringen: »Er hat keine Mutter, keinen Vater und keine Geschichte. Lass ihn uns töten und gib der Story etwas Gewicht. Aber er lehnte das ab.« So beschloss Ford seine Darstellung nicht zu ändern und so weiterzumachen wie bisher: »Ich dachte mir, Solo sollte ein einfacher Typ bleiben. Glücklicherweise ist Han nicht länger der einzige Stempel in meinem Pass, aber er ist irgendwie ein Teil von mir geworden.«

Auch Drehbuchautor Lawrence Kasdan, der inzwischen mit Filmen wie *Body Heat – Eine heißkalte Frau* und *Der große Frust* Regieerfolge feiern konnte, war sich nicht sicher, ob er wieder mitmachen sollte, sagte dann aber doch zu, da er »George Lucas eine Menge verdanke«.

*Am liebsten wäre er gestorben, aber George Lucas wollte Han Solo lebend und so spielte ihn Ford zum dritten und letzten Mal.*

## Dreharbeiten, -orte und Budget

Die Dreharbeiten begannen am 11. Januar 1982 in den Thorn-EMI-Elstree-Studios in London. Vor allem die zahlreicher gewordenen Kreaturen zum Leben zu erwecken kostete viel Zeit. Nach 78 Drehtagen im Studio zog man nach Arizona und Kalifornien um, wo die Wüstenszenen mit der Barke, die Actionszenen im Wald und der Auftritt der Ewoks entstanden.

Bei den Außenaufnahmen in den USA bemühte man sich um strengste Geheimhaltung, um Highlights nicht frühzeitig zu verraten, und gab der Produktion den Decknamen ›Blue Harvest‹. Auf den täglichen Einsatzplänen, den so genannten Call Sheets, waren die Namen der Figuren geändert, falls eines der Blätter in falsche Hände geraten sollte. So hieß Ford Harry und Mark Hamill Martin. Nachdem die ›Los Angeles Times‹ dann doch etwas herausgefunden hatte, pilgerten neugierige Fans zum Drehort in der Wüste. Harrison Ford war froh, als der Film am 20. Mai 1982 endlich abgedreht war, und machte Witze über die »Sklavenhaltung« von George Lucas: »Master George hat gesagt, dass ich Ende des Jahres 1985 gehen darf – als freier Mann.«

Lucas fungierte diesmal nur als ausführender Produzent, war aber 60 Prozent der Zeit am Drehort und half dem Regisseur bei der Umsetzung seiner Vision. In der Nachbearbeitung wurden 945 Szenen mit Spezialeffekten hinzugefügt, die allein acht Millionen US-Dollar verschlangen, so dass das Budget schließlich rund 33 Millionen Dollar betrug. Regisseur Richard Marquand war von Ford beeindruckt: »Er ist ein wirklicher Kinoschauspieler und arbeitet wunderbar mit der Kamera.«

Angeblich wurden mehrere Versionen vom Ende des Films gedreht, so auch eine, in der Leia und Han Solo heiraten. Sie wurde aber von Lucas verworfen.

Zunächst wurde der Film auf Plakaten und in den ersten Trailern mit dem ursprünglichen Titel ›The Revenge of the Jedi‹ beworben. Da man jedoch nicht den Eindruck erwecken wollte, dass die friedliebenden Jedi Rache üben, wurde er geändert.

Ford konnte sich nun neuen Aufgaben widmen. Gleichzeitig wusste er aber auch, dass der Weltraumsöldner ihn ewig begleiten würde. »Han Solo hörte mit dem dritten Film auf, denn die Geschichte, von der Solo ein Teil war, war die des Luke Skywalker und seines besten Freundes«, merkte er dazu an. »Ich bin froh, dass ich dabei war, und glücklich alle drei Teile gedreht zu haben. Aber ich bin auch froh, dass ich nicht mehr gemacht habe.« Er konnte entspannter in die Zukunft blicken als seine Mitstreiter, denn er hatte dank *Jäger des verlorenen Schatzes* bewiesen auch als Hauptfigur ein Kassenmagnet zu sein. »Die Leute wollen Märchen in ihrem Leben sehen und ich kann mich glücklich schätzen, dass ich ihnen so etwas liefern kann«, sagte Ford zu seinem märchenhaften Erfolg. »Für mich gibt es keinen Unterschied zwischen dem Sternenkrieg und King Lear. Der Job eines Schauspielers ist der gleiche: Zieh dir etwas an und tue so, als ob!«

Carrie Fisher, Ford und seine damalige Freundin und spätere Frau Melissa freundeten sich während der Dreharbeiten an und fuhren gemeinsam in Urlaub. In einem 1990 erschienenen Interview äußerte sich Carrie Fisher über ihre Freundschaft: »Er ist in jeder Hinsicht der Senior und ich die Anfängerin. Ich hatte ständig das Gefühl, dass er dachte, ich wäre zu laut und ein bisschen außer Kontrolle, aber er wies mich immer mit einem Blick darauf hin.«

## Premiere

Das Einspielergebnis von 41.131.759 US-Dollar allein am ersten, dem Memorial-Day-Wochenende am 25./26. Mai 1983 ließ vermuten, dass wieder mit Rekordergebnissen zu rechnen war. Das sollte sich bestätigen. Der Film startete exakt sechs Jahre nach dem ersten Teil, aber diesmal in 950 Kinos, und spielte weltweit 309 Millionen US-Dollar ein. Zur englischen Premiere Anfang Juni reisten Carrie Fisher, Anthony Daniels und Peter Mayhew an. Kostüme und Requisiten wurden bei Harrods ausgestellt. In Deutschland kam *Die Rückkehr der Jedi-Ritter* mit einem Werbeetat von 1,3 Millionen Mark am 9. Dezember 1983 in die Kinos. Mehr als fünf Millionen Menschen sahen ihn, was in etwa der Zuschauerzahl des Vorgängers entsprach. Fünf Oscar-Nominierungen, aber nur einen Preis – für die besten Spezialeffekte – erhielt der Film im Frühjahr 1984. Ford nahm weder an Premieren noch Promotiontouren teil, da er bereits wieder als Indiana Jones unterwegs war.

## Kritik

Bei allen positiven Bemerkungen, die die einfallsreichen Spezialeffekte und Kreationen der Techniker hervorriefen, wurde auch diesmal wieder das Ende kritisiert. »In den letzten Minuten verliert Lucas und die Trilogie hört mit einem der abgedroschensten und schmalzigsten Enden der letzten Jahre auf«, hieß es etwa im ›Time‹-Magazin. »Auf der anderen Seite das Spiel der Darsteller – und das ist besser als in den anderen beiden Teilen. Ford war als liebenswerter, tollkühner Zyniker schon immer gut, aber auch Fisher und vor allem Hamill haben ihre Talente erweitert und sind gereift.« Desgleichen Ford: »Ich hatte das Gefühl, dass beim dritten Teil die nötige Auflösung fehlte.« ›Newsweek‹ bezeichnete diesen Teil der Saga als den »enttäuschendsten«. Das Branchenmagazin ›Variety‹ bewertete zwar die technische Weiterentwicklung als positiv, bemängelte jedoch, »dass die menschlichen, dramatischen Dimensionen dafür geopfert wurden. Das Schlimmste ist, dass Harrison Ford, der in den ersten beiden Folgen so essenziell war, diesmal eher körperlich als geistig präsent ist und nur wenig mehr zu tun bekommt als auf Effekte zu reagieren«.

# Indiana Jones and the Temple of Doom
(Indiana Jones und der Tempel des Todes)
USA 1984

### Inhalt
Im Shanghai des Jahres 1935 verhandelt Indiana Jones (Harrison Ford) in einem Nachtclub mit drei Chinesen über den Austausch eines Diamanten. Als diese versuchen ihn zu vergiften, kommt es zu einem Tumult, den Jones mit Hilfe der Sängerin Willie Scott (Kate Capshaw) und

dem zwölfjährigen Taschendieb Shorty (Ke Huy Quan) überlebt. Auf ihrer Flucht müssen die drei aus einem abstürzenden Flugzeug springen. Sie landen in einem indischen Dorf, wo man sie um Hilfe bittet, da Hunger und Dürre regieren und Unbekannte den Glück bringenden Sankara-Stein gestohlen und die Kinder entführt haben. Das Trio dringt in einen Palast und unterirdischen Tempel ein, in dem die entführten Kinder für eine Sekte als Sklaven arbeiten. Es gelingt ihnen, den Stein zurückzubekommen und die Kinder zu befreien.

### Hintergrund
Schon zu Beginn der ersten Indy-Folge existierten zwei geschriebene Fortsetzungen, die Spielberg inszenieren wollte. Dieses Mal lieferte George Lucas die Idee, die er im Sommer 1982 auf Hawaii entwickelte, ließ sie aber von seinen

*Der erfolgreichste Kinoheld der dreißiger Jahre: Unerschütterlich und nicht gerührt!*

Autoren Willard Huyck und Gloria Katz nieder-
schreiben, die bereits *American Graffiti* mit ihm
verfasst hatten. Im September 1982 lag ein erster
Entwurf vor. Noch im gleichen Monat begaben
sich Produzent Robert Watts und Ausstatter Elliott Scott auf Drehortsuche. Zunächst besuchten sie Hongkong und Macao, dann Indien, hatten aber Probleme, saubere Flüsse zu finden, in
denen die Schauspieler ohne Bedenken schwim-
men konnten. Nachdem man Wasserproben
analysiert hatte, nahm man von Indien Abstand
und entschied sich für Sri Lanka als Drehort. In
Indien wurde letztlich nur drei Tage gefilmt –
Außenansichten von Palästen. In Macao setzte
man Teile der chinesischen Sequenzen um.

Im Januar 1983 begann Spielberg mit den
Vorbereitungen für die Dreharbeiten. Vorteil-
haft war, dass keine Einführung des Helden gedreht werden musste und man daher mehr Action zeigen konnte. Kate Capshaw kam durch
Zufall an den Part der Sängerin, da ihr Agent und
Casting-Agent Mike Fenton zusammen joggten.
Ke Huy Quan, der zwölfjährige, aus Saigon stam-
mende Junge, der später ein amüsantes Tagebuch über die Dreharbeiten schrieb, wurde bei
einem Vorsprechen in Los Angeles entdeckt. Als
er bei einem weiteren Lesen des Textes mit Harrison Ford überzeugte, bekam er die Rolle. Seinem Partner bescheinigte er: »Er ist ein sehr
großzügiger und prächtiger Schauspieler.«

### Dreharbeiten, -orte und Budget

Gedreht wurde vom 18. April bis zum 8. September 1983 zunächst in Sri Lanka, wo Ausstatter Elliot Scott ein indisches Dorf errichtet hatte.
Produzent Robert Watts stieß auf den Ort für die
Actionszenen mit der Hängebrücke: »Wir hatten
Glück, dass wir eine Schlucht entdeckten, die
sich in der Nähe einer Baustelle befand, auf der
ein englisches Unternehmen einen großen Staudamm errichtete. So standen uns hoch ausgebil-
dete Ingenieure, Arbeiter sowie deren gesamte
Ausrüstung zur Verfügung, um die Brücke
zunächst mit Stahl und Kabeln zu befestigen und

sie anschließend, wie gewünscht, auf ›alt‹ zu
trimmen.« – »Die Szenen waren sehr gefährlich«, berichtete Kameramann Douglas Slo-
combe später, so dass ein Teil der Aufnahmen in
England entstand. Beim Sturz von der Brücke
behalf man sich mit beweglichen Puppen. Neun
Kameras filmten den entscheidenden Moment.
Da der Fluss unter der Brücke nur ein Rinnsal
war, benutzte man für die Szene Bilder eines
Flusses im Norden von Kalifornien.

Parallel zum ersten drehte ein zweites Kame-
rateam in Sri Lanka und Macao Hintergründe,
Landschaften und Teile der Actionszenen, ehe
beide Teams nach drei Wochen in den EMI-Elstree-Studios in London weitermachten. Für die
fantastische Verfolgungsjagd mit den Loren
wurden sogar zwei Tunnel-Varianten gebaut:
eine in Lebensgröße für die Akteure und eine im
Kleinformat von 200 Metern Länge für die Puppen.

Probleme bei den Dreharbeiten bereiteten
die 15.000 bis 20.000 Käfer, Würmer und anderen Insekten. Kate Capshaw ekelte sich extrem
vor dem Getier und Spielberg selbst war so unwohl, dass er sich nur auf hohen Stühlen und Lei-
tern aufhielt.

Nach drei Monaten war man mit den Stu-
dioaufnahmen fertig und zog nach Kalifornien
um. Die dortige Hamilton Air Force Basis stellte
den Flughafen von Shanghai dar. Nach den
Außenaufnahmen wurden bis März 1984 bei Lucas' Unternehmen ›Industrial, Light & Magic‹
Effekte aufgenommen und integriert. Das Budget betrug 27 Millionen US-Dollar.

Bei den Aufnahmen in der Mine fiel Ford aus
einer der Loren und verletzte sich am Rücken.
Später gestand er, dass die Schmerzen bereits
beim Ritt auf dem Elefanten begonnen hatten.
Trotz eines Muskelaufbauprogramms, das er zuvor mit einem Trainer absolviert hatte, musste er
die Dreharbeiten für drei Wochen, vom 15. Juli
bis 8. August, unterbrechen und sich in Los Angeles einer Bandscheibenoperation unterziehen.
Fords ironischer Kommentar: »Ich wollte schon

immer alt werden, wollte, dass mein Haar aus-
fällt und niemals lange ein Kind sein.«

*Mit Muskeln und zwei Freunden gegen die Nazis:*
*Ford als Indy*

## Premiere

Nach der Uraufführung in Mann's Chinese
Theatre Ende Mai 1984 erzielte der Film mit einem Einspielergebnis von 43.267.345 US-Dollar
in nur sechs Tagen einen neuen Weltrekord.
Spielberg und Lucas wurden eingeladen im Zement vor dem Haus ihre Finger- und Fußabdrücke zu verewigen. Die europäische Premiere
wurde am 11. Juni 1984 im Londoner Empire-
Kino gefeiert. Lucas, Spielberg, Kate Capshaw
und Ke Huy Quan waren zu Gast und wurden
Prinzessin Diana und Prinz Charles vorgestellt.
Ford erschien zu beiden Premieren nicht, da er
an *Der einzige Zeuge* arbeitete.

Bei der anschließenden Pressetournee
äußerte Spielberg über Harrison Ford: »Er ist einer der wenigen wirklichen Stars unserer Zeit –
und ein fantastischer Bursche. Ich liebe ihn und
er ist der ideale Schauspieler. Ich weiß nicht so
richtig, was ein Filmstar ist, aber Harrison hat
der Ruhm nicht verändert. Im wirklichen Leben
ist er ein bodenständiger und einfacher Mensch.
Er ist nur zu einem Filmstar geworden, weil Thomas Edison die Kamera erfunden hat. Der Film
ist vor allem deswegen so erfolgreich, weil Harri-

son Ford diese Figur überzeugend verkörpert.
Harrison Ford ist der Film.«

*Indiana Jones und der Tempel des Todes* erhielt einen Oscar für die Spezialeffekte. Der
ebenfalls nominierte Komponist John Williams
verlor in der Kategorie ›beste Musik‹ gegen Mau-
rice Jarres *Reise nach Indien*.

Einen Merchandising-Coup besonderer Art
landete die Münchner Firma Mayser. Die 185
Jahre alte Hutfabrik durfte für eine Lizenzge-
bühr von acht Prozent vom Umsatz den
breitrandigen Schlapphut von Indiana Jones
nachfertigen.

## Kritik

Ähnlich wie der erste Teil bekam auch die Fortsetzung teilweise enthusiastische Kritiken. »Ein
Kinoabenteuer, das seinesgleichen sucht«, hieß
es etwa in der ›Hamburger Rundschau‹. Die
›New York Times‹ gratulierte Ford zu einer
»außergewöhnlich komischen und kenntnis-
reichen Leistung. Er ist für diese Form von Charakterisierung und in dieser Sorte Film sehr
gut«. Allerdings griff man speziell in den USA
und Großbritannien die zum Teil brutalen Szenen im Tempel an. Aufgrund der Kritik wurde
der Film an drei Stellen geschnitten, aber nur Sekunden fielen der Schere zum Opfer. Vor allem
ereiferte man sich darüber, dass das Herz eines
lebenden Menschen herausgerissen wurde.
Auch Ford äußerte sich in einem Interview
dazu: »Der Film war zugegebenermaßen ein
bisschen heavy für kleine Kinder. Aber für den
Großteil der Zuschauer war das okay. Missfallen
hat mir eher das übertrieben Mystische. Ein
bisschen mehr Realität hätte nicht geschadet.«
Auch Spielberg verteidigte die Gräuelszenen:
»Das war eben der Horror-Teil des Films«, sagte
er dem ›Stern‹. »Schließlich sollte er schon etwas
stärker schocken als *Jäger*. Sonst hätte ich ihn ja
auch *Indiana Jones und der Tempel der Rosen*
genannt.«

Zu Recht wiesen die Rezensenten darauf hin,
dass man sich den Bond-Filmen annähere, »weg

von treffenden Geschichten, hin zu immer mehr und größeren Effekten«, wie ›Variety‹ urteilte. Die ›Hannoversche Allgemeine Zeitung‹ deutete mit der Formulierung »Indy ist Tarzan und Bond in einem und als Superman auch noch für die Rettung der östlichen Hemisphäre zuständig« ebenfalls Parallelen an. »Pralles saftiges und farbenfrohes Abenteuer-Kino, mit viel Fantasie auf Sieg gesetzt. Nervenkitzel ohne TÜV und Geschwindigkeitsbegrenzung, dafür mit einem Augenzwinkern im Ärmel«, schrieb ›szene Hamburg‹. »Derart perfektes und zugleich leeres Kino gab es noch nie«, ließ ›Die Zeit‹ verlauten. Am besten brachte es wohl das Magazin ›Boxoffice‹ auf den Punkt: »Wissen Sie, was das Tolle an Harrison Ford ist? Er ist einer unserer populärsten und interessantesten Hauptdarsteller, aber es scheint ihm egal zu sein. In den meisten seiner Filme wird er von der Action um ihn herum in Stücke zerschlagen, aber er übersteht das alles und wirkt unbeeindruckt, als würde er sich eine Tasse Tee zubereiten. Vielleicht liegt es daran, dass es so lange gedauert hat, bevor ihn Ruhm und Erfolg erreicht haben.«

## Witness

(Der einzige Zeuge) USA 1985

### Inhalt

Der zu den Amish-People gehörende achtjährige Samuel (Lukas Haas) wird auf der Toilette des Hauptbahnhofs von Philadelphia zufällig Zeuge eines Mordes. Der ermittelnde Polizist John Book (Harrison Ford) erfährt davon, recherchiert bei den Amish und lernt Samuels Mutter, die Witwe Rachel (Kelly McGillis), kennen. Er wird von den Tätern angeschossen und kann das Gebiet der Amish nicht mehr verlassen, die ihn gesund pflegen. Er verliebt sich in Rachel und findet sich bald in einem Zwiespalt zwischen der Philosophie der Gewaltfreiheit der Amish und der Klärung des Falles wieder. Wie sich herausstellt, sind die Tater Books Kollegen, denen jedes

Mittel recht ist, um ihre Drogengeschäfte fortzuführen.

### Hintergrund

Der amerikanische Produzent Edward S. Feldman (*Rettet den Tiger, Zwei Minuten Warnung*) erhielt von den beiden TV-Autoren Earl W. Wallace und William Kelley ein Drehbuch mit dem Arbeitstitel ›Called Home‹, das seine Aufmerksamkeit erregte. Er engagierte für die Umsetzung den Australier Peter Weir, der damit seinen ersten US-Film drehte. Feldman wollte erreichen, dass ein Außenstehender mit einer frischen Sichtweise sich dem Amerika von heute nähert. Zunächst dachten sie an Tom Selleck für die Hauptrolle, entschieden sich dann aber für Harrison Ford, der umgehend zusagte. Feldman schwebte bei der Besetzung ein Typ wie Gary Cooper vor, der in dem 1956 entstandenen Film *Lockende Versuchung* erfolgreich einen Quäker gespielt hatte. »Ich möchte mich nicht über meine früheren Filme beklagen«, sagte Ford, »aber ich glaube, dieses ist die komplizierteste Rolle, die ich seit langer Zeit gespielt habe. Ohne die Amish und ihre Parameter für Gewalt wäre es nur um einen üblichen Fall gegangen. Mich reizte, dass der Film etwas zu sagen hat.«

Die Amish entstammen einer im Jahre 1693 von Jakob Ammann in der Schweiz gegründeten Gruppe von Christen, die nach ihren eigenen Regeln leben. Viele von ihnen waren im 18. Jahrhundert nach Amerika emigriert, unter anderem in die Nähe von Philadelphia. Die Amish lehnen jede Form von Gewalt und technische Errungenschaften ab. Sie leben ohne Strom, benutzen Pferdewagen, besitzen weder Radio noch Telefon oder Heizung. Die Kleidungsstücke werden selbst hergestellt und ohne Knöpfe zusammengehalten. Sie haben keinen Sex außerhalb der Ehe. Etwa 50.000 Amish-People leben in den USA. Ford sagte über sie: »Ich spüre eine gewisse Affinität zu ihnen, aber ihrem Lebensstil könnte ich nicht folgen. Ich glaube einfach nicht an diesen extremen Pazifismus, der nur in totaler Isolation möglich ist wie eben bei den Amish.« Das Angebot von Paramount an eine Amish-Familie, täglich 700 Dollar Miete für die Benutzung ihrer Farm zu zahlen, lehnten die Eigentümer ab.

*Zum zweiten Mal Harrison Ford statt Tom Selleck: Als Polizist John Book bei den Amish*

### Dreharbeiten und -orte

Der Film entstand in 52 Tagen von Ende April bis zum 30. Juni 1984 in Philadelphia und Lancaster in Pennsylvania. Zuvor verbrachte Ford zwei Wochen auf einer Polizeistation in Philadelphia, um sich auf seine Rolle vorzubereiten. Er wurde auch zu Razzien mitgenommen. »Ich hatte zunächst etwas Angst, aber ich glaube, die Polizisten waren eher nervös mich dabeizuhaben. Am Ende war der Einsatz so schnell vorüber, dass gar keine Zeit war, Angst zu haben.«

Fords Partnerin Kelly McGillis erlernte den Dialekt der Amish-People, lebte einige Tage mit einer Amish-Witwe unter einem Dach und kommentierte später, dass sie »die Einfachheit genossen« und festgestellt habe, dass man auch »mit ganz wenig Besitztümern sehr glücklich sein kann«. Mit Ausnahme des Einsatzes von John King, einem ehemaligen Amish, der als Berater fungierte, erhielt das Filmteam keinerlei Hilfe, so dass man überwiegend auf eigene Recherchen angewiesen war. »Eines der Ziele dieses Films«, so Produzent Feldman, »war herauszufinden,

wie eine Religion inmitten der Fastfood-Kultur überleben kann. Die Amish verstecken sich ja nicht. Sie leben 100 Kilometer entfernt von Philadelphia. Ich glaube, sie haben eine Form des inneren Friedens und der Ruhe gefunden, die anderen fehlt.« Die Amish befanden sich in einem Zwiespalt in Bezug auf den Film. Auf der einen Seite wollten sie wissen, ob ihre Kultur und Lebensweise richtig dargestellt wurden, andererseits verbietet ihnen ihre Religion sich einen Film anzusehen.

»Ich wollte nie einfach nur einen neuen Detektivfilm machen – ich hatte ungeheuren Respekt vor diesem Drehbuch«, sagte Ford zu seiner Aufgabe. »Hier ging es um mehr als nur eine physische Darstellung. Hier hatte ich die Chance, Sensitivität zu entwickeln. Es war schön, einfach nur zuzuhören, und manchmal war es besser, nichts zu tun.« Über die Beziehung zu dem achtjährigen Lukas Haas meinte Ford: »Wenn ich mit Kindern drehe, versuche ich immer dieselbe Person zu sein und mit ihnen dieselbe Beziehung zu führen, egal ob ich vor der Kamera stehe oder nicht. In diesem Fall behielt ich meine Distanz zu dem kleinen Jungen. Er hatte mich zuvor in mehreren Filmen gesehen und starrte mich an wie Indiana Jones – mit Respekt und Unverständnis. Ich wollte nichts von mir preisgeben, denn für diese Rolle war das perfekt.«

Regisseur Peter Weir freundete sich bei der Arbeit an dem Film mit Ford an und fand besonders beeindruckend, dass er »keinerlei Interesse am Showbusiness, an der Macht und irgendeinem Status zeigt. Für mich steht er in einer langen Tradition von Hollywood-Helden: als starker und stiller Typ«.

### Premiere

Gleich nach der US-Premiere im Februar 1985 wurde der Film ein Kassenschlager und spielte in den ersten sieben Wochen stolze 46,5 Millionen US-Dollar ein, was selbst Peter Weir überraschte. Zum finanziellen Erfolg kam der ideelle. *Der ein-*

*zige Zeuge* wurde für acht Oscars vorgeschlagen und bescherte Harrison Ford seine bisher einzige Nominierung. Er konkurrierte mit Jack Nicholson, James Garner, Jon Voight und William Hurt, der für seine Leistung in *Der Kuss der Spinnenfrau* ausgezeichnet wurde. Auch Peter Weir ging leer aus. Aber in den Kategorien ›bestes Drehbuch‹ und ›bester Schnitt‹ erhielt der Film Trophäen. Ford war bei der Zeremonie im Frühjahr 1986 nicht anwesend, sondern arbeitete mit Peter Weir bereits an *Mosquito Coast*.

Ford war begeistert von der positiven internationalen Aufnahme des Films. Er ging auf eine weltweite Promotiontour und freute sich über die exzellenten Kritiken. »Ich wurde nie zuvor als Schauspieler besprochen, sondern immer nur als irgendein Teil eines Phänomens. Aber an dem Film zu arbeiten war nicht anders als sonst auch. Der Prozess war der gleiche – einfach nur spielen.«

## Kritik

David Denby, Autor des ›New York Magazine‹, schrieb über Ford: »Ich sehe ihn nicht als jemanden, der eine Figur von Grund auf aufbaut, so wie Dustin Hoffman oder Robert de Niro. In *Der einzige Zeuge* hat er die solide Rolle eines harten Mannes, kann seine physische Tapferkeit zeigen und sein Talent für bravouröse Zurückhaltung. Durch den Film ist er im altmodischen Sinn ein echter Filmstar geworden. Er ist interessant – egal was er tut.« Das deutsche Magazin ›Guckloch‹ beschied dem Film, dass »die Mischung aus Beschaulichkeit, Gefühl und Action gelungen ist«. ›Die Zeit‹ kritisierte das Finale: »Am Ende ereignet sich ein blutiger Showdown, der inszeniert ist, als ginge es darum, die versäumte Action in der letzten Viertelstunde nachzuholen, und das wirkt dann doch wie eine simple Stilisierung – verruchte Großstadt gegen ländliche Idylle –, die Weir vorher über weite Strecken behutsam vermieden hat.«

# The Mosquito Coast
(Mosquito Coast) USA 1986

*Im Dschungel aufgelaufen: ›Mosquito Coast‹ wurde für Ford und die Financiers zu einem Desaster.*

## Inhalt

Familienvater Allie Fox (Harrison Ford) ist unzufrieden mit seinem Leben, hat Ärger mit seinem Boss und fühlt sich zum Erfinder berufen. Auch als er seinem Chef eine neue Eismaschine präsentiert, die in Windeseile ohne Strom Eis produziert, denkt der nicht daran, die Leistung seines Mitarbeiters zu honorieren. Also verkauft Allie sein Hab und Gut, zieht mit seiner Frau (Helen Mirren) und den vier Kindern an die Mosquito Coast nach Südamerika und kauft ein paar Hütten, um dort eine riesige Eisfabrik zu bauen. Doch der sonst so fürsorgliche Vater wird zum Besessenen und wahnsinnigen Tyrannen, der seine Familie und sich in Lebensgefahr bringt und am Ende scheitert.

## Hintergrund

Eine Reise nach Südamerika inspirierte den 1941 geborenen Schriftsteller Paul Theroux nach eigenen Angaben zu dem Roman ›Mosquito Coast‹ (›Moskito-Küste‹), der 1981 erschien. »Ich war mir ziemlich sicher, dass es ein Erfolg werden würde«, so der Autor, »und tatsächlich, das Buch bekam hervorragende Kritiken und verkaufte sich sensationell.« Theroux schildert die Geschichte aus der Sicht von Allies 13-Jährigem Sohn Charlie. Diese Perspektive hat Drehbuchautor Paul Schrader nicht übernommen, es gibt lediglich einen Kommentar von Charlie. Theroux störte das nicht: »Er machte seine Sache ganz außergewöhnlich. Paul hat den Film im Buch erkannt. Er konnte sich visuell vorstellen, worum es bei der Geschichte geht. Für einen Autor ist es praktisch unmöglich, sein eigenes Buch als Drehbuch zu schreiben.«

Ursprünglich sollte Jack Nicholson die Hauptrolle spielen. Der war auch stark interessiert, aber Produzent Jerome Hellman fürchtete, er würde das Projekt dominieren. Zudem waren seine Gagenforderungen zu hoch. Bereits 1982 versuchte Hellman Geldgeber zu finden. Peter Weir hatte auch schon an dem Stoff gearbeitet, doch erst nach dem Erfolg von *Der einzige Zeuge* war das Unternehmen des berühmten Saul Zaentz (*Einer flog über das Kuckucksnest, Amadeus, Der englische Patient*) bereit zu investieren. Weir bot Harrison Ford nach der guten Zusammenarbeit die Hauptrolle an: »Er ist einer der wenigen Filmstars und er besitzt ein Talent, das man sich nicht aneignen kann. Es ist mittlerweile so, als ob wir uns ein Leben lang kennen würden. Wir sind ein Team. Harrison war sehr daran interessiert, mit *Mosquito Coast* seine Fähigkeiten unter Beweis zu stellen. Er hat Mut zum Risiko und will gefordert werden. Er ist eine enorm kritische Person und es ist nicht immer leicht mit ihm. Aber gewisse Konfrontationen sind wichtig, um einen guten Film zu drehen.« Auch Ford schätzte Weir, da er bei ihm die Möglichkeit hatte, sich einzubringen, und weil der Australier immer offen für Diskussionen war: »Einen Film wie *Mosquito Coast* zu drehen, ohne totales Vertrauen in den Regisseur zu haben, wäre verrückt. Wir haben viel Vertrauen zueinander. Ich bin immer sehr instinktiv an meine Arbeiten herangegangen und Peter hat mir viele Hilfen gegeben.« Fords Agentin versuchte ihm den Part auszureden, da Allie Fox sich gegenüber seiner Familie und seinen Kindern nicht gerade charmant verhält und sie der Meinung war, dass das

Publikum ihn in der Rolle nicht akzeptieren würde. Doch Ford ließ sich nicht abbringen.

### Dreharbeiten, -orte und Budget

Gedreht wurde nach längerer Motivsuche drei Monate lang im Frühjahr 1986 in Belize. Bereits ein Vierteljahr vor Drehbeginn kreuzte Ford mit seiner Familie auf seiner Jacht ›Mariner III‹ vor Belize, um einen Eindruck von der Umgebung zu bekommen, zu tauchen und ungestört sein Privatleben zu genießen.

Die Arbeit im Dschungel war nicht einfach. Aber »die Hitze, den Matsch und den Regen wirklich wahrzunehmen war millionenfach besser als das Ganze auf einem Studiogelände mit ein paar Palmen zu spielen«, so Helen Mirren. Das Haus, das Allie Fox im Verlauf des Films für seine Familie baut, wurde in Belize nahe dem Ort Gracey Rock am Fluss Sibun gleich dreifach errichtet, und zwar in jeweils unterschiedlichen Bauphasen, damit die Dreharbeiten zügig vorangehen konnten. Letztendlich verschlang die aufwändige Dschungelproduktion zwischen 17 und 25 Millionen US-Dollar.

Bereits im Mai 1986 machte Harrison Ford auf den Filmfestspielen in Cannes Promotion für das damals noch nicht fertig gestellte Werk, das erst Ende November in die US-Kinos kommen sollte. Autor Paul Theroux begrüßte die Wahl des Hauptdarstellers. »Ford besitzt diesen nach innen gekehrten, glühenden Blick und das gefährliche Grinsen«, sagte der Autor, der die Dreharbeiten besucht und darüber Tagebuch geführt hatte, in einem Gespräch mit ›Vanity Fair‹. »Das ist Allie, wie er leibt und lebt.« Ford freute sich und gestand später, froh zu sein, mal »ein richtiges Schwein zu spielen, eine Person, die das exakte Gegenteil von mir ist«.

1992 gestand Harrison Ford, dass dies sein einziger Film sei, der nicht sein Geld eingespielt habe. »Ich bin aber dennoch froh, dass ich ihn gedreht habe. Wenn ich einen Fehler gemacht habe, dann den, dass ich mich nicht genug der Sprache des Buches von Paul Theroux gewidmet habe. Das wäre vielleicht eher eine literarische als eine kinematografische Erfahrung geworden. Aber ich denke, der Film steckt trotzdem voller kraftvoller Gefühle.« Ford selbst wurde kritisiert die Rolle überhaupt angenommen zu haben und einen vollkommen anderen Typ als bisher zu verkörpern. Darauf erwiderte er: »Was macht das für einen Sinn für einen Schauspieler, wenn man dieselbe Rolle immer und immer wieder spielt. Man muss sich Herausforderungen stellen und seine Fähigkeiten erweitern.«

### Kritik

»Mit *Mosquito Coast* hat Ford Chancen auf eine weitere Oscar-Nominierung«, schrieb das englische Magazin ›Super Screen‹, doch daraus wurde nichts. Die Einschätzung zeigt jedoch, dass Ford auch in seiner zweiten Zusammenarbeit mit Peter Weir zum Teil großartige Kritiken bekam. John Powers schrieb in ›L. A. Weekly‹: »Wenn ich Leuten von *Mosquito Coast* erzähle, sagen sie, dass es aufregend klingt. Und sie haben Recht, es klingt aufregend, aber auf der Leinwand ist es tödlich. Gerade lebensfähig genug, um zu sterben. Man kann aber nichts an Harrison Fords schauspielerischer Leistung aussetzen. Er zeigt die erfinderischste Arbeit seiner Karriere. Er spielt Allie mit koboldartigem Charme bis zur Verrücktheit, die sein Verhängnis besiegelt. Aber trotz seines lobenswerten Engagements fehlt seiner Darstellung das nötige Gewicht. Man glaubt ihm nie, dass er ein Genie ist oder todbringende Fledermäuse rund um seinen Glockenturm kreisen. Mit Sand in den Haaren und einer Brille und nur im Ausdruck berauscht sieht Ford weniger wie ein besessener Mann aus, sondern eher wie die lasche Variante eines William Hurt.« Fords Ausdruck analysierte auch Brigitte Desalm in ihrem Artikel für das Magazin ›steady cam‹: »Funkelnde Brillengläser verdecken die Augen, Fords Mund ist immer leicht wie im Erstaunen geöffnet, nicht kontrolliert geschlossen wie gewöhnlich. Sein Lächeln hat etwas Hinterhältiges, seine Ironie ist krank … Weir steigert

Harrison Fords starke Präsenz in einer körperbetonten und körpernah fotografierten Inszenierung bis zur schieren Unerträglichkeit.«

## Frantic
(Frantic) USA 1988

### Inhalt

Der Chirurg Dr. Richard Walker (Harrison Ford) reist mit seiner Frau Sondra (Betty Buckley) nach Paris, um dort einen Vortrag zu halten und gleichzeitig Urlaub zu machen. Kurz nach der Ankunft des Paars im Grand Hotel verschwindet plötzlich Walkers Frau. Er macht sich auf die Suche, verständigt das Personal, geht zur Polizei, fragt die Händler in der Umgebung des Hotels und findet ihr Armband. Auch ihre Koffer wurden vertauscht. In dem fälschlich angelieferten Koffer findet er Streichhölzer aus einer Bar, in der man ihm Stoff anbietet. Er entdeckt einen toten Dealer und lernt die junge Michelle (Emmanuelle Seigner) kennen, die mehr weiß, als sie zugeben will. Gemeinsam versuchen sie die Gründe für den Mord zu klären und Walkers Ehefrau zu finden. Sie stellen fest, dass Sondra von arabischen Agenten entführt worden ist. Am Seineufer in Paris kommt es zum Showdown.

### Hintergrund

Während Roman Polanski in Tunesien seine 30 Millionen US-Dollar teure Farce *Piraten* drehte, entstand in einem Gespräch mit seinem damaligen ausführenden Produzenten und späteren Ko-Produzenten Thom Mount die Idee zu *Frantic*. Polanski dazu: »Die größte Freude und Genugtuung war für mich, dass Warner Brothers sich sehr schnell zur Finanzierung bereit erklärte. Es war meine zwar nicht physische, aber praktische Rückkehr nach Amerika.« Polanski war 1977 in den Verdacht des »Beischlafes mit einer Minderjährigen« geraten und stand in den USA unter Anklage. Vor der Urteilsverkündung flüchtete er 1978 aus den USA.

*Über den Dächern von Paris: Ford und Emmanuelle Seigner ohne Stuntmen oder Doubles*

Harrison Ford kam eher zufällig zu der Rolle. Seine zweite Frau Melissa Mathison arbeitete gerade an einem Drehbuch für Polanski. Sie trafen sich im Dezember 1986 in Paris, Ford begleitete seine schwangere Frau, hörte von der Story und zeigte sich interessiert. »Er erzählte mir die *Frantic*-Geschichte in zwei Stunden«, sagte Ford, »und ich war Feuer und Flamme. Weil es eine Story über einen Mann ist, der sich um seine Frau sorgt – was ich ebenfalls tue –, packte mich die Geschichte sofort. Außerdem erkannte ich, dass Polanski in die Geschichte all die Erfahrungen gepackt hat, die er am eigenen Leib gemacht hat, als man seine Frau ermordete. Die Szenen kann man nicht so ohne weiteres erfinden. Ich sagte ihm, dass ich es machen würde, wenn das Drehbuch so ausfalle, wie er es erzählt hätte. Es fiel so aus.« Seine Agentin Patricia McQueeney war nicht darüber erfreut, dass Ford so schnell zusagte, und ermahnte ihn mit den Worten: »Das Erste, was ich in diesem Geschäft gelernt habe, ist, dass alles mit einem Drehbuch beginnt.« Aber schließlich gefiel auch ihr das, was Polanskis langjähriger Ko-Autor Gerard Brach mit Harrison Ford vor Augen verfasst hatte. Brach machte aus dem zunächst nur als Arzt beschriebenen Protagonisten einen Herzchirurgen, um ihn als einen besonders exakt vorgehenden Mann zu charakterisieren. Mit Fords Zusage

war die ursprüngliche Idee, Dustin Hoffman die Rolle anzubieten, vom Tisch.

Obwohl Ford im Film nicht als praktizierender Arzt zu sehen ist, traf er sich mit Medizinern, um sich auf seine Rolle vorzubereiten. »Es schien mir wichtig, um die Figur besser zu verstehen«, sagte er dazu. »Ich traf Herzspezialisten und lernte, dass sie in ihren Kreisen über eine gewisse Autorität verfügen, die sie gerne in ihr Privatleben übertragen möchten. Außerdem machte ich eine gewisse Eitelkeit und Gestik bei ihnen aus. Sie bewegen ihre Hände viel und auffällig, aber das war keine Herausforderung für mich, weil ich das selbst schon genug mache.«

*Roman Polanski gibt Anweisungen. Ford schätzte seine Arbeit sehr.*

### Dreharbeiten, -orte und Budget

Gedreht wurde von Mai bis Juli 1987 in Paris und den dortigen Studios de Boulogne. Das Budget betrug 20 Millionen US-Dollar. Verschiedenen Quellen zufolge verstanden sich Polanski und Ford exzellent. Polanski schätzte die Vorschläge Fords und erlaubte ihm Improvisationen, was dem Schauspieler sehr entgegenkam. Im Gegensatz zu Spielberg oder Lucas, bei denen immer alles detailliert geplant war, bewunderte Ford den »kreativen und improvisierenden Prozess des Filmens. Wir haben viele Sachen erst während der Arbeit an dem Film besprochen«. Polanski war auch von Ford angetan und genoss, dass der »seine Texte ganz anders zum Besten gab, als ich das erwartet hatte, aber er machte das so gut, dass ich mich von ihm überzeugen ließ. Es war inspirierender, als ich mir das vorgestellt hatte«. Allerdings äußerte Ford später einmal: »Ich weiß noch, dass ich für Polanski eine Szene 90-mal spielen musste. Bei der 100. Wiederholung hätte ich ihn sicherlich erschlagen! In solchen Situationen rettet einen nicht der Ruf, ein Star zu sein. Er bringt mich aber auch nicht zur Verweigerung: Ich weiß ja, dass ich ein gelernter Handwerker bin. Präzision ist mein Geschäft.«

Nach *American Graffiti* singt Ford in *Frantic* zum zweiten Mal öffentlich. Dieses Mal fiel die Szene nicht dem Schnitt zum Opfer. Unter der Dusche schmettert er den alten Cole-Porter-Song ›I Love Paris‹. Auf dem Soundtrackalbum ist das Stück allerdings nicht zu hören.

### Premiere

Da Warner Brothers nach Testvorführungen im Herbst 1987 mit den Ergebnissen unzufrieden war, musste Polanski den Film kürzen und das Ende verändern. So fielen etwa 15 Minuten der Schere zum Opfer. Genutzt hat das nichts, denn nach einem guten Start im Februar 1988 blieb das Einspielergebnis von gut 17,6 Millionen US-Dollar in den USA weit hinter den Erwartungen zurück.

Ende August 1988 kamen Roman Polanski und seine Freundin Emmanuelle Seigner zur Deutschland-Premiere in das Mathäser-Kino nach München. Ford erschien nicht.

### Kritik

»Harrison Ford ist Walker. Ein biederer, gleichmütiger all-american guy, also Ford, wie er immer war«, schrieb der ›tip‹. Und weiter: »Hier ist er nun von der ersten Szene an mürrisch, grimmig, verbissen, sauer. Ein bisschen verlangt das die Rolle, trägt ihn die Konstruktion. Was ihm fehlt, ist eine Portion Ironie, Distanz und Leichtigkeit, die Cary Grant oder James Stewart in vergleichbaren Rollen einbrachten. Sie waren amüsante, ein wenig indignierte Gentlemen, die unerschütterlich cool und trocken humorvoll

blieben. Ford ist ein notorischer Muffler, der uns mit der Anstrengung konzentrierter Schauspielerei nervt.«

Auch wenn Ford hier und da kritisiert wurde, gilt doch der Film allgemein als Roman Polanskis Auferstehung. So hieß es in der ›Chicago Sun-Times‹: »Es ist ein professionelles Comeback für den Regisseur von *Rosemarys Baby* und *Chinatown*, der kürzlich zum Bediensteten degradiert wurde, als er den traurigen Film *Piraten* inszenierte.« Man warf Polanski jedoch vor, dass er sich mit den Bösewichtern nicht intensiv genug beschäftigt habe. »Ohne viele Überraschungen oder Aufregungen«, konstatierte ›Variety‹. ›Newsweek‹ fand Ford »sehr erfreulich« und machte eine »undefinierbare Synthese zwischen seiner eigenen Persönlichkeit und der Rolle, die er spielt«, aus. Und die ›Philadelphia Daily News‹ verglich ihn mit demjenigen, der wie kein Zweiter den durchschnittlichen Amerikaner verkörperte: James Stewart.

# Working Girl
(Die Waffen der Frauen) USA 1988

### Inhalt

Die Sekretärin Tess McGill (Melanie Griffith) pendelt täglich von Staten Island zu ihrem Arbeitsplatz nach Manhattan in New York. Doch sie fühlt sich zu mehr berufen und glaubt, dass sie ihre Fähigkeiten unter ihrer neuen Chefin Katharine Parker (Sigourney Weaver) beweisen kann. Doch die stiehlt ihre Ideen. Tess rächt sich und übernimmt ihren Platz, als Katherine sich beim Skilaufen ein Bein bricht und krankgeschrieben ist. Sie lernt den Geschäftspartner Jack Trainer (Harrison Ford) kennen, der Katherines Geliebter ist, verliebt sich in ihn, entwickelt eine brillante Geschäftsidee und hofft damit ihre Eigenständigkeit unter Beweis stellen zu können. Doch plötzlich kehrt Katherine zurück und es kommt zu einer Auseinandersetzung.

## Hintergrund

Als Drehbuchautor Kevin Wade und Produzent Douglas Wick 1984 eine belebte Straße in Manhattan entlanggingen, machten sie folgende Beobachtung: »Wohin wir auch schauten«, sagte Wick, »überall entdeckten Kevin und ich clever aussehende, hübsche junge Frauen, die in Tennisschuhen zur Arbeit hetzten und ihre hochhackigen Pumps in der Hand hielten. Wir fingen an über sie zu sprechen und uns wurde klar, dass sie alle ihre eigene Geschichte haben. Kevin machte sich dann gleich an die Arbeit.« So entstand *Working Girl*.

Nachdem das Drehbuch fertig war, bot Wick das Projekt 20th Century Fox an, wo es zunächst hin- und hergereicht wurde und zwei Managements überlebte, ehe man Mike Nichols fragte, ob er Interesse an der Regie hätte. Der sagte zu mit den Arbeiten zu beginnen, sobald er den Film *Biloxi Blues* abgeschlossen hätte. *Die Waffen der Frauen* war die erste Zusammenarbeit zwischen Harrison Ford und dem Regisseur, der den Akteur in einem Interview als »den Ferrari unter den Schauspielern« bezeichnete. »Harrison ist der intelligenteste Schauspieler, den ich je getroffen habe. Die einfachen Fragen, die er über das Ausgangsmaterial stellte, waren sehr genau. Er sagte mir gleich zu Anfang, dass die einzigen Fragen, die ihn an einem Drehbuch interessieren, diese sind: Kann dies ein guter Film werden und bringt seine Rolle die Handlung voran?«

Ford nahm die Rolle des Jack Trainer an, um sich vom Image des Actionhelden zu lösen. Ursprünglich war Alec Baldwin für die Rolle vorgesehen, der sich dann mit dem kleineren Part von Tess McGills Freund begnügen musste. In der Branche wurde die Rolle als »Typ im Stile eines Cary Grant« beschrieben, aber Ford ging weiter: »Jack ist ein Feigling. Ich auch, denn ich hatte nie den Mut, eine wirklich komische Rolle zu übernehmen!« – »Viele der Änderungen während der Produktion des Films«, gab Nichols zu, »kamen von Ford. Dass die Figur des Jack Trainer Ärger hat und der Mann seine Position riskiert, indem er nicht mit Tess ausgeht, waren alles Ideen von Harrison.« Nur eine Nebenrolle zu spielen machte ihm nichts aus. Er genoss es sogar, weil sie gut geschrieben war. »Manchmal sind das wirklich interessante Charaktere.«

*Ein »Typ im Stile eines Cary Grant«: Mit Melanie Griffith im Geschlechterkampf*

## Dreharbeiten, -orte und Budget

Mitte Februar 1988 begannen die Aufnahmen auf der Staten-Island-Fähre in New York. In den folgenden elf Wochen entstanden in der US-Metropole alle Bilder mit Ausnahme einer Skisequenz, die in New Jersey realisiert wurde. Der Bürotrakt eines Gebäudes an der Spitze von Lower Manhattan, das 21. Stockwerk des State Street Plaza Hochhauses, wurde zum Hauptschauplatz. Insgesamt vier Gebäude lieferten die Kulisse für den Arbeitsplatz von Sekretärin Tess und Chefin Katherine. Planmäßig war man am 27. April fertig.

Zur Vorbereitung beschäftigten sich Melanie Griffith und Harrison Ford mit dem Börsengeschäft an der Wall Street, trafen sich mit Brokern und nahmen an Geschäftsverhandlungen teil. Nach Aussagen von Griffith war es »so leicht, mit Ford zu arbeiten. Man schaut ihm in die Augen und entdeckt einen wahren, echten Menschen. Er kann gut zuhören und reden. Er hat mir enorm geholfen«.

Nach Abschluss des Films war Ford von der

Arbeit mit Nichols so angetan, dass er sich gleich nach neuen Projekten erkundigte, die man gemeinsam realisieren könnte. Seine Agentin Patricia McQueeney sagte dazu: »Eines der Dinge, die Harrison schon sehr früh gelernt hat, ist, dass ein Schauspieler wirklich einem Regisseur ausgeliefert ist. Und seitdem er die Möglichkeit hat auszuwählen, war er immer sehr vorsichtig, mit welchen Regisseuren er arbeitet.« Ford selbst erklärte, dass er immer »nach komödiantischen Elementen« suche.

Aus der Zusammenarbeit zwischen Ford und Mike Nichols entwickelte sich eine Freundschaft. »Uns verbindet«, so Nichols, »dass wir beide richtig schlechte Witze mögen. Unsere Frauen hassen uns dafür, dass wir sie erzählen. Sie sind sexistisch, grässlich, obszön und bringen die Frauen zur Raserei. Für mich ist Ford selbstkritisch und exakt. Er hat Humor und ist sehr intelligent und gleichzeitig beherrscht er den magischen Trick, den kein anderer großer Star so gut beherrscht wie er: sich selbst nicht so ernst zu nehmen.«

### Premiere

Der Film kam kurz vor Weihnachten 1988 in die US-Kinos und wurde sofort ein großer Erfolg. Er wurde im darauf folgenden Frühjahr mit vier Golden Globes ausgezeichnet, erhielt sechs Oscar-Nominierungen, aber nur eine der begehrten Trophäen: für den besten Song.

### Kritik

»Harrison Ford stellt ein Komödientalent unter Beweis, das er zuvor noch nicht mal angedeutet hatte«, notierte Kirk Honeycutt im ›Hollywood Reporter‹. Kollege Jeff Craig war ebenfalls von den Darstellern begeistert: »Harrison Ford und Sigourney Weaver sind sehr gut in ihren Rollen, aber der wirkliche Star des Films ist Melanie Griffith.« Auch deutsche Rezensenten waren von den Akteuren durchweg angetan. In der ›Frankfurter Allgemeinen Zeitung‹ hieß es: »Wo sonst die Stars von der Mechanik des Geschehens ver-

zehrt werden, in den Arbeiten von George Lucas, Steven Spielberg, John Carpenter und ihrer Adepten, behaupten sie sich hier gegen die rasende Welt der Dinge. Langsamkeit und ›human touch‹ sind eins. Harrison Ford ist das beste Beispiel. Als Indiana Jones, bei Spielberg, verkörpert er nur ein heroisches Objekt, an dem sich die einander überstürzenden Aktionen schadlos halten. Bei Nichols hat er Profil und Charakter. Das ist vor allem die Leistung des jeweiligen Regisseurs.«

# Indiana Jones and the Last Crusade
(Indiana Jones und der letzte Kreuzzug)
USA 1989

### Inhalt

Im Utah des Jahres 1912 kommt der junge Indiana Jones (River Phoenix) auf der Suche nach einem seltenen Kreuz nur knapp einigen Konkurrenten zuvor, muss sich am Ende aber doch geschlagen geben. 1938 erhält der inzwischen erwachsene Indy (Harrison Ford) von dem New Yorker Kunstsammler Walter Donovan (Julian Glover) den Auftrag, nach dem heiligen Gral Jesu Christi zu suchen, von dem es heißt, er mache seinen Besitzer unsterblich. Auch sein Vater Henry (Sean Connery) hatte lange danach geforscht, ist aber verschollen. Als Indy in der Post plötzlich dessen Notizen findet, macht er sich auf die Suche nach ihm und findet heraus, dass er sich in der Gewalt der Nazis befindet. Er kann ihn befreien und sie suchen fortan gemeinsam nach dem Gral. Aber auch die Nazis geben nicht auf.

### Hintergrund

Als Drehbuchautor Jeffrey Boam mit der Idee kam, Indys Vater einzuführen, waren Spielberg und Lucas als Produzenten sofort davon angetan. »Ich dachte mir, es gibt nur einen im ganzen Universum, der Indys Vater spielen könnte, und das ist Sean. Wer sonst, außer dem echten James Bond, hätte diesen abenteuerlustigen, rupelhaf-

*Familie Jones in Nöten. Zwei der »most sexiest men alive«: Ford und Sean Connery*

ten Archäologen schon zeugen sollen?«, sagte Spielberg der Journalistin Nancy Griffin. Es existierten bereits zwei Drehbücher der Autoren Menno Meyjes *(Die Farbe lila)* und Chris Columbus *(Gremlins)* mit ganz unterschiedlichen Geschichten, die jedoch beide nicht so gut ankamen wie Boams Idee, der zuvor *The Dead Zone, The Lost Boys* und *Die Reise ins Ich* geschrieben hatte.

Jeffrey Boam orientierte die Vaterrolle an dem Typ, »den Henry Fonda im Film *Am goldenen See* gespielt hatte. Als Indys Vater in die Story kam, wusste ich, dass dieser Film nicht so werden würde wie die früheren Teile. Als Connery besetzt wurde, änderte ich nicht den Typen, den ich mir überlegt hatte. Ich spielte ein bisschen mit seinem Wesen und gab ihm mehr Vitalität, aber der Charakter blieb gleich.« Harrison Ford sagte dazu: »Ich bestand darauf, dass wir die Person

des Indiana Jones etwas verkomplizieren. Ich wollte dem Publikum die Chance geben, etwas mehr über die Figur zu lernen. Der Einfall, seinen Vater einzuführen, der dann auch noch von Sean Connery gespielt wurde, war genial.« Anfangs hatte er etwas Bedenken, dass er zu alt wirken würde, also verlagerte man die Geschichte in das Jahr 1939. »Ich sagte, tut mir das nicht an. Lasst das Ganze nicht 1930 spielen.«

»Als junger Mann hatte ich eine Wunschliste an Filmen, die ich immer mal inszenieren wollte. Einer davon war ein James-Bond-Film. Als George Lucas mit der Indiana-Jones-Serie begann, war es so etwas wie Bestimmung und unvermeidlich, dass Sean und ich zusammenkommen würden, denn Bond und Indy haben viel gemeinsam. So wurde mein Traum wahr und er spielte Indys Vater. Harrison Ford machte es besser als in allen vorherigen Filmen«, sagte Steven

Spielberg in einem Interview. In einem anderen Zusammenhang stellte er fest: »Es gibt nur sieben wirkliche Filmstars auf der Welt – und Sean Connery ist einer von ihnen.« Der Schotte unterschrieb im November 1987 und meinte später: »Ich wollte Henry Jones wie eine Art Sir Richard Burton [den bekannten Forscher] spielen. Er hat in seinem Leben so viel erlebt und es gibt so viele versteckte Elemente«, sagte Sean Connery dem ›Time‹-Magazin. »Als ich die Rolle annahm, beschloss ich mich als schroffer viktorianischer, schottischer Vater zu amüsieren – und ich habe mich amüsiert.«

Anfangs machten sich die Produzenten Robert Watts und Frank Marshall Gedanken darüber, ob zwei Persönlichkeiten wie Connery und Ford zusammenpassen würden. Watts stellte jedoch erleichtert fest: »Glücklicherweise verstanden sie sich als Figuren und als Schauspieler. Es gab kein gegenseitiges Übertrumpfen.« Ähnliches erzählte auch Marshall: »Die Chemie ist fantastisch und das ist es, worauf wir gehofft hatten.«

*Forscher Ford und die gefährliche Schöne Alison Doody in geheimer Mission*

### Dreharbeiten, -orte und Budget

Die Dreharbeiten begannen am 16. Mai 1988 in der Wüste bei Almería in Spanien mit den Panzer- und Pferde-Sequenzen, die allein zwei Wochen Drehzeit verschlangen und pro Tag 200.000 US-Dollar kosteten. Weitere Drehorte waren Granada, wo aus der örtlichen Eisenbahnstation Gaudix die Stadt Iskenderum wurde, und für

eine Woche ein verlassener Flughafen bei Majorcar. Das Team drehte anschließend zweieinhalb Monate in den Londoner Elstree-Studios, in denen Donovans Apartment, die Katakomben von Venedig und das Innere des Zeppelins gebaut worden waren. Weiterhin drehte man in den Tilbury Docks in Essex, die, mit Gondeln bestückt, Venedigs Kanäle darstellten. Die Royal Horticultural Hall in London bildete den Hintergrund der Berlin-Sequenz. Die Aufnahmen der Naziaufmärsche und der Bücherverbrennung wurden in der Stowe School in Buckinghamshire und der Royal Masonic Mädchenschule in Hertfordshire realisiert. Ab 7. August schloss man mehrere Tage den Canale Grande von Venedig für Aufnahmen und reiste danach zur Tempelanlage von Petra in Jordanien. In Colorado entstanden der erste Auftritt des jungen Indy und die 16-minütige Eingangssequenz mit den Zugszenen. Zudem drehte man in Neu-Mexiko, Utah und nahe Amarillo in Texas, wo der Ritt in den Sonnenuntergang inszeniert wurde. Das Budget betrug 36 Millionen US-Dollar.

Während der Dreharbeiten verletzte sich Ford, wie schon beim zweiten Teil der Serie, am Rücken. »Ich hatte mir einen Rückenwirbel gebrochen«, erzählte er nach Abschluss der Arbeit. »Um die Kampfszenen fertig drehen zu können, musste ich ein Korsett tragen und meine Schmerzen mit Valium unterdrücken.« Während der Dreharbeiten musste er operiert werden. In einer Szene wird er an einem Panzer hängend zwischen dem Fahrzeug und einer Felswand eingeklemmt. Nach Angaben von Ford war es der »haarigste Stunt, an dem ich je beteiligt war«. Trotz der physischen Herausforderungen war die Stimmung unter den Beteiligten sehr gut. »Als Sean und Harrison am Drehort ankamen«, erzählte Spielberg, »war jeder still und voller Respekt. Die beiden sind wie Mitglieder der königlichen Familie, aber nicht die, die du fürchtest, weil sie dich in Anspruch nehmen, sondern die, die du liebst, weil sie dein Leben besser und schöner machen.«

»Ich erinnere mich noch an die Gluthitze von über 40 Grad im Studio, als wir die Zeppelin-Sequenz drehten«, erzählte Ford. »Connery trug einen Anzug und ich eine Lederjacke. Da in einer Szene nur unsere Oberkörper zu sehen sind, zogen wir einfach die Hosen aus und spielten die Szene in unseren Unterhosen. Die gesamte Crew brüllte vor Vergnügen.« Alison Doody, die an jenem Tag nicht am Set war, bedauerte, das verpasst zu haben: »Verdammt!« In den USA entstanden Actionpuppen von Connery und Ford – allerdings mit Hosen.

»Es war sehr einfach, mit Sean zu arbeiten und ihn zu verstehen. Wir waren wie zwei Arbeiter, die etwas zusammen aufbauen. Wenn der eine ein Werkzeug benötigte, besorgte der andere es ihm. Es gab nie einen Konkurrenzkampf zwischen uns«, erzählte Harrison Ford. »Es war wunderbar, ihn zur Seite zu haben, ich bin ein Fan«, entgegnete Connery. »Außerdem empfinde ich solch eine doppelte Star-Besetzung nicht als Wettbewerb, ich möchte lediglich, dass jede Rolle in meinem Film möglichst gut gespielt wird.« Connery sagte in ›Tempo‹: »Spielberg ist unwahrscheinlich flexibel und hat Sinn fürs Improvisieren. Harrison Ford und ich haben ununterbrochen improvisiert. Wir haben uns nichts geschenkt. Spielberg hat jedes Mal sofort die Kamera draufgehalten. Er hat uns sogar zum Improvisieren ermutigt. Das machen heute nur noch ganz wenige Regisseure. Sie haben Angst, die Kontrolle über den Film zu verlieren.«

Der Altersunterschied zwischen Ford und Connery betrug gerade mal zwölf Jahre. Ford war während der Aufnahmen 46 und wurde 47, Connery war 58. Doch das schien bei der Besetzung niemanden gestört zu haben. »Nur den beiden zuzusehen hat mir mehr über das Schauspiel beigebracht, als ich sonst in vielen Jahren gelernt hätte«, sagte Schauspielerin Alison Doody und Spielberg ergänzte: »Am spannendsten war es, Harrison und Sean in eine Zweier-Szene zu stecken, ›Action!‹ zu brüllen und dann nicht vor Lachen die Aufnahme zu schmeißen.«

Die Narbe in Fords Gesicht, dessen Herkunft zu Anfang erklärt wird, wechselt übrigens im Verlauf des Films mehrfach die Seite, wie aufmerksame Fans beobachtet haben. Auch blutet Fords Unterlippe zu Anfang auf der rechten Seite, einige Bilder später auf der linken. In Venedig klettert er durchnässt durch die Kanalisation, doch Sekunden später ist seine Kleidung wieder trocken. Über solche Anschlussfehler hat sich Ford zwar nie aufgeregt, dafür aber über die Szene, in der Adolf Hitler Indiana Jones ein Autogramm gibt: »Finde ich blöd«, sagte er Frances Schoenberger. »Und auch ein bisschen gefährlich, weil es kein Witz ist. Finden Sie es etwa okay, wenn alle Deutschen von englischen Schauspielern gespielt werden? Mich würde das verrückt machen.« Hitler-Darsteller Michael Sheard sah das nicht so kritisch, erinnerte daran, dass das Publikum bei der Europapremiere »brüllte vor Lachen und Harrison und Sean auch dieses Mal aufgrund der Hitze nur Badehosen« trugen.

### Premiere

Eine Royal European Charity Premiere wurde am 27. Juni 1989 im Empire Kino am Londoner Leicester Square gefeiert. Dort nahm Prinz Charles aus der Hand von Alison Doody und George Lucas eine Peitsche entgegen – Indys Verteidigungsinstrument. Auch im Rahmen der Filmfestspiele in Venedig wurde der Film gezeigt.

Weltweit spielte er etwa 494,8 Millionen US-Dollar ein. Connery wurde als bester Nebendarsteller für den Golden Globe nominiert. Der Film hatte Chancen auf drei Oscars und erhielt einen für den besten Toneffektschnitt.

### Kritik

»Indy 3 ist das Gleiche, aber anders und besser«, konstatierte das ›Time‹-Magazin. »Der Film ist besser als *James Bond*. Er hat Sean Connery.« Und das war nicht die einzige Zeitschrift, die sich von den neuen Abenteuern des Archäologen begeistert zeigte. »Selten hat man Filmkritiker so atemlos gesehen wie nach dem zweistündigen

Action- und Gagfeuerwerk«, schrieb die ›Neue Presse‹, »köstlich Sean Connery, der als Vater und seriöser Archäologe Dr. Jones aus allen Satire-Rohren schießt.« – »Sean Connery ist in glänzender Form«, hieß es im englischen ›Independent‹, der von »zwei Stunden dynamischem Kitsch« schwärmte. ›Newsweek‹ ergänzte: »Nun ist es an der Zeit, die Peitsche an den Nagel zu hängen und in die Zukunft zu schauen.« Diesen Aspekt greift auch Roger Ebert in seiner Besprechung auf: »Es wäre zu schade, zu sehen, wie die Serie altert und immer flacher wird – wie die James-Bond-Filme.« So hat es, trotz aller Gerüchte, bisher keinen vierten Teil gegeben.

## Presumed Innocent

(Aus Mangel an Beweisen) USA 1990

### Inhalt

Der erfolgreiche Anwalt Rusty Sabich (Harrison Ford), die rechte Hand des Bezirksstaatsanwalts einer amerikanischen Stadt, ist glücklich verheiratet und liebevoller Vater eines kleinen Jungen. Sein Leben gerät aus den Fugen, als er sich in die junge Kollegin Carolyn Polhemus (Greta Scacchi) verliebt, die kurze Zeit später ermordet aufgefunden wird. Sabich wird verdächtigt, muss ein Ermittlungsverfahren über sich ergehen lassen und feststellen, dass er Opfer einer Kampagne zu werden droht: Es herrscht Wahlkampf und der Gegenkandidat seines Chefs setzt den Widersacher so unter Druck, dass Sabich von seinen eigenen Kollegen fallen gelassen wird. Sein Entlastungsmaterial wird ignoriert. Doch bevor Sabich endgültig hinter Gittern verschwindet, wird er Zeuge eines überraschenden Geständnisses.

### Hintergrund

Der Film basiert auf dem gleichnamigen Bestseller des in Chicago lebenden Anwalts Scott Turow. Das Buch erschien 1987 und hielt sich 44 Wochen auf der Bestsellerliste der ›New York Times‹, allein in den USA wurden etwa fünf Millionen Exemplare verkauft. Mehrere Unternehmen bemühten sich schon Monate vor Erscheinen um die Filmrechte, was zu einem regelrechten Bieterkrieg führte. Ihn gewann das 1986 gegründete Unternehmen Mirage, das eine Million US-Dollar zahlte. Hinter Mirage stecken die Filmemacher und Produzenten Sydney Pollack und Mark Rosenberg. Turow kommentierte: »Ich verkaufte die Rechte an einen Typen mit Stil und das ist Sydney Pollack. Ich wusste, dass er es versteht daraus einen Klassefilm zu machen.« Er wurde nicht enttäuscht. Pollack hatte nicht vor Regie zu führen, sondern bot seinem alten Freund Alan Pakula den entsprechenden Stuhl an. Im Januar 1989 unterschrieb er den Vertrag. Drehbuchautor Frank Pierson setzte sich an das Script, doch zufrieden war man mit dem Ergebnis erst, nachdem Pakula es noch einmal umgeschrieben hatte. Noch während mehrere Parteien um den Stoff rangen, erklärte Turow in einem Interview, dass »ihm jeder sagt, es sei leicht, daraus einen Film zu machen. Aber ich sagte mir: Ich verstehe ja nichts von ihrem Geschäft, für mich ist das keineswegs einfach«. Die Gründe sind offensichtlich: Der Roman erzählt aus der Perspektive von Rusty Sabich, es gibt eine Reihe von Rückblenden, die Filmemacher in der Regel nicht schätzen, und kaum Auseinandersetzungen vor Gericht.

Nachdem das Drehbuch stand, entschied man sich schnell für Harrison Ford als Hauptdarsteller. Pakula meinte: »Harrison war meine erste Wahl. Ich wollte jemanden haben, der die Qualität eines Jedermanns besitzt, jemand, der um die Ecke wohnt, den jeder kennt. Außerdem hatte er eine ungewöhnliche Zweideutigkeit zu verkörpern: Einerseits sollte er einen leidenschaftlichen Moralisten darstellen, der gesetzestreu lebt; andererseits musste es aber auch jemand sein, dem man einen Mord zutraut.« Turow war von Fords Eignung für die Rolle überzeugt. »Wenn man die Beschreibung von Rusty liest, ist Harrison perfekt. Dann sah ich *Frantic* und dachte, dass er der Richtige ist. Als ich ihn traf, war ich endgültig überzeugt.«

*Jedermann und das blonde Gift im Büro: Ford und Greta Scacchi*

### Dreharbeiten und -orte

Der Roman spielt in dem fiktiven Ort Kindle County. Pakula und Ausstatter George Jenkins zogen elf Städte im Mittleren Westen als Drehorte in Betracht und entschieden sich schließlich für Chicago. Gefilmt wurde nicht nur dort, sondern zwischen dem 31. Juli und Oktober 1989 auch in Detroit, New Jersey, Windsor (Ontario) sowie in Newark. Dort waren das Essex County Gerichtsgebäude, das Leichenschauhaus und das Rathaus der Stadt Schauplätze. Das Haus der Familie Sabich stand in Allendale, die meisten Innenaufnahmen der Gerichtssäle und Büros wurden in den Kaufman-Astoria-Studios in New York gedreht. Inklusive der ausführlichen Vorbereitungen dauerte die Arbeit wesentlich länger als geplant. »Ich habe für diesen Film sechs Monate mit Alan Pakula zusammengearbeitet«, sagte Ford. »Wir haben jeden Tag miteinander diskutiert, wie wir gewisse Szenen ausarbeiten. Dann kommt der Augenblick, wo es Zeit ist, an die Arbeit zu gehen. In der Regel setze ich nie mehr als zwei Wochen an, um mich auf eine Rolle vorzubereiten. Persönlich finde ich *Aus Mangel an Beweisen* einen kleinen, intimen Film. Was ist eine Rolle zu spielen anderes als einen Eindruck von Intimität hervorrufen!« Die

intimste Szene des Films, die Verführung von Sabich durch die junge Anwältin, zu spielen war für Ford eher eine technische Herausforderung: »Eine Liebesszene spielst du wie jede andere Szene – mit der Ausnahme, dass man eine schöne Frau küssen kann. Man spielt immer.«

Der erfahrene Regisseur zeigte sich von Ford beeindruckt: »Harrison ist unglaublich klug. Nachdem er alle diese komplizierten Filme gedreht hat, verfügt er über ein enormes technisches Wissen. Auch mein Kameramann Gordon Willis war fasziniert, wie viel er vom Prozess des Filmemachens versteht. Wenn er wollte, würde er einen wundervollen Regisseur abgeben.« Pakula, der durch genaue Milieu- und Charakterstudien wie *Klute* und *Die Unbestechlichen* bekannt geworden war, sagte über seine Hauptfigur: »Sabich ist kein naiver Idealist. Er ist eine komplexe Gestalt. Er glaubt an Ordnung und Gerechtigkeit, hat ein starkes Verantwortungsgefühl, aber gerät durch äußere Umstände in eine Situation, in der er die Selbstkontrolle verliert. Ich konnte mich gleich mit Rusty identifizieren; er war mir sogar sympathisch, aber ich hätte ihm keinen anderen Charakter als in Scott Turows Buch gegeben.«

Die Hauptbeteiligten verstanden sich blendend. Für Partnerin Bonnie Bedelia ist Ford »ein ganz normaler Typ. Wenn man nicht wüsste, wer er ist, hätte man gedacht, er malt die Kulissen an. Wenn man ihn ließe, würde er Bilder von seinem neuen Baby herumreichen«. Ford brachte seinen zweijährigen Sohn Malcolm zu den Dreharbeiten mit, der mit ihm die so genannten Dailies sehen durfte, die am Tag zuvor gedrehten Aufnahmen. Die gute Atmosphäre lag wohl auch an der professionellen Einstellung aller Beteiligten. »Der Film ist ein intelligentes Puzzle«, sagte Ford später einmal, »und Alan Pakula besaß die Zähigkeit und den Intellekt, alle Teile zusammenzufügen. Er ist unermüdlich und kümmert sich um jedes kleinste Detail. Zum Teil bin ich auch so, also verstanden wir uns blendend.« Der Regisseur erwiderte: »Ich persönlich kenne keinen anderen Schauspieler vom Format eines Harrison Ford, der so bereit und so versessen darauf ist, solche Risiken einzugehen.«

Während der Dreharbeiten in der North Reformed Church in Newark, in der die Szene des Gottesdienstes für Carolyn Pohelmus entstand, stürzte Ford, als die Reihe der Trauergäste am Richter vorbeiging, und landete kopfüber in einer Kirchenbank. Pakula rief spontan: »Das behalten wir!«

Zu einer Affäre schien sich die Diskussion um Fords Haarschnitt auszuweiten und er gestand später mehrfach in Interviews, dass diese Frage neben der nach seiner Narbe am Kinn die am meisten gestellte war. »Ich versuchte nur, meinen Job als Schauspieler richtig zu machen und meine Rolle zu spielen. Ich dachte mir, dass er so aussieht – und die Leute wurden komplett verrückt.« Als er 1992 vom Magazin ›Entertainment Weekly‹ gebeten wurde einige seiner Filme zu kommentieren, ging er erneut auf das Thema ein: »Fast jeder Artikel und jede Besprechung bezogen sich auch auf meinen Haarschnitt. Ich war total verwirrt und begann endlich zu verstehen, dass die Menschen das Gefühl hatten, ich gehöre ihnen mit dem dazugehörenden spezifischen Aussehen. Sie sagten mir: Wir wollen nicht, dass unserer Idol so aussieht, und ich antwortete: Aber was ist mit der verdammten Geschichte? Versteht ihr nicht, dass dies ein Teil des Geschichtenerzählens ist und es hier nicht um einen verdammten Haarschnitt geht? Abgesehen vom Haarschnitt glaube ich nicht, dass das Publikum ein Problem mit mir in der Rolle hatte. Übrigens habe ich jetzt gesehen, dass Kevin Costner in *Der Bodyguard* denselben Haarschnitt trägt.«

Bevor der Film weltweit anlief, wurden zwei verschiedene Versionen des Schlusses gedreht, da Warner Brothers darauf bestanden hatte, dass der Mörder am Ende bestraft wird. Beide Fassungen wurden einem Testpublikum vorgeführt. Pakula berichtet: »Glücklicherweise mochte das Publikum ›meine‹ Version lieber.

Und so konnte ich mich schließlich durchsetzen.«

### Premiere

Der Film startete am 27. Juli 1990 in den USA und Mitte Dezember in Deutschland. Er wurde ein weltweiter Erfolg, erlangte Platz acht der kassenträchtigsten Filme des Jahres 1990 und spielte weltweit über 221 Millionen US-Dollar ein.

### Kritik

Der Film wurde weit gehend positiv aufgenommen, manche Rezensenten bezeichneten ihn gar als Meisterwerk. »Für die Leser ist doch die Frage«, schrieb das Magazin ›US‹, »ob der Film dem Buch gerecht wird. Die gute Nachricht ist, dass er das tut. Alan Pakula hat einen Film gedreht, der sowohl smart ist als auch eine sexy Form von *Wer war es?* und der uns einen Blick in das Räderwerk und die Geschäfte unseres kriminellen Justizsystems erlaubt.« Für Harrison Ford sei es »sicherlich nicht leicht« gewesen, doch habe sich der »solide und immer glaubwürdige Schauspieler der Herausforderung gestellt, was ihm vortrefflich gelingt«. »Rein optisch lebt der Film von der erstklassigen Leinwandpräsenz seines Hauptdarstellers«, schrieb die deutsche ›cinema‹. »Nie war Harrison Ford besser. Die besondere Qualität seiner Leistung besteht darin, den Zuschauer in ständigem Zweifel zu lassen, ob ihm der Mord zuzutrauen wäre oder nicht.« Kritiker Wolf Donner bezeichnete Ford dagegen als »Fehlbesetzung«. Im ›tip‹ schrieb er: »Das Problem des Films ist Harrison Ford in der fast unspielbaren Rolle des Rusty Sabich … Ford macht einfach die Schotten dicht, macht gar nichts: ein dumpfer Brüter und muffliger Sonderling, stets verschlossen und grämlich. Das ist langweilig und unglaubwürdig. Ein erfahrener, intelligenter Matador der Gerichts-Arena tapert schwerfällig, als sei er begriffsstutzig, durch ein Ambiente, das er bestens kennt, in dem er Karriere machte, in dem man schlagfertig, vital, findig und wendig sein muss, um es zum zweiten

Mann am Gerichtshof zu bringen. Mit seiner komischen, kurz geschorenen Frisur und seiner
düsteren, trübsinnigen Miene bewegt sich dieser
Gerichtsexperte wie ein geprügelter Hund in seinem vertrauten Terrain, wie ein Fremder. Weil
ihm alle und alles plötzlich fremd, feindlich, verändert erscheinen, will der Film sagen. Fords
starre Grimasse sagt aber gar nichts. Die Fehlbesetzung der zentralen Figur nimmt dem zur
Charakterstudie reduzierten Film und seinem
Thema viel von seiner Brisanz.«

# Regarding Henry
(In Sachen Henry) USA 1991

## Inhalt
Staranwalt Henry Turner (Harrison Ford) gerät,
nachdem er einen Fall gewonnen hat, eines
Abends zufällig in einen Überfall und wird
durch zwei Schüsse niedergestreckt. Geschockt
muss seine Frau Sarah (Annette Bening) feststellen, dass er das Gedächtnis verloren hat. In der
Rehabilitationsklinik wird er von Bradley (Bill
Nunn) aufopferungsvoll betreut, lernt so nach
und nach wieder zu sprechen und zu gehen.
Seine Tochter Rachel (Mikki Allen) und seine
Frau helfen ihm dabei. Je mehr er über sich und
seine frühere Tätigkeit erfährt, desto mehr begreift und verurteilt er seine einstige Skrupello-
sigkeit und beschließt sein Leben zu ändern und
von vorn zu beginnen.

## Hintergrund
Ko-Produzent Scott Rudin wurde auf das Drehbuch des 23-jährigen Jeffrey Abrahams aufmerksam, der am Sarah Lawrence College in
New York studierte und zuvor die Komödie *Filo-
fax* geschrieben hatte. Er sicherte sich die Rechte
und schickte das Drehbuch an Harrison Ford,
der zusagte und Mike Nichols für die Regie begeistern konnte. »Das Drehbuch verrät tiefes
Verstehen und große Reife«, sagte Ford zu der
Vorlage. »Kaum zu glauben, dass es von einem

Mann stammt, der erst 23 Jahre alt war, als er es
schrieb. Mir sind bei Filmstoffen Gefühle am
wichtigsten, Gefühle, die ich vermitteln kann.
Die Gabe, Emotionen ausdrücken zu können, ist
das eigentliche Kapital eines Schauspielers.
Natürlich verpacke ich in jeder Figur auch etwas
von mir, eigene Erfahrungen, so auch bei Staranwalt Henry Turner. Wer meine früheren Filme
mit meinen jetzigen vergleicht, wird vielleicht
entdecken, dass ich Menschen heute mehr liebe
als früher.«

Nichols war von der Geschichte angetan,
empfand das Drehbuch als »überraschend wit-
zig und sehr bewegend«. Zum Inhalt sagte er: »In
der Geschichte passiert etwas, womit man sich
meines Wissens noch nie beschäftigt hat. Etwas,
das es zwar gibt, aber über das die Leute nur selten sprechen. Wenn man alle Brücken abbricht
und nach einem Desaster ganz von vorn anfängt,
erfährt man oft eine Menge darüber, wie das Leben wirklich ist, ganz besonders das Leben in der
Familie. Der Film erzählt uns, was geschieht,
wenn alles im Leben auf das absolut Wahrhaftige
reduziert wird: auf Liebe und Familie.«

*Die zweite Zusammenarbeit mit Mike Nichols war nicht
so erfolgreich wie ›Die Waffen der Frauen‹: Ford als Henry
Turner*

## Dreharbeiten und -orte
Nach zwei Wochen Proben begannen die Dreharbeiten am 14. September 1990 und dauerten
bis zum Dezember. Gedreht wurde in New York
und in den Paramount Studios in Los Angeles.

»Wir sprachen mit Ärzten und Chirurgen, besuchten eine Reihe von physiotherapeutischen Sitzungen und redeten viel mit Therapeuten über den Prozess der Genesung.« Ford wollte »diesen Henry ganz naiv anlegen, als jemanden, der das Tempo und die Komplexität der Ereignisse nur allmählich begreift. Wir haben schon viel zu oft mit ansehen müssen, wenn sich Erwachsene wie Kinder aufführen. Diese Klippe habe ich bewusst zu umschiffen versucht. Plötzlich entpuppt sich Henry als guter Vater und Ehemann, der seine Familie liebt, sie braucht und gelernt hat wieder liebevoll zu sein. Ich glaube, dass dies das Herzstück der Geschichte ist.« Da der Film nicht chronologisch gedreht werden konnte, bediente sich Ford einiger Hilfsmittel, um sich die verschiedenen mentalen Zustände von Henry Turner vor Augen zu führen. »Vor Drehbeginn machte ich mir eine Reihe von Notizen. Ich fertigte ein Diagramm über die Entwicklung der Figur und seine psychische Genesung an. Dem versuchte ich zu folgen. So hatte ich für jede Szene einen Punkt, auf den ich mich beziehen konnte.«

## Premiere

Der Film erlebte im September 1991 auf den Filmfestspielen in Venedig seine europäische Premiere, lief dort allerdings nicht im Wettbewerb. Ford war nicht zu Gast, gab aber der italienischen Zeitung ›Il Messaggero‹ ein ausführliches Interview, in dem er klarstellte, dass weder dieser Film noch der davor gedrehte *Aus Mangel an Beweisen* eine »Kritik am bestehenden Rechtssystem sein sollen. Alle Anwälte wissen, dass die Gesetze nur so gut sein können wie die Menschen, die sie erlassen. Und es gibt ehrliche und unehrliche Menschen«. An anderer Stelle äußerte er: »Ich bin mit den meisten Beschreibungen des Film nicht einverstanden. Sie scheinen mir alle nicht genau zu treffen. Es geht hier nicht um eine Kopfverletzung, sondern um den Wiederaufbau von Beziehungen und darum, eine zweite Chance zu bekommen. Das Ganze ist

komisch, bewegend und natürlich auch eine Fabel – und irgendwie ganz, ganz anders.«

## Kritik

»Harrison Ford überzeugt in einer Rolle, in der man einen wie Robert de Niro erwarten würde«, schrieb Peter Körte in ›Ultimo‹ – wohl als Anspielung, dass de Niro als Opfer der Schlafkrankheit in *Zeit des Erwachsens* brilliert hatte, der sieben Monate zuvor in die Kinos gekommen war. »Ford spielt Henrys Verletzlichkeit, seine kindliche Arglosigkeit und die Verstörung, die er sich selbst kaum erklären kann, mit einer gänzlich undramatischen Selbstverständlichkeit. Es ist das frappierende Portrait einer Figur, die ihrer sozialen Rolle, ihrer Attitüden und Gewohnheiten beraubt gleichsam nackt dasteht.« Auch andere waren von Fords Leistung angetan. »Ford verkörpert mit Bravour eine der schauspielerisch anspruchsvollsten Rollen seiner Karriere. Seine Leistung, ein gut aufgelegtes Darstellerteam und eine perfekte Regie entschädigen für das schwächste Drehbuch seit *Backdraft*«, heißt es im ›Plärrer‹. Das ›Filmecho‹ war der Meinung, dass Ford, »nicht selten enttäuschend unbeweglich, diesmal eine beachtlich nuancierte Charakterstudie gelingt«.

Harrison Ford äußerte sich 1992 in einem Interview ausführlich zu dem Werk und würdigte es als »einen guten Film, sanft, manchmal komisch, ein relativ genaues Porträt der Ereignisse. Ich war überrascht, auf welcher Basis Mike Nichols angegriffen wurde. Er wurde kritisiert, weil er gefühlvoll erzählte, und man warf ihm vor, nicht Mike Nichols zu sein. Er versuche einen Vorteil aus der Sentimentalität der achtziger Jahre zu schlagen. Das hat mich wütend gemacht. Mike ist zu solch einer Falschheit einfach nicht in der Lage. Er hat sich sehr für das, was er inszeniert hat, ins Zeug gelegt. Seine Arbeit so abzulehnen empfand ich als ungerecht«.

# Patriot Games
(Die Stunde der Patrioten) USA 1992

*Ein Mann der Tat: Jack Ryan verhindert einen Terroranschlag und wird zum Gejagten.*

## Inhalt

Der ehemalige CIA-Analytiker Dr. Jack Ryan (Harrison Ford), der mit seiner Familie in London Urlaub macht, wird zufällig Zeuge der Entführung von Lord Holmes (Edward Fox), einem Mitglied der englischen Königsfamilie. Er greift beherzt ein und erschießt einen der Entführer, der zu einer Splittergruppe der IRA gehört. Sean Miller (Sean Bean), der Bruder des Getöteten, wird verhaftet, vor Gericht gestellt und schwört Ryan Rache. Als er der Polizei entkommen kann, folgt er Ryan mit einem Kommando in die USA. Der arbeitet mittlerweile wieder für den CIA. Schließlich kommt es an Bord eines Schiffes zum Showdown zwischen den beiden Männern.

## Hintergrund

Am 12. September 1991 gab John Rentsch, der Direktor für internationales Marketing von Paramount Pictures, bekannt, man habe mit Harrison Ford einen Vertrag für drei Filme abgeschlossen, in denen er als Tom Clancys Protagonist Jack Ryan in einem neuen »Film Franchise« auftreten werde. Englische Medien berichteten sogar von vier oder fünf Filmen, für die er 50 Millionen US-Dollar Gage plus Umsatzbeteiligung bekommen sollte.

Zunächst boten die Produzenten Robert Rehme und Mace Neufeld Alec Baldwin die Rolle an, der jedoch wegen einer Broadway-Verpflichtung ablehnte. Die zweite Anfrage ging an Ford, der sich freute, da er seit *Indiana Jones und der letzte Kreuzzug* nach »einem etwas härteren Action-Abenteuer gesucht« hatte: »Ich habe zu viele Anzug-mit-Schlips-Filme, seichte Stoffe und Familiengeschichten gedreht.« Dennoch handelte er sich Kritik von Seiten Tom Clancys ein, der verlauten ließ, dass Ford »zu alt« sei – kein Wunder, denn er hatte einen etwa 30-jährigen Mann vor Augen. Später schimpfte er in einer amerikanischen Zeitung, dass der Film »seine Figuren nutze, nicht aber seine Geschichte«.

Auf die Frage, ob Serienrollen leichter zu spielen seien als andere, antwortete Ford: »Man bewegt sich zwar auf vertrautem Grund, darf aber nicht der Gefahr erliegen, das alte Rollenstereotyp nur zu reproduzieren. Es ist wichtig, der Figur ständig neue Facetten zu geben, sie ungewohnten Situationen auszusetzen und unbekannte Seiten zu enthüllen. Bei Jack Ryan sind wir natürlich insofern eingeschränkt, als wir den Vorgaben der Bücher folgen müssen. Wir können Jack nicht aus heiterem Himmel eine Geliebte verpassen oder in seine Persönlichkeit eingreifen.« Ford hatte anfangs Zweifel, ob sein gelegentlich aufblitzender Humor zur Rolle des CIA-Analytikers passen würde, doch »dann sagte ich mir, dass ich das Ganze nicht so ernst nehmen sollte«.

Zur Vorbereitung trafen sich Ford und Mace Neufeld im September mit Mitarbeitern des CIA, um sich zu informieren und die technische Unterstützung der US-Navy zu erbitten. Nach Aussagen Fords wurden ihnen »zwei sehr kurze Besuche« im CIA-Hauptquartier in Langley gestattet. »Wir sind sehr dankbar dafür, dass wir in ihr Gebäude durften und Mitarbeiter treffen konnten, aber das Ganze war nicht sehr tiefgründig. Sie waren gewillt uns zu helfen, weil sie dachten, dass wir den CIA in einem positiven Licht darstellen würden, aber sie wollten uns keine speziellen Informationen geben. Mich hat es interessiert, wie die Schreibtische der Mitarbeiter aussehen, ob die Männer während der Arbeit die Jacke ausziehen und die Ärmel hochkrempeln – Details wie diese eben.« Außerdem durften mehrere Schauspieler an einem Wochenende mit den britischen Special Air Services trainieren, einer Spezialeinheit zur Terroristenbekämpfung.

### Dreharbeiten, -orte und Budget

Gedreht wurde vom 2. November 1991 bis Ende März 1992 in London, dem Hauptquartier des CIA in Langley, in der Marineakademie von Annapolis, im Vergnügungspark Sea World nahe San Diego, einem verlassenen Flughafen-Hangar am Ende des San Fernando Valley und in den Paramount Studios in Los Angeles. Die Vernichtung der Terroristencamps in Nordafrika wurde im kalifornischen Brawley inszeniert. Für die Bootsverfolgungsjagd am Ende des Films nutzte man ein acht Millionen Liter fassendes Becken auf dem Gelände der Paramount Studios, das schon für die Teilung des Roten Meers im Klassiker *Die 10 Gebote* benutzt worden war. Allein das actionreiche Finale beanspruchte drei Wochen.

Das ursprüngliche Budget von 35 Millionen US-Dollar reichte nicht aus, am Ende kostete der Film zwischen 40 und 45 Millionen. Insgesamt wurde fünf Monate gedreht.

Im Vergleich zur Romanvorlage wurde *Die Stunde der Patrioten* gekürzt und an mehreren Punkten verändert, am auffälligsten bei dem Attentat, das auf Lord Holmes verübt wird statt auf Prinz Charles. Auch das Finale wurde umgeschrieben. Im Buch findet der Kampf zwischen Sean Miller und Ryan unter Wasser statt. »Wir mussten feststellen«, so Ford in einem Interview, »dass der Widerstand des Wassers viel von dem unmöglich machte, was wir wollten. Auch war das Wasser so dreckig, dass man unsere Augen nicht sehen und unsere Emotionen nicht spüren konnte. Also verlagerten wir das Ganze auf das Boot.« Gleich bei den Aufnahmen der ersten

Szenen kam es zu einem Unfall. Ford schlug beim Fall ins Wasser mit dem Kopf gegen etwas Hartes. »Ich war fast weggetreten und die Wunde musste genäht werden. Das ist mir noch nie passiert. Wenn man bedenkt, dass ich zuvor die Indiana-Jones-Filme gedreht habe!«

### Premiere

Anlässlich der Weltpremiere des Films am 3. Juni 1992 durfte Harrison Ford vor dem berühmten Mann's Chinese Theatre in Los Angeles seine Hand- und Fußabdrücke in Zement verewigen. Er ließ die nur Minuten dauernde Zeremonie über sich ergehen und machte wieder einmal kein Hehl daraus, dass ihm das Ganze nicht behagte: »Ehrlich gesagt mache ich das, damit sich der Film verkauft.« Von einer 25 Millionen US-Dollar teuren Werbekampagne begleitet kam der Streifen zwei Tage später in die US-Kinos.

Sowohl Regisseur Phillip Noyce als auch Ford betonten, dass der Film nichts über die Beziehung zwischen England und Irland aussage und nicht politisch sei. »Ich weiß nicht, welche Lösung es für den Konflikt gibt«, äußerte Ford, »und ich möchte keine weiteren Aussagen machen, die ich später vielleicht bereue. Hier geht es nur um Unterhaltung.« Darüber hinaus bestritt Ford eine Glorifizierung des CIA. »Der Film untersucht die Macht dieses Geheimdienstes und jeder weiß, wie mächtig er ist. Ich finde den Film nicht patriotisch. Meine Figur hat eine sehr klare Moral. Zudem bin ich damit ja nicht für alle CIA-Aktivitäten der letzten 20 Jahre verantwortlich. Wenn ich einen Polizisten aus Los Angeles spielen würde, hafte ich damit doch nicht für die Prügel an Rodney King. Ich spiele einen Typen, der eben für den CIA arbeitet, um seiner Familie zu helfen. Mich interessiert seine Mischung aus Intellekt und Action. Mich interessieren die Situationen, in die er gerät, und die Emotionen, die daraus entstehen.«

Wie nach der ersten Verfilmung äußerte sich der Romanautor auch diesmal negativ über die Umsetzung seines Buches. *Die Stunde der Patrio-*

ten spielte in den USA nur knapp 83 Millionen US-Dollar ein, was Harrison Ford zum Anlass nahm, Clancy zu kritisieren. »Ich bin in der Tat der Ansicht, dass seine Äußerungen sich negativ auf die Filme auswirken. Dazu hätte es nicht kommen müssen, denn es ist einfach unvermeidlich, dass bei der Verfilmung eines Romans Veränderungen an der Story vorgenommen werden. Von professionellen Schreibern, die auf diesem Gebiet Erfahrungen haben, wird dies auch ohne Vorbehalt akzeptiert. Wer damit nicht einverstanden ist, soll die Rechte seiner Bücher einfach nicht verkaufen.«

### Kritik

Die Mischung aus Spannung und Abenteuer und der Einsatz hochmoderner Waffen, die den Film bestimmen, führte bei deutschen Kritikern dazu, das perfekte Handwerk zu loben, die Inszenierung aber zu verurteilen. »Spannend inszeniert, aber ideologisch zappenduster«, hieß es in einer Bielefelder Zeitung und der Hannoveraner ›Schädelspalter‹ konstatierte: »Trotz Vorhersehbarkeit und strategischer Konzeption bietet der Film ausreichend Spannung und beeindruckt dank seiner formal überdurchschnittlichen Gestaltung.« Häufig wurden jedoch »reaktionäre Grundtendenzen« und die auch im Film sichtbare rechts gerichtete Sicht Clancys verurteilt. ›Skyline‹ bemängelte »ein von High-Tech-Voyeurimus geprägtes Pathos«.

Harrison Ford wurde in den meisten Rezensionen positiv erwähnt. »Immerhin gelingt es Harrison Ford, seine schon in der Indiana-Jones-Rolle zur Geltung gebrachte Ironie in kleinen Gesten einzusetzen und damit für Augenblicke ein wenig Distanz zum ›kriegerischen‹ Geschehen aufkommen zu lassen«, heißt es im ›filmdienst‹. Der ›tip‹ bilanzierte: »Fords Jack Ryan hat alle Chancen, zum James Bond der Restaurationszeit zu werden. Weder Frauenheld noch Draufgänger, weiß er sich gleichwohl entschlossen zu wehren, als sein eigenes Heim bedroht ist.«

In den USA gingen manche Kritiker mit dem Film hart ins Gericht. So attackierte die irisch-amerikanische Lobby das Werk aufs Schärfste. ›Variety‹-Rezensent Joseph McBride beschimpfte ihn sogar als »faschistisch und lärmend anti-irisch. Ein rechtsgerichteter Comicstrip der britisch-irischen Verhältnisse in der Politik«.

## The Fugitive
(Auf der Flucht) USA 1993

*Nach 120 erfolgreichen TV-Folgen jetzt 130 Kinominuten: Ford auf der Flucht*

### Inhalt

Als der angesehene Chirurg Dr. Richard Kimble (Harrison Ford) eines Abends von einer Notoperation nach Hause kommt, überrascht er den Mörder seiner Frau auf frischer Tat. Der kann jedoch entkommen. Seine Frau Helen (Sela Ward) stirbt in seinen Armen. Da man Kimbles Aussagen nicht glaubt, wird er des Mordes angeklagt und verurteilt. Auf dem Weg ins Staatsgefängnis versuchen Mitgefangene sich zu befreien. Dabei gerät der Bus vor einen fahrenden Zug. Kimble überlebt den Unfall und kann entkommen. Verfolgt von US-Marshal Sam Gerard (Tommy Lee Jones) befindet er sich fortan auf der Flucht, versucht seine Unschuld zu beweisen und den wahren Täter zu stellen.

### Hintergrund

Am 17. September 1963 strahlte der US-Fernsehsender ABC die erste Folge der Serie *The Fugitive* aus, die den deutschen Titel *Auf der Flucht* erhielt. Die von Roy Huggins konzipierte Serie wurde zu einer der erfolgreichsten der TV-Geschichte und machte ihren Hauptdarsteller David Janssen weltbekannt. Es entstanden 120 Folgen von je 45 Minuten, die letzte Folge wurde am 29. August 1967 in den USA, Kanada und Australien zeitgleich ausgestrahlt. *Auf der Flucht* war die erste Fortsetzungsserie im Fernsehen, die abgeschlossene Episoden zeigte.

Arnold Kopelson vertrat Anfang der siebziger Jahre als Anwalt den ausführenden Produzenten der TV-Serie, Martin Quinn, und war ein Fan der Serie. Als Kopelson die Kanzlei verließ, um selber Filme zu produzieren, fragte er bei Quinn nach, ob man den Stoff nicht verfilmen solle. Doch der hatte die Rechte bereits an Keith Barish von Taft/Barish Productions verkauft. Als Mitte der achtziger Jahre diese Kooperation endete, tat sich Barish mit Kopelson zusammen. Nach fünfjähriger Entwicklung war das Projekt filmreif und Kopelson bot Harrison Ford die Hauptrolle an. »Ford ist von den Schauspielern, mit denen ich zusammengearbeitet habe, derjenige, der sich am meisten in eine Filmproduktion einbringt. Seit Beginn unserer Zusammenarbeit war er an vielen kreativen Entscheidungen beteiligt. Dazu gehörte, dass Teile umgeschrieben wurden, er bei der Besetzung mitredete und sich mit Ausstattung, Studiobauten und Kostümen auseinander setzte.« Das bestätigte Regisseur Andrew Davis, der von Kopelson engagiert

wurde, nachdem Ford unterschrieben hatte: »Ford ist atemlos. Er will andauernd arbeiten.« Zusätzlich holte Kopelson Roy Huggins, der die Serie kreiert hatte, als ausführenden Produzenten und Berater ins Boot.

Ford, der später gestand die TV-Serie »nie bewusst gesehen« zu haben, setzte sich vor Beginn der Dreharbeiten mit Ärzten und Physikern in Verbindung. »Ich wollte so viele Elemente zusammentragen, dass ich aus ihnen eine glaubwürdige Figur entwickeln konnte, bis hin zu Kimbles Entdeckung der Wahrheit. Ich habe deshalb bei zwei viereinhalbstündigen Operationen hospitiert. Diese Art der Vorbereitung ist für mich selbstverständlich.«

### Dreharbeiten, -orte und Budget

Mit einem Budget von 40 Millionen US-Dollar wurde der Film in 15 Wochen zwischen Januar und April 1993 überwiegend in Chicago und North Carolina gedreht. »Ursprünglich hatte ich gar nicht vor nach Chicago zu kommen und die Stadt als Drehort in Erwägung zu ziehen«, sagte Andrew Davis. »Ich dachte mir, das Wetter wäre zu kalt und es wäre daher zu schwierig, dort zu drehen. Aber Harrison, der wusste, dass ich einige meiner früheren Filme dort inszeniert hatte, schlug vor Chicago zu nehmen.« Ford: »Es ist schön, zurückzukommen. Ich wuchs hier auf, ging zum College in Wisconsin und kam wieder zurück, um Sommerjobs zu übernehmen. Ich dachte mir, dies ist der beste Drehort für den Film. Es ist eine Stadt der Nachbarschaften. Hier konnten wir einfangen, wie es zwischen den Leuten knirscht, konnten die Architektur und den Charme des Sees einbinden.« In der Stadt wurde unter anderem im Krankenhaus der Universität von Chicago gedreht, an der Harrison Ford vor Drehbeginn einige Tage verbracht hatte, um sich bei den Ärzten zu informieren und chirurgische Fachkenntnisse anzueignen.

Einige der Actionaufnahmen wurden am Cheoh-Damm an der Grenze zu Tennessee gedreht, von dessen Staumauer sich Kimble in die eiskalten Fluten stürzt. Dafür baute man Teile eines Tunnels nach. Ein Stuntman stürzte sich dann vom Lake-Michigan-Staudamm über 100 Meter in die Tiefe. Um sich vor Erfrierungen zu schützen, nahm Harrison Ford vor und nach den Aufnahmen immer wieder heiße Bäder. »Ich weiß, dass Stunts ein wichtiger Teil meiner Rolle sind, und ich möchte nicht mechanisch wirken«, sagte er dazu. »Ich möchte, dass alles real aussieht und der Figur, die ich spiele, angemessen ist.« Stunt-Koordinator Terry Leonard, der schon mit Ford bei *Jäger des verlorenen Schatzes* zusammengearbeitet hatte, meinte: »Ford ist ein wirklich guter Athlet, aber er ist auch sensibel und weiß, wo seine Grenzen sind. Er weiß, was er kann und wie er dazu beitragen kann, dass etwas gut aussieht. Und doch verliert er dabei nie die Verantwortung für den Film aus den Augen.«

Ford verletzte sich in der dritten Woche der Dreharbeiten am rechten Knie und zog sich eine Bänderzerrung zu, bestand aber darauf, weiterzumachen. Als er später die Treppe des Rathauses in Chicago hinunterstürmte und stürzte, verdrehte er sich das Knie so, dass er im Krankenhaus operiert werden musste. Nach Abschluss der Dreharbeiten fand Regisseur Davis nur lobende Worte für ihn: »Er ist wahrscheinlich einer der klassischsten Darsteller der Welt. Sein Talent wurde bisher gar nicht richtig erkannt – und er entwickelt sich immer noch weiter. Er ist ein Schauspieler voller Power, der aber auch berühren kann.«

Ein Fehler soll nicht unerwähnt bleiben: Ford sitzt angekettet im Zug. Als der verunglückt und Ford durch die Luft geschleudert wird, streckt er kurz beide Arme weit zur Seite, bevor die Handschellen ihn wieder in seiner Bewegungsfreiheit behindern.

## Premiere

Der Film, der am 6. August 1993 in die US-Kinos kam, wurde sofort ein sensationeller Erfolg und spielte allein in den USA 184 Millionen US-Dollar ein. Ford reiste nach Europa, besuchte gemeinsam mit dem Regisseur die Filmfestspiele in Venedig und kam auch zu einem kurzen Besuch nach Hamburg. Der Film wurde für sieben Oscars nominiert, konnte sich aber neben dem großen Gewinner des Jahres, *Schindlers Liste*, nicht behaupten. Nur Tommy Lee Jones gewann einen Oscar als bester Nebendarsteller.

## Kritik

Gleich nach dem Start überschlugen sich die Kritiker in den USA vor Begeisterung über die 130 Minuten lange Wiederbelebung des TV-Klassikers, bescheinigten ihm Spannung, Tempo, Atmosphäre und Kontinuität der Figuren. Fords Leistung und die von Tommy Lee Jones wurden immer wieder hervorgehoben. »Trauer, Gewalttätigkeit, Unbegreiflichkeit und Terror – Ford zeigt in ein paar Sekunden eine reichhaltige Mischung von Gefühlen«, schrieb ›Time‹. »Wozu 13 Jahre Fernsehen, wenn 130 Minuten auf der Leinwand viel aufregender sind?«, hieß es im ›tip‹. »Im Mittelpunkt steht natürlich Harrison Ford als unschuldig des Mordes verdächtiger Dr. Richard Kimble«, schrieb ›Blickpunkt Film‹. »Einen Besseren kann man sich für die Rolle nicht vorstellen: Immer wieder findet Ford in kurzen Atempausen Zeit, Kimble neue menschliche Facetten zu verleihen und einen Charakter zu zeichnen, der nicht nur von der Polizei, sondern auch von der Erinnerung an den schrecklichen Abend verfolgt wird, an dem er die Leiche seiner Frau finden musste. Der Film hat eine Nonchalance, ein Augenzwinkern, das diesen Klasse-Film nie seine Menschlichkeit vergessen lässt.« Der ›filmdienst‹ bezeichnete Ford als »ideal« und auch ›Der Spiegel‹ lobte ihn: »Er bringt eine Ausstrahlung in seine Rolle ein, auf die er sich schon in einer Reihe von Thrillern, etwa *Frantic* (1988) und zuletzt *Patriot Games* (1992), verlassen hat. Er verkörpert gern den Normalo, der in der Stunde der Not über sich hinauswächst – und dann durch Schweiß und Stress sein Handeln rechtfertigt. Ford ist ein Held der Arbeit. Solche Bodenständigkeit bringt ihn allerdings um jene Nonchalance des ganz großen Frauenhelden, die etwa Cary Grant ausstrahlte, als dieser 1958 in *North by Northwest* [*Der unsichtbare Dritte*] quer durchs Land gejagt wurde.«

## Jimmy Hollywood
(Jimmy Hollywood) USA 1994

### Inhalt

Der überdrehte und unverbesserliche Lebenskünstler Jimmy Alto (Joe Pesci) lebt ein wenig an der Realität vorbei, er möchte Erfolg haben und in Hollywood Karriere als Schauspieler machen. Seine Freunde nennen ihn deshalb ›Jimmy Hollywood‹. Er spricht bei Billigproduktionen vor, wird aber ständig abgelehnt. Als die Kriminalität in seiner Nachbarschaft ansteigt, kommt er auf die Idee, mit seinem Freund, dem Tagträumer William (Christian Slater), Videos von den Verbrechern zu drehen, die Bänder der Polizei zu übergeben und so eine Art Bürgerwehr namens ›Save Our Streets‹ aufzubauen. Er geht völlig darin auf, bis er zwischen die Fronten von Kriminellen und Polizisten gerät. Ruhm erlangt Jimmy schließlich, als ein Film über sein Leben gedreht wird. Harrison Ford hatte nur einen Kurzauftritt im Abspann.

### Hintergrund

Produzent Mark Johnson kam mit Regisseur Barry Levinson auf die Idee, eine Hommage an die vielen Unbekannten zu drehen, die vom großen Ruhm träumen. Levinson war durch Welterfolge wie *Rain Man, Good Morning Vietnam* oder *Bugsy* bekannt geworden.

Im Abspann ist zu sehen, wie ein Film über das fiktive Leben von Jimmy Hollywood gedreht wird und Ford diese Figur spielt. Als Jimmy Hollywood dessen Spiel sieht, unterbricht er die Aufnahme, geht zu ihm, legt ihm die Hand auf die Schulter und sagt: »Das ist nicht das, was passiert ist. Muss ich das mögen?«

### Dreharbeiten, -orte und Budget

Gedreht wurde im August und September 1993 in Hollywood und Los Angeles. Die vielen bekannten Gebäude der Kinoindustrie, die berühmten Kinos und die Hollywood Bowl bildeten die Kulissen. Das Ganze kostete 20 Millionen US-Dollar. Ford hatte nur einen oder zwei Drehtage während der Aufnahmen von *Das Kartell*, die im Dezember 1993 in Los Angeles abgeschlossen wurden.

### Premiere

In den USA wurde der Film von den Kritikern verrissen und vom Publikum so gut wie übergangen, so dass er nur knapp drei Millionen US-Dollar einspielte. In Deutschland wurde er im Rahmen des Filmfestes in München gezeigt, am 25. Juni 1995 uraufgeführt und erschien, da sich kein Verleih fand, knapp drei Wochen später auf Video.

### Kritik

»Kein großer Knüller, aber liebenswerte Unterhaltung«, urteilte Lothar Just in seinem ›Filmjahrbuch 1996‹. Der ›Fischer Film Almanach‹ attestierte Regisseur Levinson »eine schwache Drehbuch- und Regiearbeit. Joe Pesci spielt allerdings gekonnt die Rolle des leicht überdrehten Jimmy Hollywood«.

## Clear and Present Danger
(Das Kartell) USA 1994

### Inhalt

Als ein amerikanischer Geschäftsmann und Freund des US-Präsidenten von der kolumbianischen Drogenmafia ermordet wird, ordnet der an, in einer geheimen Operation das Drogenkartell zu zerschlagen. CIA-Analytiker Dr. Jack Ryan (Harrison Ford), der inzwischen zum stellvertretenden Direktor aufgestiegen ist, tut sich mit dem Leiter der Operation, Clark (Willem Datoe), zusammen, muss erleben, wie eine US-Delegation in Bogotá in einen Hinterhalt gerät und Clarks Männer von den eigenen Truppen hintergangen und im Dschungel allein gelassen werden. Er stellt fest, dass die Drogenmafia Verbindungen bis in höchste politische Kreise hat, aber schließlich gelingt es ihm, einige unterirdische Lager zu zerstören, den Drahtzieher Cortez (Joaquim de Almeida) auszuschalten und mit Hilfe von Clark einen Teil der Männer aus Kolumbien wieder herauszuholen.

*Ryan und seine Getreuen im Drogensumpf: Raymond Cruz, Ford und Willem Dafoe*

## Hintergrund

Das neue Kinoabenteuer Jack Ryans basiert auf dem 1989 erschienenen Bestseller ›Clear and Present Danger‹ (›Der Schattenkrieg‹), der sich sechs Millionen Mal verkauft hatte. Ford: »Im Buch taucht Ryan erst auf Seite 300 auf, also mussten wir Dinge erfinden. Wir schrieben ihm fehlendes politisches Taktgefühl zu und brachten ihn in eine Situation, in der er und sein Ego vom Präsidenten verführt werden. Wir gingen sogar so weit, ihn das sehen und dann feststellen zu lassen, dass er dem nicht widerstehen könne. Wenn er vor das Senatskomitee tritt und persönlich versichert, dass keine Truppen im Einsatz sind, dann fügt das der Geschichte wichtige Details hinzu und brachte uns die Idee näher, mit der wir uns auseinander setzen wollten.«

Nach erneuter öffentlicher Kritik des Autors an Ford, der ihm vor allem zu alt für die Rolle erschien, stand es mit der Beziehung zwischen beiden nicht zum Besten. Ford räumte zwar ein, dass er Clancy privat in dessen Haus in Maryland und bei einem wissenschaftlichen Meeting in Las Vegas begegnet wäre und beide Streithähne »eine Weile geplaudert« hätten, aber die Äußerungen des Autors setzten ihm offensichtlich schwer zu. Dennoch akzeptierte Ford erneut die Rolle des Jack Ryan, da sich für ihn »ein reizvoller Ansatz« bot. »Zum ersten Mal droht er der Verführbarkeit der Macht zu erliegen. Ausgerechnet dieser grundehrliche, untadelige Idealist gerät in einen moralischen Zwiespalt, aus dem es nur einen Ausweg gibt, der allerdings einen hohen Preis kostet. Wie wird er reagieren? Lässt er sich auch korrumpieren oder geht er den Weg des größten Widerstands? Der schmale Grat, auf dem Jack Ryan wandert, bot auf emotionaler Ebene sehr spannende Ansätze, mit denen sich seine Rolle vertiefen und neu erfahren lässt.« Um dies glaubwürdig zu machen, traf sich Ford vor Drehbeginn mit Mitgliedern des FBI, der Drogenpolizei DEA und Mitarbeitern des Außenministeriums.

## Dreharbeiten, -orte und Budget

Gedreht wurde von Oktober bis Dezember 1993 in Los Angeles und Mexiko, wo die in Kolumbien spielenden Szenen entstanden. In Mexiko-Stadt wurde die so genannte Kill-Zone-Dekoration errichtet, die einen Straßenzug in Bogotá nachbildete und die Ausmaße zweier Fußballfelder hatte. Dort findet der Angriff der Attentäter auf die Kolonne von Jack Ryan statt. Aufgrund des Aufwandes und der Komplexität der Sequenz ließ Regisseur Noyce ein computeranimiertes Storyboard erstellen, um exakt planen zu können und seinen Star keiner Gefahr auszusetzen. »Bevor es losging, hatten Harrison und ich eine kleine Unterredung, und danach durfte sein Double in Aktion treten. Dessen Ähnlichkeit mit unserem Star ist verblüffend. Wann immer wir nach Drehschluss in Mexiko eine Bar ansteuerten, winkte Harrisons Double die Mädels zu sich und schrieb fleißig Autogramme. Derweil konnte der echte Star inkognito bleiben, was ihm bestens gefiel.« Später verneinte Ford die Frage, ob *Das Kartell* körperlich besonders anstrengend gewesen sei: »Auch wenn es nach einer Menge Action aussieht, war es doch nicht sehr schwierig für mich. Ich fahre Auto und Dinge fliegen in die Luft, aber ich habe keine Schlägereien zu überstehen oder muss an der Seite eines Panzers hängen wie bei *Indiana Jones*. Hier gab es nur wenige Actionszenen, die ich nicht ungefährdet selbst hätte übernehmen können. Einmal hing ich zwar an einem Helikopter, aber nur sieben Meter über der Erde. Ich hätte mir dabei höchstens beide Beine brechen können, war aber nicht in Lebensgefahr.«

Für diesen Film durfte man übrigens nicht im Hauptquartier des CIA drehen. Regisseur Noyce: »Mein neuer Film zeigt, dass diese Organisation ihre Schwächen hat. Das Militär hat uns jedoch mit Hubschraubern und Flugzeugen unterstützt, obwohl wir amerikanische Soldaten zeigen, die Zivilisten töten. Aber das Pentagon mochte die Geschichte, weil sie ausdrückt, dass die Mächtigen in Washington Soldaten oft nur als Kanonenfutter missbrauchen.« Das Budget betrug zwischen 50 und 60 Millionen US-Dollar.

Das Flugzeug, mit dem die US-Abordnung des CIA fliegt, ist Harrison Fords Privateigentum. Für die Aufnahmen wurde lediglich die Tür neu lackiert, um das CIA-Emblem anzubringen, und man sagte ihm zu, die Tür wieder in ihren Originalzustand zu versetzen. Als Ford fragte, ob man nicht das ganze Flugzeug neu lackieren könne, lehnte Produzent Mace Neufeld ab. Sein Partner Joaquim de Almeida berichtete: »Ford hat gefürchtet, dass das Emblem nicht mehr runtergeht, und wir haben ihn gehänselt und gesagt, dass er eben die ganze Tür auswechseln muss, was ja bei seiner Gage kein großes Problem sein dürfte.«

Erneut griff Autor Clancy den Film an und schimpfte auch auf Phillip Noyce. Der reagierte gelassen: »Er sagt über mich, ich sei nicht besser als ein B-Film-Regisseur. Aber als Autor scheint er sich die falschen Filme anzusehen, weil er nicht weiß, wie viele gute Regisseure B-Filme machen. Komischerweise wollte niemand der A-Kategorie seine Bücher verfilmen.« Zu Diskussionen darüber, ob der Film den US-Präsidenten angreife, meinte Ford: »Wir attackieren im Film nicht namentlich einen Präsidenten unserer Geschichte, sondern einen fiktiven despotischen Staatschef. Natürlich werden manche Zuschauer Parallelen zu Reagan und Bush ziehen.«

Regisseur Noyce prüfte persönlich die deutsche Sprachfassung: »Die deutsche Version ist okay. Ich wollte nur sicherstellen, dass das Publikum eine Synchronisation in guter Qualität bekommt. Aber ich mag Harrison Fords deutsche Stimme nicht. Sein Synchronsprecher spricht zu hoch. Er braucht mehr Bässe, um wie Harrison zu klingen.«

### Premiere

In den USA lief der Film am 3. August 1994 an. Ford reiste im September 1994 zu den Filmfestspielen in Venedig, zur Europapremiere des Films, und gab an zwei Tagen Interviews.

### Kritik

Anders als beim Vorgänger *Die Stunde der Patrioten* kam *Das Kartell* bei der Kritik gut an. Man störte sich weder am Patriotismus noch an der ideologischen Färbung. So schrieb die ›Süddeutsche Zeitung‹ unter der Überschrift »Der Kalte Krieg mit anderen Mitteln«: »Noyce bewältigt die vielschichtige Konstruktion der Romanvorlage handwerklich brillant und liefert neben perfekt choreografierten Actionsequenzen jene kleinen Bosheiten gegen das System, die die genormte Fließbandware auch für Nichtamerikaner zu leicht konsumierbarer Unterhaltung machen.«

Harrison Ford wurde fast durchgängig gelobt. Für den Berliner ›tip‹ ist der Part für Ford »eine Paraderolle: schusseliger Ehemann und Familienvater, scharfsinniger Analytiker und entschlossener Kämpfer zugleich. Sein Jack Ryan ist der Anstand in Person, ein Traum von einem

Amerikaner«. Lediglich der ›Stern‹ konnte der Mimik des Mannes – und einem Gespräch mit ihm wohl auch – nichts abgewinnen und polemisierte: »Wer mal das Vergnügen hat, mit Harrison Ford zu sprechen, sollte sich was zu lesen mitnehmen. Über den Mann zu sagen, er wäre langweilig, ist, als sagt man dasselbe von einem Stuhl.« Das größte Lob kam nicht von einem Kritiker, sondern einem Kollegen. Noch während der Dreharbeiten bescheinigte ihm Anthony Hopkins in einem Interview der ›Today Show‹, »der beste Filmschauspieler Amerikas« zu sein.

# Sabrina
(Sabrina) USA 1996

*David und Linus buhlen um Sabrina: Greg Kinnear, Julia Ormond und Ford*

## Inhalt

Linus (Harrison Ford) und David (Greg Kinnear), die beiden reichen Söhne der Familie Larrabee, leben ein unbeschwertes Leben. Linus kümmert sich um die Geschäfte und David betätigt sich vor allem als Verführer. Dass Sabrina (Julia Ormond), die Tochter ihres Chauffeurs, seit Jahren unsterblich in David verliebt ist, hat der noch nicht bemerkt. Sie wird nach Paris geschickt, um beim französischen Magazin ›Vogue‹ zu lernen, verliebt sich in einen Fotografen, kann David aber nicht vergessen. Nach ihrer Rückkehr versucht David Sabrina zu verführen.

Linus macht ihm jedoch einen Strich durch die Rechnung, da David bereits einer schönen Ärztin die Ehe versprochen hat und die geschäftliche Fusion mit dem Unternehmen ihres Vaters der Larrabee Communications viel Geld einbringen würde. Doch auch Linus ist von Sabrina fasziniert, schiebt sie aber nach Paris ab und reist ihr schließlich nach.

## Hintergrund

1954 drehte Billy Wilder die Komödie *Sabrina* mit Audrey Hepburn in der Hauptrolle, William Holden als David Larrabee und Humphrey Bogart als dessen Bruder Linus. Der Film basierte auf dem Theaterstück ›Sabrina Fair‹, das allerdings erst nach dem Filmstart uraufgeführt wurde.

In den neunziger Jahren wurde Produzent Scott Rudin auf den alten Paramount-Film aufmerksam und bot Harrison Ford an bei einer Neufassung mitzuwirken. Der musste zugeben das Original nicht zu kennen: »Irgendwie war ich deswegen bei den ersten Besprechungen mit Produzent und Regisseur im Nachteil – deshalb habe ich mir *Sabrina* dann doch angesehen. Ich fand, dass Audrey Hepburn in diesem Film eine große Ausstrahlung besitzt. Was Humphrey Bogart angeht, war es für mich unangenehm, ihm zuzusehen, weil alles eher altmodisch und überholt wirkte.« Nach seinen Beweggründen für die Annahme der Rolle befragt äußerte Ford: »Nach all den Actionfilmen und ernsten Stoffen hatte ich einfach Lust, mich wieder einem leichten, nur unterhaltsamen Sujet zu widmen. Ich suchte schon seit längerer Zeit nach einer Komödie und einem Stoff, bei dem ich niemanden schlagen musste. Ich wollte auch etwas andere Musik hören. Als ich das Angebot bekam, las ich ein geistreiches und intelligentes Drehbuch.« Zu diesem Zeitpunkt war Julia Ormond noch nicht besetzt. Man sprach mit Julia Roberts, Juliette Binoche, der Engländerin Darcy Bussell und Winona Ryder über die Rolle. Als Regisseur konnte schließlich Sydney Pollack gewonnen werden.

»Ich fragte mich, ob man die wirtschaftliche Einstellung der Neunziger mit einem romantischen Märchen der Fünfziger unter einen Hut bringen kann. Ich hatte das große Glück, mit Billy Wilder über Möglichkeiten der Modernisierung des Drehbuchs sprechen zu können. Ich habe so viele Glanzlichter der Originalversion geklaut, wie ich konnte. Aber mein Eindruck war, dass diese Version vielmehr eine Charakterstudie von Linus sein könnte.« Und diesen Linus wollte Harrison Ford übernehmen.

Im Herbst 1994 wurde die weitere Besetzung vorgenommen. Pollack entschied sich nach »Hunderten von Testaufnahmen« für Greg Kinnear als David Larrabee, dem damit der Sprung auf die große Leinwand gelang. Auch Tom Cruise hatte Interesse gezeigt. Obwohl Kinnear bereits im August vorgesprochen hatte, erhielt er erst am 21. Dezember 1994, fünf Wochen vor Drehbeginn, die Zusage von Pollack. Statt Julia Roberts engagierte man, nach einer Probe in London, die Engländerin Julia Ormond, die gerade in Wales den Film *Der 1. Ritter* drehte und dank *Legenden der Leidenschaft* in aller Munde war. Die Rolle des Geschäftsmanns Linus sah Ford so: »Er leitet die Larrabee Communications, die Satelliten am Himmel, Fiberglas in der Erde und so gut wie alles dazwischen besitzen. Als Sabrina kommt und alles durcheinander bringt, ist das eine Katastrophe. In seinem Leben ist kein Platz für persönliche Gefühle, die womöglich seinen Manipulationen anderer Personen im Wege stehen.«

### Dreharbeiten, -orte und Budget

Die Arbeiten begannen am 30. Januar 1995 und dauerten bis Ende April. Bereits im Sommer 1994 hatten die Produktionsdesigner nach geeigneten Drehorten Ausschau gehalten. Wichtig war vor allem das Herrenhaus, in dem ein großer Teil des Films spielt. In der ersten Fassung hatte man im Privathaus des damaligen Paramount-Chefs Barney Balaban auf Long Island gedreht. Auch dieses Mal drehte man auf Long Island, da

man ein Anwesen fand, das gerade verkauft worden war und vor dem Einzug des neuen Eigentümers zur Verfügung stand. Weitere Aufnahmen entstanden in Martha's Vineyard, Chilmark, Vineyard Heaven und in den Kaufman Astoria Studios in Queens, New York. Das Strandhaus von Billy Joel wurde zum Ferienhaus der Familie Larrabee. Weiterhin wurde im Februar in Paris gedreht.

Sydney Pollacks Bruder Bernie kümmerte sich um die Garderobe von Ford. Nach Presseinformationen gab er Linus ein »Image von Weichheit und Eleganz, das Sabrina ansprechen« sollte. Er und Ford verbrachten Wochen damit, über Linus' Figur nachzudenken, und kamen zu dem Schluss, dass Linus einen Schneider haben sollte, der ihm einmal pro Jahr ein Dutzend Anzüge im klassischen Stil anfertigt. Dafür engagierte man den Modemacher Cerrutti. Nicht zuletzt deshalb betrug das Budget am Ende stolze 50 Millionen US-Dollar.

Harrison Ford erhielt für seine Rolle eine Nominierung für den Golden Globe als bester Schauspieler im Bereich Komödie, verlor aber gegen John Travolta, der für seine Leistung in *Get Shorty* ausgezeichnet wurde.

### Kritik

»Ford, dessen Haar so leblos ist wie seine Darstellung, scheint seine Rolle aus dem Film *In Sachen Henry* zu wiederholen – nachdem Henry in den Kopf geschossen wurde. Sicher, sein Charakter soll ein bisschen steif sein, aber zumindest Reflexe haben. Humphrey Bogart, der Linus in Wilders *Sabrina* spielte, sah das Ganze nicht als Komödie an, eine Taktik, die Ford und die Autoren ab der Mitte des Films fälschlicherweise aufgeben«, schrieb Rita Kempley in der ›Washington Post‹. Es war nicht die einzige harsche Kritik, der sich Akteure und Regie ausgesetzt sahen. Die Autoren des ›Filmecho‹ waren sich allerdings uneinig. Während Andreas Fuchs notierte, Ford sei eine »deutlich bessere Wahl als Humphrey Bogart im Original, doch heldenhaft ist er des-

Bei der Wiederaufführung von *Krieg der Sterne* 1997 wurde
Ford auch in der Werbung deutlicher hervorgehoben als bei
der ersten Fassung.

COLUMBIA FILM ZEIGT

**DER WILDE HAUFEN VON NAVARONE**

Indy mal ohne Peitsche. Mit der Figur des Indiana Jones machte Regisseur Steven Spielberg James Bond Konkurrenz.

Warten, warten, warten … Die aufwändige Nachbearbeitung und das Einbauen der Effekte sorgten dafür, dass die Akteure von *Krieg der Sterne* sich lange Zeit nicht vorstellen konnten, wie der fertige Film aussehen würde.

Vorherige Doppelseite:

Der Versuch, an den Erfolg von *Die Kanonen von Navarone* anzuknüpfen, misslang trotz großer Besetzung. Von links nach rechts: Franco Nero, Ford, Robert Shaw, Edward Fox, Carl Weathers.

Kriegsfilme brachten Ford kein Glück: Mit Leslie Anne Down in *Das tödliche Dreieck*.

Wo ist der Regisseur? Ridley Scott und Ford verstanden sich nicht besonders, aber der Film wurde Kult: *Blade Runner*.

Zusammenarbeit mit Regisseur Peter Weir: *Der einzige Zeuge* (oben) brachte Ford die bisher einzige Oscar-Nominierung ein. *Mosquito Coast* (unten) verstörte die Fans.

Der fürsorgliche Ehemann allein in Paris: in *Frantic*.

Ein erfolgreiches Trio: *Die Waffen der Frauen* wurde für sechs Oscars nominiert und zeigte einmal mehr Fords komische Seite.

*Aus Mangel an Beweisen:* 1990 diskutierten viele über Fords Darstellung eines Anwalts, mehr noch aber über seine Frisur.

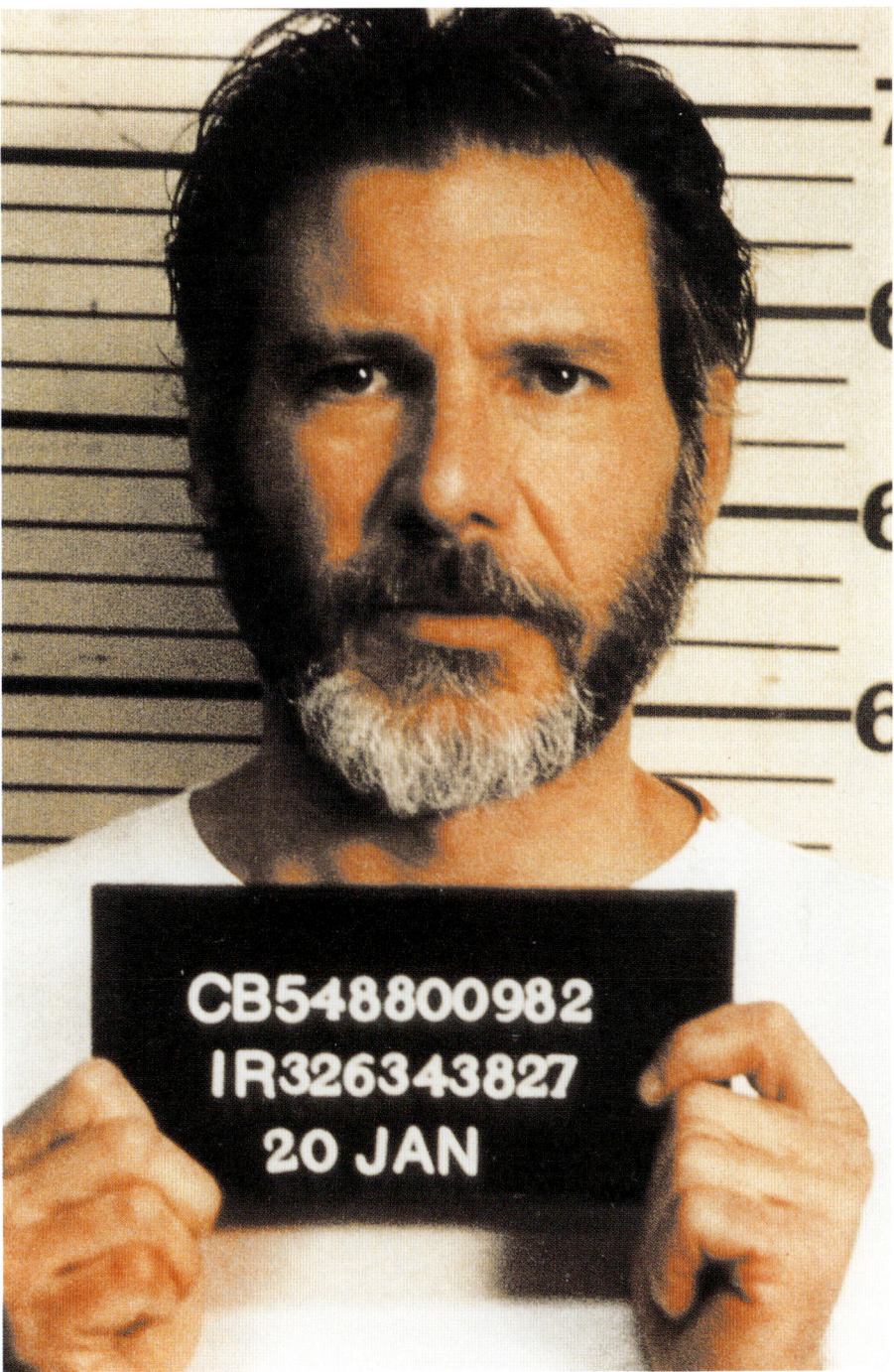

*Auf der Flucht* war 1993 ein so erfolgreiches Remake der TV-Serie, dass bald eine Fortsetzung entstand, die Ford aber ablehnte.

Neben Han Solo und Indiana Jones die dritte erfolgreiche Figur: Als Jack Ryan zog Ford alle Register seines Könnens und überzeugte nur Autor Tom Clancy nicht.

Ford und Brad Pitt (linke Seite oben) verstanden sich prächtig, als sie *Vertrauter Feind* drehten, aber Pitts Lieblingsprojekt wurde für diesen zum Alptraum. Auch ein Nachdreh bewahrte den Film nicht vor einem Desaster.

Der Star, der keiner seiner will, und seine Fans, die er als »Kunden« bezeichnet.

Mit Regisseur Wolfgang Petersen in Venedig.

Kritiker bescheinigten Ford, er könnte tatsächlich einen guten Präsidenten abgeben:
1997 in *Air Force One*.

Mit Michelle Pfeiffer in *Schatten der Wahrheit*
und beim Festival in Venedig.

Rechte Seite: Alterndes Raubein und junge
Schönheit: Die Kombination war schon in
*African Queen*, *Ein Fressen für die Geier* oder
*Medicine Man* erfolgreich. Mit Anne Heche in
*Sechs Tage, sieben Nächte*.

Endlich ein Russe! Nachdem es ihm verwehrt war, Ramius in *Jagd auf Roter Oktober* zu spielen, kommandiert Ford nun in *K-19: The Widowmaker* ein U-Boot.

Die Titel »Sexiest Man Alive« und »Star of the Century« hat er schon, aber noch keinen Oscar. Doch Ford schätzt Preise ohnehin nicht besonders.

*Vertrauter und Freund drehen › Vertrauter Feind‹: Mit Alan Pakula in New York*

halb noch lange nicht«, schrieb Thilo Wydra drei Ausgaben später: »Vor allem Indiana Jones Harrison Ford überrascht mit seiner sehr feinfühligen und differenzierten Darstellung des emotional als auch rational schwankenden Linus Larrabee.« Und ›epd-Film‹ wertete: »Einzig Harrison Ford bringt Bewegung in die Sache. Er *ist* ein harter Brocken. Für Augenblicke zeigt er uns die Figur des Linus wirklich als gefühlloses Monster, als eine Art Blade-Runner-Replikant, der plötzlich von ganz eigenartigen, fremden Regungen durchpulst wird. Das ist vor allem in den Großaufnahmen spannend zu verfolgen und gibt einem – zumindest fünfzehn Minuten lang – das Gefühl, in einem Film zu sitzen, nicht nur im Werbeblock.« Ford selbst akzeptierte die Kritik am Film und an seiner Person. »Die alte Weisheit, dass Sterben leicht ist und Komödien schwer sind, hat sich wohl bewahrheitet.«

# The Devil's Own
(Vertrauter Feind) USA 1997

### Inhalt
Im Nordirland des Jahres 1972 muss der kleine Junge Frankie miterleben, wie sein Vater vor seinen Augen erschossen wird. 20 Jahre später gerät Frankie McGuire (Brad Pitt), der inzwischen in Diensten der IRA agiert, in eine Schießerei mit der britischen Polizei. Er kann untertauchen und unter dem Namen Rory Devaney in die USA einreisen. Dort soll er Stinger-Raketen besorgen. Mit Hilfe von Sympathisanten wird er bei der Familie des gebürtigen Iren Tom O'Meara (Harrison Ford) untergebracht, der bei der New Yorker Polizei arbeitet. Die beiden verstehen sich gut, Rory gehört bald zur Familie und freundet sich mit Tom an. Als er bei Billy Burke (Treat Williams) die Raketen kaufen will, kommt es zu Auseinandersetzungen, in die auch O'Mearas Familie hineingezogen wird. Als Tom erfährt, was Frankie vorhat, bekommt er Angst um die Sicherheit seiner Familie und versucht ihn zu ver-

haften. Doch Frankie flüchtet und gelangt nach einer Schießerei mit Burke in den Besitz der Raketen. Auf einem Boot im New Yorker Hafen kommt es zum Showdown.

### Hintergrund

Bereits im Jahr 1986 beschäftigte sich Produzent Lawrence Gordon *(Driver, Nur 48 Stunden)* mit dem Nordirland-Konflikt und beauftragte den Autor Kevin Jarre ein Drehbuch zu schreiben. Als der etwa 1991 seine Arbeit ablieferte, sagte Brad Pitt umgehend zu – zu einer Zeit, als er noch nicht durch Filme wie *Legenden der Leidenschaft, Sieben* oder *12 Monkeys* ins Licht der Öffentlichkeit gerückt war. Nach Recherchen von Garry Jenkins wollte Pitt versuchen Bryan Singer für die Regie zu begeistern, der gerade durch *Die üblichen Verdächtigen* in aller Munde war, und hoffte auf Gene Hackman oder Sean Connery für die Rolle des Widersachers. Nach Aussagen des Produzenten war Ford »stets einer von Brad Pitts Lieblingsschauspielern gewesen und der schlug vor, Ford das Script zu schicken. Ich habe Harrison 20 Jahre lang jedes Drehbuch geschickt, das ich unter Option hatte, und es war eine große Überraschung, als er zu diesem plötzlich Ja sagte. Daraufhin sahen wir uns nach einem geeigneten Regisseur um. Bei Alan J. Pakula waren sich alle einig, dass er der Richtige sei«.

Ford mochte seinen Part, weil O'Meara ein »Held der Arbeiterklasse« ist und »ganz anders als die Rollen, die ich in letzter Zeit gespielt habe. Er ist ein aufrechter Mann der arbeitenden Bürgerschicht, ein verantwortungsbewusster Familienvater, dessen Welt völlig auf den Kopf gestellt wird, als er den Jungen in seinem Haus aufnimmt. Der sicherste Ort in der Stadt ist der Keller eines Polizisten. O'Mearas Schicksal ist es, im Leben dieses jungen Mannes eine Schlüsselrolle zu spielen. Ohne Rory wäre sein Leben vermutlich ohne großes Drama verlaufen, doch nun findet er sich in einem moralischen Konflikt wieder, wie er ihn nie zuvor erlebt hat«.

Doch es blieb nicht bei dem Drehbuch von Kevin Jarre. »Vieles gefiel mir nicht«, sagte Pakula später, »aber ich mochte das Thema und die Figuren. Es war nicht die übliche Good-Guy/Bad-Guy-Story.« Also engagierte man drei weitere Autoren, die das Script überarbeiteten: David Aaron Cohen, Vincent Patrick und Robert Mark Kamen. »Ich habe nicht das Konzept der Story verändert, aber viele Szenen«, erklärte Pakula weiter. »Brad Pitt hat die erste Version besser gefallen. Aber mir war es beispielsweise wichtig, dass die Begegnung und die allmählich wachsende Beziehung des IRA-Mannes und des irisch-amerikanischen Cops gezeigt werden.«

### Dreharbeiten, -orte und Budget

Vor Beginn der Aufnahmen fuhr Ford »etliche Nächte mit verschiedenen New Yorker Cops Streife, um ein Gefühl dafür zu bekommen, was ein Patrol Sergeant eigentlich tut. Dabei habe ich auch ein ziemlich gutes Gefühl für die unterschiedlichen Stadtviertel bekommen. Das hat mir sehr geholfen«.

Die Dreharbeiten begannen am 5. Februar 1996 und dauerten bis Mitte Juli. Man arbeitete in New York, in Montelair (New Jersey), Irvington, den Kaufman Astoria Studios im New Yorker Stadtteil Queens und in und um Dublin. Für Fords Arbeitsplatz, das Polizeirevier, nutzte man das Hunter- und das Baruch-College. Das Haus der Familie O'Meara fand man in Montelair und Fords Verfolgungsjagd durch die Straßen New Yorks wurde in Williamsburg im Stadtteil Brooklyn aufgenommen.

Rückblickend sah Harrison Ford durchaus Parallelen mit der Rolle von US-Präsident Marshall, den er später im Thriller *Air Force One* spielte: »Mich als uniformierten Polizisten konnte ich mir leicht vorstellen, als Präsidenten war das weniger einfach, denn ich hatte nie irgendwelche Ambitionen, Präsident zu werden. Aber der Job ist immer der gleiche. Polizist und Präsident entstammen dem gleichen Kopf – und das ist meiner.«

Das Budget betrug zwischen 90 und 100 Millionen US-Dollar. Vor allem die immensen Gagen der Stars – Ford bekam 20, Pitt neun, Pakula fünf und Gordon 1,5 Millionen US-Dollar –, die Verzögerungen bei den Aufnahmen durch mehrfache Drehbuchänderungen und der erforderliche Nachdreh verschlangen enorme Summen. Kalkuliert hatte man anfangs mit 30 Millionen Dollar.

Angeblich kam es während der Dreharbeiten zwischen Ford und Pitt zu Spannungen, weil Pitt sich beklagte, sein älterer Kollege beanspruche mehr Szenen für sich. Ford hat dies in Interviews verneint und immer betont, dass die Zusammenarbeit mit Pitt sehr gut gewesen sei. Dennoch wollte Pitt an einem Punkt sogar aus dem Film aussteigen, wurde aber von der Produktionsfirma Columbia TriStar unter Druck gesetzt. Man drohte ihm mit einer Konventionalstrafe von 63 Millionen US-Dollar. Pitt blieb, wenn auch zähneknirschend.

Als man nach Testvorführungen vor allem das Ende kritisierte, wurde Ford von der Arbeit an *Air Force One* zurückgerufen und Pitts nächster Film *Sieben Jahre in Tibet* verschoben, um im Oktober 1996 ein noch dramatischeres Finale zu drehen: die letzte Konfrontation in Form einer Schießerei auf einem Boot im Hafen von Greenport.

Während der Interviews für den Film wurde Ford auch auf private Dinge angesprochen, die er wie immer zu umgehen versuchte. Er erzählte jedoch eine Anekdote, um seine politische Einstellung zu verdeutlichen: »Ich habe irische Freunde und irische Verwandte. Nach einer alten Familiengeschichte hat meine Großmutter die Goldfüllungen aus ihren Zähnen herausgenommen, um sie an die IRA zu schicken. In diesem Zusammenhang empfinde ich einen gewissen Grad an Sympathie für deren Ziele, aber ich mag ihre Methoden nicht, Terror gegen Unschuldige auszuüben. Das ist eine nicht akzeptable Form von menschlichem oder politischem Verhalten.« Als ein Journalist beharrlich nach privaten De-

tails fragte, antwortete Ford listig: »Ich habe nichts an mir, auf das ich besonders stolz bin, und ich werde Ihnen keines meiner Geheimnisse verraten. Das habe ich gerade von Brad Pitt gelernt.«

### Premiere

Kurz vor der Weltpremiere am 25. März 1997 in New York heizte Brad Pitt die negative Stimmung in Bezug auf den Film an. In einem Interview für ›Newsweek‹ bezeichnete er die Dreharbeiten als die »unverantwortlichste Art und Weise, einen Film zu machen, die ich je erlebt habe. Wir hatten eine tolle Vorlage, die aus den verschiedensten Gründen auseinander gerissen wurde«. In ›TV-Movie‹ äußerte er später: »Das Drehbuch war nicht so toll, wie ich es erwartet hatte. Also habe ich Änderungsvorschläge gemacht. Auch Harrison Ford machte Vorschläge. Dann kamen der Drehbuchautor, der Regisseur, der Produzent. Zum Schluss war alles durcheinander. Aber Schwamm drüber.«

### Kritik

Der Film musste von amerikanischen wie europäischen Medien herbe Kritik einstecken. »Eine wortgewandte Entschuldigung für mörderischen Terrorismus«, schrieb etwa die ›New York Post‹. Man warf dem Film vor allem vor, Irland nur als Kulisse zu benutzen. »Mit der Irland-Problematik hat das nur bedingt zu tun«, schrieb Frauke Hanck in der ›AZ‹. »Es könnte sich ebenso um die Mafia, den amerikanischen Bürgerkrieg oder beliebige Gangster-Kämpfe handeln.«

Die beiden Stars schnitten jedoch überwiegend gut ab. »Ford und Pitt heben den Film als Darsteller und stützen ihn als Stars, aber er entpuppt sich als eine nicht einfache Verschmelzung von formelhaftem Actionthriller und einer Meditation voller Doppeldeutigkeit der Figuren und der Gesellschaft«, heißt es bei Richard T. Jameson in ›mrshowbiz‹. Und ›Blickpunkt Film‹ meldete: »Der Kampf zwischen Cop und Terrorist ist ein sehenswertes Duell zweier blendend aufgelegter Superstars, ein Clash der Weltanschauungen und der hochemotionale Zusammenprall zweier Todfeinde, der in einem Shootout auf einem kleinen Boot kulminiert. Von Pakula mit väterlicher Hand unterstützt, holen Pitt und Ford ein Maximum aus ihren Rollen, wobei dem Jungstar der schillerndere Part zufiel.« – »Nie sah Pitt besser aus als hier mit verbissenem Gesicht, nie spielte Ford souveräner«, urteilte ›Prinz‹ und die Deutsche Presse Agentur meinte knapp: »Harrison Ford ist die Idealbesetzung für den absolut integeren Cop.«

## Air Force One

(Air Force One) USA 1997

### Inhalt

Der russische Terrorist Korshunov (Gary Oldman) hat sich mit einer Gruppe von Kämpfern, als Journalisten getarnt, an Bord der ›Air Force One‹, der Maschine des US-Präsidenten James Marshall (Harrison Ford), geschlichen. Er will Marshall entführen, um General Radek (Jürgen Prochnow) freizupressen, der ein zweites russisches Reich gründen will. Korshunov gelingt es, alle bis auf den Präsidenten zu kidnappen, der sich in der Maschine versteckt und den Kampf mit den Terroristen aufnimmt.

### Hintergrund

Für die Rechte an dem Titel zahlte die Columbia TriStar 200.000 US-Dollar. Regisseur Wolfgang Petersen erhielt das Drehbuch im März 1996 von Rand Holsten, seinem Berater von der Agentur CAA. Holsten ist ein enger Freund des Produzenten Armyn Bernstein, der den Stoff entwickelte.

Kevin Costner, der die Rolle des Präsidenten ablehnte, schlug Harrison Ford vor. Petersen war begeistert. »Nur ein Mann wie Harrison Ford kann diesen emotionellen Stress und gleichzeitig diese explosive Aktion glaubwürdig darstellen.

Er verkörpert Intelligenz und Integrität. Als ich hörte, dass Ford diese Rolle spielen wollte, habe ich gedacht, dass ich irgendwie versuchen sollte an den Film heranzukommen.«

Im April 1996 trafen sie sich erstmals in New York, als Ford noch an *Vertrauter Feind* arbeitete. An der rund zweistündigen Diskussion nahm auch Armyn Bernstein teil. »Wir haben uns gleich sehr gut verstanden«, sagte Petersen. »Ich hatte immer das Gefühl, so wie ich ihn jetzt da erlebe, so ist er. Und so war es auch. Ford ist ein sehr angenehmer, grundsolider, ehrlicher, Straightforward-Typ. Deswegen ist er auch so beliebt.« An einem »Schuss mehr Lebenserfahrung«, wie Petersen es nennt, »an besserer Charakterisierung und den Dialogen haben wir dann gemeinsam gearbeitet, und speziell Paul Attanasio«.

*»Es hat Spaß gemacht, Indiana Jones durch die Gegend zu werfen.« Mit Gary Oldman*

In seiner Autobiografie, die er gemeinsam mit Ulrich Greiwe verfasst hat, schreibt Wolfgang Petersen über die weitere Besetzung und die Hilfe von Seiten Bill Clintons: »Im Sommer 1996 wurde Clinton dann ein zweites Mal mit dem Projekt konfrontiert. Das geschah bei einer großen Abendgala. Da saß Glenn Close auf der einen Seite des Präsidenten und Harrison Ford auf der anderen. Dabei wurde mit der Idee gespielt, ob Glenn Close die Vizepräsidentin spielen könnte. Ich habe dann sofort nachgefasst und sie engagiert. Sie war sowieso meine erste Wahl für die Rolle. Bill Clinton hat dann Harrison Ford, Michael Ballhaus und mich in seine echte ›Air Force One‹ eingeladen. Wir stellten dabei fest, dass wir mit unseren Überlegungen zum Flugzeug ziemlich richtig lagen – außer bei ein paar Details.«

Neben dem in den Credits genannten Andrew Marlowe wurden als Autoren Phil Strub, der sich im Pentagon auskannte, und Paul Attanasio, der sich um die »Charakterisierung und den letzten Dialogschliff« kümmerte, hinzugezogen.

## Dreharbeiten, -orte und Budget

Die Dreharbeiten begannen am 16. September 1996 in Columbus im US-Bundesstaat Ohio. Dank der Unterstützung der US-Air-Force konnte man eine Reihe von militärischen Einrichtungen nutzen. So stellte der Flughafen Rickenbacker in Ohio den Luftwaffenstützpunkt Ramstein dar. Zuvor war aus einer handelsüblichen Boeing 747 die ›Air Force One‹ geworden, wobei sich Ausstatter und Produktionsdesigner an den Originalzeichnungen orientieren konnten. Zehn Personen rüsteten die Maschine in vier Tagen um. Das Innere des Flugzeugs wurde in den Sony Studios in Los Angeles nachgebaut. Allerdings war die Maschine etwas größer als das Original, um der Kamera mehr Platz zu bieten. Harrison Fords lakonischer Kommentar: »Es ist ein Tunnel- und Röhrenfilm, und Wolfgang ist einer der größten Tunnel- und Röhrenfilmer.« Weitere Drehorte waren Cleveland und Mansfield, Washington D.C. In Russland arbeitete ein zweites Team, über dessen Aufnahmen Petersen schreibt: »Es ist schon irre, wie das heute geht. Die Second Unit hat in Moskau Flugaufnahmen über dem Roten Platz und von ein paar Straßenzügen gedreht, und in Los Angeles saß dann Ford in der Limousine vor der Blue Screen. Wir haben es hinterher eingefügt und es sah alles so perfekt aus. Bei den Bildern, wo er in Moskau in die Maschine eingestiegen ist, haben wir mit Computer Graphics in Los Angeles Bilder und Gebäude der russischen

Hauptstadt eingebaut.« Anfang Januar 1997 war der Film abgedreht.

»Wenn Bill Clinton in dem Film in der Maschine gewesen wäre, hätte er Probleme bekommen, aber Harrison Ford meisterte das locker«, sagte Petersen. »Wenn Ford im Film Kampfszenen mit den Russen hatte und die dann zum Teil von Stuntleuten gemacht wurden, aber nicht so sehr für ihn, sondern für die Russen, dann hat er praktisch alles selber gemacht. Mir ist zum Teil die Luft weggeblieben. Er hat sich manchmal den ganzen Tag lang durch die Luft und gegen die Wände schleudern lassen. Damals war er immerhin 55 Jahre alt, aber in einer hervorragenden Verfassung. Die Stuntleute hatten richtig Angst vor ihm, weil er so hundertprozentig reingeht in diese Szenen und sich selber überhaupt nicht schont. Er war gepolstert, hat aber Kratzer abgekriegt. Nach einem langen Drehtag bin ich zu seinem Trailer gegangen und habe ihn gefragt, ob er überhaupt noch laufen kann, und er hat so getan, als wenn alles okay wäre, aber sein Vertrauter, der Stuntkoordinator, hat mir dann gesagt, dass sein Körper grün und blau sei.« Partner Gary Oldman meinte ironisch: »Es hat Spaß gemacht, Indiana Jones durch die Gegend zu werfen.« Dazu Petersen: »Gary Oldman war ungeheuerlich stark. Ich hatte generell das Gefühl, dass wir alle miteinander ›good vibrations‹ hatten.«

Das Budget des Films betrug zwischen 78 und 85 Millionen US-Dollar. Harrison Ford erhielt davon 20 Millionen, zuzüglich 15 Prozent Gewinnbeteiligung, Petersen sechs Millionen Dollar.

»Meistens sind es doch nur geschäftliche Beziehungen, die man mit den Schauspielern hat, aber Harrison und ich haben uns so gut verstanden, dass er mich sogar mit seinem Privatflugzeug zum Boxkampf eingeladen hat«, erinnert sich Wolfgang Petersen. »Er hat mehrere Privatflugzeuge, die sein Hobby sind. Wir sind nach Las Vegas geflogen, um uns den Kampf zwischen Mike Tyson und Evander Holyfield anzugucken. Das war der erste, nicht der zweite, wo er ihm das

Ohr abgebissen hat. Das war ein großes Erlebnis für mich.«

**Premiere**

Um zu verhindern, dass James Camerons *Titanic* in den USA am gleichen Wochenende wie *Air Force One* starten würde, intervenierte Ford im Mai 1997 persönlich beim Chef von Viacom, zu der auch Paramount gehört, um eine Startverschiebung zu erreichen. Doch durch Probleme bei der Produktion von *Titanic* wurde dessen Start ohnehin auf Ende des Jahres verschoben. So fanden noch im Juni 1997 eine Reihe von Previews von *Air Force One* in den USA statt, ehe der Film am 25. Juli landesweit startete. Nach Angaben von Autor Robert Abele war Ford so begeistert, dass er Wolfgang Petersen in den Arm nahm und vor Freude in Tränen ausbrach.

Der Film wurde später zum Festival nach Venedig eingeladen und erlebte im Oktober 1997 seine Deutschland-Premiere auf dem Münchner Flughafen. Ford, Petersen und Close rollten mit einer Maschine in den Hangar und zeigten sich den Premierengästen.

**Kritik**

»Professionelle Actiondramaturgie und ausgefeilte Kameraperspektiven können über ein notgedrungen verflachtes Drehbuch nicht hinwegtäuschen«, hieß es in ›multimedia‹ – nicht die einzige deutsche Stimme, die mit dem Film hart ins Gericht ging. »Falls Harrison Ford Lust verspürte, dem Vorbild seines Schauspielerkollegen Ronald Reagan zu folgen und für das höchste Amt im Staat zu kandidieren, so wäre *Air Force One* das beste abendfüllende Commercial, das er sich wünschen könne«, notierte der ›film-dienst‹.

In den USA wurde Ford mehrfach für seine Darstellung des Präsidenten gelobt. So hieß es in ›Entertainment Weekly‹, dass Ford »eine so perfekte Besetzung ist, dass das Ganze Fantasie und ein Witz bleiben muss«. Und Peter Travers vom ›Rolling Stone‹ schrieb: »Was für eine Erlösung zu sehen, wie dieser unterschätzte Schauspieler

nach den beiden Flops *Sabrina* und *Vertrauter Feind* wieder in Gang kommt. Sein Witz ist trocken und herb, aber niemals albern.«

## Six Days Seven Nights

(Sechs Tage, sieben Nächte) USA 1998

*Ein gefundenes Fressen für die Presse: die Lesbe und der Macho. Aber Anne Heche und Ford wurden Freunde.*

**Inhalt**

Die Modejournalistin Robin Monroe (Anne Heche) entflieht mit ihrem Freund Frank Martin (David Schwimmer) für eine Woche aus dem winterlichen New York auf die Insel Macatea im Südpazifik, wo Frank ihr einen Heiratsantrag macht. Plötzlich erreicht Robin der Anruf, sie soll kurzfristig für eine Fotoproduktion nach Tahiti reisen. Quinn Harris (Harrison Ford) fliegt sie. Unterwegs gerät die Maschine in einen Sturm und wird vom Blitz getroffen, aber Robin und Quinn überstehen die Bruchlandung auf einer menschenleeren Insel unverletzt. Sie müssen sich mit allerlei Getier und sogar Piraten herumschlagen, kommen sich dabei aber näher. Währenddessen wird die Suchaktion nach den Vermissten abgeblasen und Frank von der Insulanerin Angelica (Jacqueline Obradors) getröstet. Dank Quinns Fähigkeiten, aus den Resten eines abgeschossenen japanischen Fliegers, den beide zufällig im Busch finden, eine flugtaugliche Maschine zu bauen, können sie die Insel verlassen, auch wenn Harris von den Piraten verletzt wird. Robin bringt das Flugzeug wohlbehalten nach Macatea. Dort stellen Frank und Robin fest, dass sie doch nicht zusammenpassen, und Robin bleibt bei Quinn Harris.

## Hintergrund

Im Frühjahr 1995 erhielt die Produzentin Wallis Nicita das Drehbuch des jungen Autors Michael Browning. Sie stellte den Kontakt zum Produzenten Roger Birnbaum her, der bei Harrison Ford anfragte. Der sagte zu, wollte aber zunächst *Air Force One* drehen, so dass die Dreharbeiten auf 1997 verschoben wurden. Zuvor überarbeiteten Browning und der Regisseur Ivan Reitman das Drehbuch und schrieben Textpassagen speziell für die beiden Hauptakteure. Nach einem gemeinsamen Lesen des Textes mit Ford bekam Anne Heche die Rolle, auch weil sich die beiden auf Anhieb gut verstanden.

Reitman wollte eine Filmatmosphäre wie in den vierziger und fünfziger Jahren schaffen, »die romantisch, spannend und zugleich sehr komisch waren. Das schafft man vor allem dann, wenn man die Helden extremen Situationen aussetzt. Einer der Gründe für Harrison Ford mitzuspielen war, dass er fliegen konnte«, erzählte Reitman im Juni 2001 in Berlin. Ford kommentierte seine Entscheidung, den Film zu drehen: »Ich suchte nach einer Komödie. Ich fand das Drehbuch komisch und in meinen Unterhaltungen mit Ivan bemerkte ich, dass wir dieselben Ideen hatten, also sagte ich zu. Ich bin vielleicht nicht so bekannt für Komödien, aber ich drehe sie gerne. Ich suche immer nach einem Tempowechsel im Vergleich zu dem, was ich in der letzten Zeit gespielt habe. Es ist wichtig für mich, dass ich etwas finde, das sich von dem unterscheidet, was ich zuvor gedreht habe.«

## Dreharbeiten, -orte und Budget

Der Film wurde zwischen dem 7. Juli und Anfang Oktober 1997 auf der Hawaii-Insel Kauai, in New York und den Burbank Studios in Los Angeles gedreht. Für die Dreharbeiten auf Hawaii ließen die Filmemacher 400 Palmen aus Tahiti importieren, um ein südpazifisches Flair zu erzeugen.

In der ersten Drehbuchfassung war als Flugzeug von Quinn Harris eine Stinson Reliant vorgesehen, doch Ford merkte an: »Das ist ein sehr schönes Flugzeug und wie geschaffen für Passagierflüge, aber als Frachtmaschine beim besten Willen nicht geeignet.« Nach dem Studium alter Bücher und Kataloge kam er auf eine DeHavilland Beaver, Baureihe DH-2, die er im Film selbst steuerte. Um Ärger mit der Versicherung zu vermeiden, flog, für die Kamera unsichtbar, ein Sicherheitspilot mit. Am Ende der Dreharbeiten, erzählte Reitman später, kaufte Ford eine der Maschinen, mit denen er im Film geflogen war, »außerdem lernte er während der Zeit noch Hubschrauber zu fliegen«.

Für Ivan Reitman ist Ford »der größte nonverbale Filmschauspieler unserer Zeit. Er weiß genau, wie er eine Szene zu greifen hat. Dafür genügt ihm ein Blick, eine Bewegung der Augenbraue oder des Kinns. Und das geht für mich sehr weit in den Bereich des Komischen hinein. Ford ist großartig in physischen und in dramatischen Rollen. Ob Action, Drama oder Komödie, man glaubt ihm einfach jede Rolle, die er spielt«, sagte der Regisseur. »Ich mag Harrison Ford wirklich sehr gerne. Es hat sehr viel Spaß gemacht, mit ihm zu arbeiten, und ich hoffe, dass ich das noch mal machen kann. Er erschien mir sehr wagemutig und hat einen Willen, wirklich alles mitzumachen. Er war überhaupt nicht schüchtern und zurückhaltend, was seine Einsatzfreude angeht. Zu mir war er sehr nett und generös, wie zu jedermann am Set. Der Eindruck, den man von ihm auf der Leinwand erhält, entspricht auch seinem tatsächlichen Charakter.«

Das Budget des Films betrug, auch wegen der Gagen von 15 Millionen US-Dollar für Ford und fünf für Ivan Reitman, stattliche 70 Millionen Dollar. Ivan Reitman: »Um ehrlich zu sein, glaube ich, dass in Hollywood viele Leute überbezahlt sind, und ich zähle mich selbst auch dazu. Aber das Geschäft ist so aufgebaut. Die wahre Frage ist doch: Ist es das wirklich wert, mit jemandem zu arbeiten, der so viel wert ist? Das ist zu bejahen, denn die Stars tragen viel zu einem Film bei. Ich glaube an die Filmstars und das Starsystem, denn die alte Hollywood-Tradition funktioniert noch immer.«

Kurz vor der Premiere outete sich Anne Heche als Lesbe und stellte auch gleich ihre Liebhaberin vor: die Fernsehschauspielerin Ellen de Generes, Star der Erfolgsserie *Ellen*. Ford wurde daraufhin mehrfach in Interviews gefragt, wie es sei, eine Frau zu küssen, die Männern nichts abgewinnen könne. Er vermied ausführliche Diskussionen und schwärmte von ihrer professionellen Einstellung.

Anne Heche äußerte über ihren Kollegen: »Filme mit Harrison Ford haben mir schon immer gefallen. Ich mag es, wenn Leute auf der Leinwand überlebensgroß sind. Umso mehr hat es mir imponiert, dass er bei diesem Film zusagte, obwohl es kein reiner Actionfilm ist.«

### Kritik

Vor allem der Altersunterschied der beiden Hauptdarsteller – Ford war 55 und Heche 28 Jahre – sorgte für bissige Bemerkungen der Kritiker (im Film wird Fords genaues Alter übrigens nicht verraten). »Hat dieser Mann denn kein Haltbarkeitsdatum? Kein Schamgefühl?«, fragte der ›tip‹. Der ›Stern‹ schrieb, dass Ford, »es muss gesagt werden, einen alternden Piloten spielt, der Touristen auf die Eiländer befördert, an der Strandbar Drinks mit Schirmchen schlürft und sich von Freundinnen mit Blumenkette den Kater wegmassieren lässt«. Die ›FAZ‹ kritisierte: »Das Drehbuch gönnt den beiden Darstellern, die sich gut ergänzen, zwar einige geglückte Dialoge, lässt sie aber fast ausschließlich in Situationen geraten, die von extremer Einfallslosigkeit zeugen.« ›Zitty‹ hingegen stellte fest, dass »es viel Spaß macht, wenn Ford sein zerknautschtes Gesicht verzieht und charmantes Zeug brabbelt«.

# Random Hearts
(Begegnung des Schicksals) USA 1999

### Inhalt

Der Polizist Dutch van den Broeck (Harrison Ford) verliert bei einem Flugzeugabsturz seine Ehefrau. Er muss erfahren, dass sie eine Affäre mit dem Mann der Kongressabgeordneten Kay Chandler (Kristin Scott Thomas) hatte, der neben ihr im Flugzeug saß und ebenfalls ums Leben kam. Dutch nimmt mit Kay Kontakt auf, um mehr über die Beziehung seiner Frau zu ihrem Mann zu erfahren. Die Politikerin steckt mitten im Wahlkampf und will ihre Tochter Jessica (Kate Mara) und ihre Privatsphäre vor der Presse schützen. Sie weicht Dutchs Fragen aus. Kay gibt jedoch später die Geschichte an die Presse und verliert die Wahl. Sie und Dutch gehen zunächst getrennte Wege, bis er eines Tages am Flughafen auftaucht, weil er sie sehen will.

### Hintergrund

1984 erschien der Roman ›Random Hearts‹ von Warren Adler, auf dem Teile des Films basieren. Adler kannte Ford seit einigen Jahren, beide Familien sind in Wyoming Nachbarn.

Kurz nach Erscheinen des Buches erwarb die Produktionsfirma Rastar die Filmrechte und ließ verschiedene Drehbücher erstellen, aber keines wurde umgesetzt. Auch Regisseur Sydney Pollack hatte eine Fassung gelesen, eine Verfilmung aber nicht in Betracht gezogen. Jahre später bat Rastar-Mitarbeiterin Marykay Powell den bekannten Drehbuchautor Kurt Luedtke um eine neue Fassung, die der Anfang 1996 ablieferte. Im Frühjahr 1997 legten Luedtke und Pollack das fertige Drehbuch Harrison Ford vor, der daraufhin zusagte. »Mir lief ein Schauer über den Rücken, als ich die Geschichte las. Das Dilemma der Figur hat mich sehr bewegt. Es ist doch eine schreckliche Situation, wenn man plötzlich erfährt, dass die eigene Frau tot ist – und gleichzeitig, dass sie untreu war. Das lässt dir keinen Ausweg.«

*Ohne finanzielle Erwartungen, aber mit großer Intensität: Mit Kristin Scott Thomas*

## Dreharbeiten und -orte

Die erste Klappe für den Film fiel am 10. September 1998 in Washington. Gedreht wurde auf der Naval Air Station von Patuxent River, wo die Szenen in der Leichenhalle entstanden, im Department of Commerce, am Lincoln Memorial und in einer Einkaufszone. Im Naturschutzgebiet von Patuxent nutzte man eine Hütte als den ruhigen Ort, an den sich van den Broeck zurückzieht und Kay ihn besucht, um etwas auszuspannen. Mitte November zog das Team nach Manhattan, um auf den Flughäfen Westchester und JFK, der Fifth Avenue, in Newarks Essex County Gerichtsgebäude und verschiedenen Restaurants zu drehen. Aufnahmen auf dem Latin Market in Miami und Miami Beach schlossen sich an, ehe man am 3. Februar 1999 die Dreharbeiten in New York beendete.

Da der Film vermutlich nicht sein Stammpublikum ansprechen würde, stand Ford einem Erfolg des Films skeptisch gegenüber. »Ich habe überhaupt keine Erwartungen, dass ein Film wie dieser auch nur annähernd so viel einspielt wie *Indiana Jones*. Wer so denkt, denkt kompletten Unsinn«, sagte er in einem Interview. Sydney Pollack war sehr angetan von seinen beiden Hauptdarstellern und bemerkte, dass »niemand Harrison Ford bisher so gesehen hat wie hier. Gleichzeitig erkannte ihn jeder, weil jeder schon einmal einen Polizisten gesehen hat, der seine Geduld verliert«. Für Sydney Pollack war der interessanteste Aspekt, dass die Schauspieler »gleichzeitig große Stärke und Verletzlichkeit zeigen können. Ich war fasziniert von der Besessenheit von Harrison Fords Figur und wollte, dass es diesen beiden Menschen besser geht und sie sich gegenseitig heilen«.

Ford widmete den Film seinem Vater Christopher, der am 10. Februar 1999 in Los Angeles an einem Blutleiden gestorben war.

In den USA spielte er knapp 31 Millionen US-Dollar ein. In Deutschland gingen über 500.000 Besucher in die Kinos.

## Kritik

Film, Regie und beide Hauptdarsteller erhielten zum Teil exzellente Kritiken, was jedoch zu keinem großem Besucherandrang führte. Zur reservierten Haltung der Zuschauer trug neben der Tatsache, dass die beiden Hauptakteure sich erst nach etwa 40 Minuten das erste Mal sprechen, wohl auch das deprimierend anmutende Thema bei. »In den Parallelmontagen des Beginns, im impulsiven Agieren Harrison Fords als Dutch und in der kühlen Beherrschung der Kay von Kristin Scott Thomas findet Pollacks Film einen soliden Spannungsbogen«, hieß es in der ›FAZ‹. »Regisseur Sydney Pollack zieht uns mit einem packenden Szenario in seinen Bann. Mit einer schnellen und teilweise sehr aggressiven Kamera und Top-Stars wie Harrison Ford (mal nicht als Action-Held, sondern ganz sanft) und Kristin Scott Thomas in den Hauptrollen liefert er eine spannende Liebesgeschichte, frei von kitschigen Klischees«, attestierte ›Bild‹. Auch die Münchner ›AZ‹ entdeckte eine »Paraderolle für einen brüchigen Helden« und das ›filmecho‹ konstatierte, dass Ford als »sensibler Cop brilliert, der zu seinen Gefühlen steht und oft von ihnen beherrscht wird. So erweist sich Pollack wieder einmal als feinfühliger Geschichtenerzähler, der seine Charaktere liebt und seine Darsteller zu überragenden Leistungen führt«.

# What Lies Beneath

(Schatten der Wahrheit) USA 2000

## Inhalt

Dr. Norman Spencer (Harrison Ford) und seine Frau Claire (Michelle Pfeiffer) führen wieder eine normale Ehe. Vor einem Jahr hatte er sie betrogen, doch die Affäre ist vorbei, ohne dass sie davon erfuhr. Die psychischen Folgen eines Autounfalls hat sie einigermaßen verarbeitet. Da die Tochter aufs College in eine andere Stadt geht, leben die Spencers allein in ihrem idyllisch gelegenen Haus am See. Claire fängt an ihren Nachbarn zu beobachten und gelangt zu der Ansicht, er habe seine Frau umgebracht. Norman nimmt ihre Befürchtungen nicht ernst und kümmert sich weiter um seine Arbeit. Auch die Wahnvorstellungen und Horrorvisionen, die sie erlebt, lassen ihn eher kalt. Schließlich besucht sie einen Psychotherapeuten, lässt sich auf spiritistische Sitzungen ein und lüftet zufällig die Identität einer toten jungen Frau – der Frau, mit der ihr Mann eine Affäre hatte. Sie findet heraus, dass ihr Nachbar nichts verbrochen hat, wohl aber ihr Mann.

## Hintergrund

1998 gründete Produzent und Regisseur Robert Zemeckis (*Zurück in die Zukunft, Falsches Spiel mit Roger Rabbit*) mit den Produzenten Steve Starkey und Jack Rapke das Unternehmen ImageMovers. Zemeckis suchte für den Start ein Thriller-Projekt und war angenehm überrascht, als die Produktionsgesellschaft Dreamworks dem jungen Unternehmen ein entsprechendes Drehbuch vorlegte, an dem sie die Rechte hielt. Zemeckis war interessiert und beschloss es zu inszenieren. »Ich wollte mich schon immer an etwas wirklich Gruseligem und Mysteriösem versuchen«, sagte der Regisseur, der Ford und Michelle Pfeiffer für die Hauptrollen vorschlug. Beide sagten zu. »Harrison wirkt auf der Leinwand wie ein Fels in der Brandung und ist für mich die Personifizierung von Starruhm«, erklärte Zemeckis. Und Ford schildert: »Ich fand die Idee modern und packend. Ich habe mich sofort in den Aufbau der Geschichte und die Überraschungen, die sie beinhaltet, verliebt – und natürlich in die Figur. Ich glaube, das Beste, was ich jetzt tun kann, ist zu zeigen, wer ich wirklich bin, und mich meinem Alter entsprechend zu verhalten.«

## Dreharbeiten und -orte

Im Juli 1999 begannen die Dreharbeiten für den Film in Addison nahe der Stadt Burlington im US-Bundesstaat Vermont. Die Ausstatter Rick

*Spiritismus, Psychotherapie und Wahnsinn: Michelle Pfeiffer beleuchtet Ford.*

Carter und Jim Teegarden planten und bauten gemeinsam mit Zemeckis das etwa 1.000 Quadratmeter große Anwesen im Nantucket-Stil und das Nachbarhaus. In den Studios in Los Angeles wurde eine Kopie des Gebäudes errichtet, das man für besondere Aufnahmen, Effekte oder Actionszenen nutzen konnte. Es verfügte über verschiebbare Wände, um das Equipment problemlos bewegen zu können. Allein vom Badezimmer, in dem das große Finale spielt, wurden fünf Versionen gebaut.

Drehbuchautor Clark Gregg hatte seine Geschichte in Neu-England angesiedelt, da er »die Spencers immer an einem Ort wie Burlington sah, einer Gemeinde von Akademikern«. Er zeigte sich hocherfreut, als man tatsächlich dort drehte. Schwierig war die Arbeit für Kameramann Don Burgess: »Wir drehten den Film jenseits jeder Szenenabfolge, manchmal sogar verschiedene Teile derselben Szene zu verschiedenen Zeiten an verschiedenen Küsten. Für die

Anschlüsse ist das ein wahrer Alptraum.« Im Oktober 1999 war der Film fertig.

## Premiere

Im Rahmen einer Pressetournee besuchte Harrison Ford im September 2000 die Festivals in Venedig und Deauville. In München nahm er am 6. September an der Deutschland-Premiere des Films im Gloria-Palast teil. Im Hotel Vier Jahreszeiten gab er einige Interviews.

## Kritik

Der Film wurde positiv aufgenommen. »Schreie des Schreckens, nervöses Lachen, das die Anspannung lindern soll, und Schlussapplaus – lange muss man in den Annalen Berliner Presse-Vorführungen suchen, um auf solch eine Reaktion des abgebrühten Journalistenvölkchens zu treffen«, beschrieb das ›filmecho‹ die Begeisterung. Die ›FAZ‹ lobte die Kameraführung von Don Burgess: »Sie bewegt sich fast ohne Unterlass, aber mit einer Langsamkeit und Ruhe, die im amerikanischen Mainstream-Kino äußerst rar geworden sind. Die Spannung hat endlich einmal Zeit, sich aufzubauen – und es gibt keine Sicherung, die dafür stark genug wäre.«

»Die eigentliche Sensation«, heißt es im ›film-dienst‹, »ist jedoch Harrison Ford und sein überraschender Rollenwechsel: Erstmals in seiner langen und erfolgreichen Karriere entpuppt sich der beliebte Kämpfer für die gerechte Sache am Ende als Bösewicht. Für die Verwirrung der Zuschauer ist dieser Besetzungsschachzug entscheidend, denn die schon vom Originaltitel angedeutete nahe liegende und schließlich zutreffende Lösung scheint sowohl intuitiv als auch gemäß des Hollywood-Kinos unmöglich.« Ein wirkliches Novum war dieser Wechsel Fords jedoch nicht, man danke nur an seine Rollen in *Aus Mangel an Beweisen* und *Mosquito Coast*.

## K-19: The Widowmaker
USA 2001

### Inhalt
An Bord des russischen Atom-U-Bootes ›K-19‹ kommt es 1961 zu einem Unfall. Da die Antenne ebenfalls in Mitleidenschaft gezogen ist, ist jeglicher Funkkontakt zur Außenwelt abgeschnitten. Kapitän Alexi Vostrikov (Harrison Ford), der kurz zuvor das Kommando von Kapitän Mikhail Polenin (Liam Neeson) übernommen hat, muss versuchen eine mögliche Kernschmelze des Reaktors zu verhindern. Seine größte Sorge ist, dass das U-Boot nicht nur zu einer Bedrohung für die Russen wird, sondern eine Nuklearexplosion als Erstschlag aufgefasst und ein Krieg ausgelöst werden könnte.

### Hintergrund
Die Geschichte des Films basiert auf einer wahren Begebenheit. Am 4. Juli 1961 entdeckte man an Bord des russischen Atom-U-Bootes ›K-19‹ während der Jungfernfahrt anlässlich einer Übung im Nordatlantik ein Leck im Kühlsystem des Reaktors. Um eine Überhitzung zu verhindern, musste die Crew versuchen den Schaden zu beheben. So wurden einige der Männer für längere Zeit unmittelbar der hohen radioaktiven Strahlung ausgesetzt. mehr als 20 Seeleute starben. Das Loch wurde repariert und eine noch größere Katastrophe verhindert.

Regisseurin Kathryn Bigelow recherchierte gemeinsam mit Filmemachern vom ›National Geographic‹. Sie besuchte mehrfach Russland und sprach mit Hinterbliebenen der Katastrophe, unter anderem mit der Witwe des Kommandanten Zatejev. Für Bigelow war die Arbeit an dem Projekt von »sehr viel Leidenschaft getragen. Die schreckliche Tragödie, die die ›Kursk‹ erlebte, ist ein Beweis dafür, welch unvorstellbaren Gefahren eine U-Boot-Besatzung ausgesetzt ist. Die Geschichte der ›K-19‹ wird die Themen Heldentum, Mut und Tapferkeit behandeln, wie wir sie noch nie zuvor gesehen haben«.

Für Harrison Ford war das »faszinierende Drehbuch«, das Christopher Kyle und Louis Nowra verfassten, entscheidend für seine Zusage, nachdem er »die besten Scripts, die Hollywood derzeit im Angebot hat, eingehend studiert« hatte. Im Oktober 2000 gab er bekannt, dass der »unglaubliche Mut und das Pflichtbewusstsein, die die Angehörigen der russischen U-Boot-Flotte dazu anstachelten, in Zeiten des Kalten Krieges die Besten zu sein, mich inspiriert haben die Rolle des Kapitän Zatejev zu übernehmen«.

Als Teile des Scripts bekannt wurden, richtete Yury Mukhin, ein Mitglied der russischen Mannschaft der ›K-19‹, scharfe Angriffe gegen die Produktionsfirma Intermedia. »Das Drehbuch porträtiert unsere Mannschaft als eine Gruppe von dummen, ewig betrunkenen sowjetischen Matrosen«, zitierte ihn das US-Branchenblatt ›Variety‹. »Sie sind undiszipliniert und spielen Karten, wenn Alarm ausgelöst wird.« Die Kritik verschärfte sich, als das Projekt etwa einen Monat nach dem Untergang des russischen

Atom-U-Bootes ›Kursk‹ bekannt gegeben wurde.

### Dreharbeiten, -orte und Budget

Im November 2000 drehte man an Bord des früheren russischen U-Boots ›Juliett‹ in St. Petersburg in Florida Probeaufnahmen ohne die Akteure. Nachdem sie erfolgreich verlaufen waren, wurde das Boot für eine Million US-Dollar in den Docks von Tampa in Florida aufgearbeitet. Harrison Ford, der sich bereits im Dezember 2000 zu Recherchen in Moskau aufhielt, erhielt 25 Millionen US-Dollar für 20 Drehtage, was einer Tagesgage von 1,25 Millionen US-Dollar entspricht und zu einer neuerlichen Diskussion darüber führte, inwieweit Stars in Hollywood überbezahlt sind. Später verneinten Crewmitglieder, Produzenten und Partner Liam Neeson, dass Ford nur 20 Drehtage hatte.

Die Dreharbeiten begannen am 20. Februar 2001. Ab 12. März wurde in Toronto, im kanadischen Nova Scotia und in Halifax, in Moskau, in Russland und in Island gedreht. Nach viereinhalb Monaten war der Film am 29. Juni im Kasten. Geplant gewesen waren 55 Drehtage und ein Budget von 80 Millionen US-Dollar.

Kurz vor Drehbeginn gab Ford bekannt, dass er – zum ersten Mal in seiner Karriere – neben seiner Agentin Patricia McQueeney eine weitere Agentur engagieren möchte, um die Chance zu haben, mit jungen talentierten Regisseuren zu arbeiten. »In der Welt des Filmemachens, wie wir sie heute kennen, sind Studiofilme nur ein Teil«, ließ McQueeney verlauten. »Es gibt noch einen anderen, immer wichtiger werdenden Bereich, und das sind die Autoren-Regisseure, die frische Sichtweisen und Begeisterung für ihr eigenes Material mit einbringen. Studiofilme waren immer wichtig für uns und werden es weiterhin sein, aber ich möchte auch diese Möglichkeiten für Harrison nutzen und dabei brauche ich Hilfe – ein paar Arme und Beine mehr, wenn Sie so wollen –, um diesen wichtigen neuen Weg der Filmproduktion beschreiten zu können.« Am 18. Januar 2001 entschieden sich Ford und McQueeney für die United Talent Agency.

### Premiere

Der Film soll am 7. Juni 2002 in den USA starten und im gleichen Monat in England.

*Die ›Juliett‹ wurde zur ›K-19‹ und Ford kommandiert.*

Privatleben

# Jugend und Schulzeit

Harrison Ford wurde am 13. Juli 1942 gegen 11.00 Uhr vormittags im Swedish Covenant Hospital in Chicago im US-Bundesstaat Illinois geboren und verlebte, wie er selber einmal sagte, »eine normale Kindheit«. Sein Vater Christopher Ford war als Entertainer aktiv und trat in den dreißiger Jahren in populären »Music Halls« auf. Später ging er zu einer Radiostation, wo er als Autor von Hörspielen arbeitete. Harrison Fords Mutter Dorothy war als Dora Nidelman zur Welt gekommen. Ihr Vater Harry hatte die gebürtige Russin Anna Lifschutz geheiratet, die 1907 in die USA eingewandert war. Das Paar bekam zwei Töchter: Beatrice und Dora. Harry Nidelman arbeitete als Straßenbahnfahrer in New York und als Maschinist, er starb bereits 1919 während einer Grippeepidemie. Harrison Fords Vorname geht auf seinen Großvater zurück, er selbst wurde Harry gerufen und unterschrieb jahrelang mit diesem Namen. Sein Großvater väterlicherseits hieß John William Ford, war irisch-katholischer Abstammung, trat in den Vaudeville-Theatern an der amerikanischen Ostküste auf und trank sich zu Tode. »Mein Großvater war ein Blackface-Comedian«, erzählte Harrison Ford einmal. »Ich habe ihn nie gesehen. Er war 25, als er starb, denn er war Alkoholiker. Ich weiß nur wenig über Vaudeville. Es war ein raues Leben und mein Vater wollte nicht darüber reden. Er hatte eine harte Zeit durchzustehen, als er aufwuchs. Als sein Vater starb, machte er ihn im Prinzip zur Waise. Seine Mutter war nicht in der Lage, für die Familie zu sorgen. Er und sein Bruder wurden in einem Waisenhaus von Nonnen aufgezogen.« John Willam Fords Frau hieß Florence Veronica Niehaus und war deutsch-amerikanischer Abstammung.

Knapp drei Jahre nach Harrison Fords Geburt kam am 21. April 1945 sein Bruder Terence zur Welt. Später war auch er eine Zeit lang im Showbusiness aktiv. Die Familie lebte damals in

*Mit Bruder Terence und den Eltern (links eine Freundin der Familie)*

einer Wohnung am Irving Park Boulevard in Chicago und zog später in eine größere Wohnung nach West Sunnyside. Harrison und Terence besuchten bis 1954 die Graham Stuart Elementary School in Chicago. Im Juli des Jahres zog die Familie nach Morton Grove in Chicago und Harrison wechselte zur MS Meltzer Junior High School im Vorort Des Plaines, wo er bis 1956 blieb. Sein Vater Christopher arbeitete inzwischen in der Werbeagentur Needham, Louis & Brorby und war so erfolgreich, dass er sich ein Haus in der Davis Street leisten konnte. »Mein Vater war in der Werbung beschäftigt und ein Pionier der TV-Commercials«, sagte Ford einmal in einem Interview. »Er entwickelte das Konzept einer Waschmaschine, in die man hineinschauen kann, um den Waschvorgang zu beobachten, und er war der Erste, der die Stop-Motion-Fotografie einsetzte. Er hatte auf jeden Fall einen interessanteren Job als die meisten Väter. Es mag lächerlich klingen, aber das machte mir Mut, keinen normalen Job anzustreben.« Ford bezeichnete sich selbst als »unathletisch« und war, abgesehen vom Besuch eines Gymnastikkurses, überhaupt nicht sportlich. Nachbarjungs und Schulfreunde berichteten, dass er eher »ein stiller Typ« war, der einen bitteren Humor hatte und sarkastisch sein konnte. Der etwa 15 Jahre alte Junge fing Käfer, Vögel, Schlangen und Ratten. Sein erster Berufswunsch war, Kohlen auszufahren: »Ich erinnere mich an einen großen Haufen Kohlen, den ein Mann nach und nach wegschaffte, bis nichts mehr übrig war. Mir gefiel der Rhythmus seiner Arbeit«, sagte er 1989 dem ›Time‹-Magazin.

*Aus dem High School Jahrbuch des Ripon College (etwa 1962/1963)*

Von 1956 bis 1960 besuchte Harrison Ford die Maine East Township High School in Morton Grove. Bei der örtlichen Radiostation WMTH, die an der Schule sendete, ließ er sich öfter blicken, interessierte sich aber nur für technische Dinge, moderieren wollte er nicht. Dafür verlas er im Ferienlager jeden Morgen den Wetterbericht. Er war allen Dingen gegenüber sehr offen. »Wir wurden nicht in einer bestimmten Tradition erzogen«, sagte er 1993 dem ›Playboy‹. »Also waren wir an einem Wochenende im Bahai-Tempel und am nächsten in der protestantischen Kirche. Das ging so über sechs oder sieben Wochen. Was mich daran interessierte, war der Einfluss, der damit auf Menschen ausgeübt wird. Die Idee eines kontrollierenden, allwissenden Gottes war etwas, was ich als wirklich spannend

empfand. Ich vertrat diese Theorie nicht selbst, aber interessierte mich für die Macht der Kirche und der Religion und wie sie genutzt wurde. Möglicherweise verstehe ich das heute besser und bin weniger in der Lage, mich als Atheist oder Agnostiker zu definieren.«

Im Sommer 1957 zog die Familie erneut um, diesmal in die North Washington Avenue in den Stadtteil Park Ridge. Harrison Ford jobbte in einem Pfeifengeschäft, gewöhnte sich bald das Rauchen an und arbeitete als Koch auf einer Jacht, die auf dem Lake Michigan vor Anker lag. Die notwendigen Kenntnisse verschaffte er sich aus dem Kochbuch seiner Mutter. Auf dem schwankenden Schiff etwas zuzubereiten war für Ford »möglicherweise das Heldenhafteste, das ich je getan habe«.

»Als Schüler war er ein schmächtiger Legastheniker, der sich von stärkeren und selbstbewussteren Bälgern garstig misshandelt fühlte«, schrieb das österreichische Magazin ›News‹ über ihn. »Das tägliche Ritual war, dass mich meine Freunde den Berg hinunterstießen«, gab Ford zu. Eines Tages haute er dem Anführer in der Nähe des Parkplatzes, wo die Aktion üblicherweise stattfand, eine Gerade in die Magengegend und das Drama hatte ein Ende, auch wenn er sich nicht sicher war, damit sinnvoll gehandelt zu haben. In einer TV-Talkshow sagte er 1997: »Ich vertrat immer die Theorie, dass, wenn ich mit jemandem kämpfe und ihn verprügele, derjenige vielleicht noch saurer auf mich sein wird.«

Am 3. März 1960 trat der 17-jährige Harrison Ford mit seinen Mitschülern in der Variety Show ›Mainspring‹ auf der Schulbühne der Maine East Township High School in Morton Grove auf. Einen Auftritt hatte er mit der Tanzgruppe ›Tower Trotters‹ und einen anderen mit drei Schulfreunden in einer Parodie des ›Banana Boat Song‹. Doch das Showbusiness packte ihn damals noch nicht.

Im Juni 1960 endete seine Schulzeit. Er wurde am Ripon College in Wisconsin angenommen, an dem schon Spencer Tracy studiert hatte, und begann im Herbst mit dem Studium der englischen Literatur und Philosophie. Doch er zeigte wenig Interesse für die selbst gewählten Fächer und vertrieb sich stattdessen die Zeit mit anderen Dingen. So spielte er in der Folkband ›Brothers Gross‹ Gitarre und trat mit vier Kollegen im Club ›The Spot‹ in Ripon auf. Er schätzte Poolbillard und legte sich eine Calabash-Pfeife zu, ein Modell, das sich auch in der Sammlung von Sherlock Holmes befunden hatte. Als ihm das Geld ausging, kam er mit anderen Studenten auf die Idee, eine Zeitung herauszugeben, sie als offizielles Organ des College anzupreisen und Anzeigen zu verkaufen. Das Projekt war so erfolgreich, dass er seine Schulden zurückzahlen konnte. ›The Mug‹ erschien nur ein Mal, im Frühjahr 1962. Von Ford stammen das Layout sowie einige Karikaturen und im Impressum heißt es unter ›Art Directors‹: Jeffery Thomson und Harry Ford.

Bald entwickelte er ein neues Interesse, und zwar für das Theaterspielen. »Als armer Student schrieb ich mich an der Uni in einem Theaterkurs ein, weil sich das leichter anhörte als Korbflechten«, sagte er einmal in seiner ironischen Art. In dem Maße, wie sein Interesse für die Bühne entflammte, ging das für die anderen Fächer zurück. Die Philosophiekurse besuchte er überhaupt nicht mehr. »Ich war faul und habe im College nie wirklich gelernt. In sämtlichen Fächern fiel ich durch. Ich schlief das ganze Jahr über und stand nur zum Pizza-Essen kurz auf. Es gab nichts, was ich hätte werden wollen.« Drei Tage vor seinem Abschluss verließ er das Ripon College, »weil ich die Senior-Jahre einfach verpennt habe«. Seine Eltern, die bereits eine Feier geplant hatten, waren schockiert und konnten nur hoffen, dass ihn seine neuen Leidenschaften auf den richtigen Weg bringen würden: Die eine hieß Mary und sollte seine Frau werden, die andere war das Theater.

## Theaterauftritte und Engagements

Harrison Fords kurze Karriere am Theater begann 1960. »Bis zu meinem Junior-Jahr im College habe ich nie in Theaterstücken der Schule mitgewirkt. Aber am Ripon College spielte und sang ich – allerdings sehr schlecht«, erinnerte er sich 1991. Er fing an Theater zu spielen, um Mädchen kennen zu lernen, und stellte zufrieden fest, »dass es nicht viele Jungs im Schauspielkurs gab, also spielte ich fast immer den romantischen Helden«. Anfangs war ihm gar nicht bewusst, dass er in den College-Aufführungen auch auf der Bühne zu agieren hatte, aber schnell trat er aus dem Schatten der anderen heraus und bekam Hauptrollen wie die des Mackie Messer in der ›Dreigroschenoper‹. Seine erste Erfahrung auf der Bühne war allerdings nicht gerade ermutigend: »Ich war zu Tode erschrocken, vor einer Gruppe von Leuten zu stehen. Meine Knie schlotterten so, dass man es noch von der letzten Reihe im Publikum aus sehen konnte. Es war die größte Herausforderung in meinem jungen Leben. In der Mitte meines Schuljahres aber stellte ich fest, dass das Schauspiel vielleicht eine Karrierechance barg. Es war das erste Mal, dass ich so etwas wie Ambitionen entwickelte, aber ich hatte keine Ahnung vom Showbusiness«, beschrieb Ford seine ersten Schritte auf der Bühne später. 1992 sprach er über diese Erfahrungen: »Ich habe mich niemals entschieden Schauspieler zu werden und auch nie mein Leben danach geführt oder ausgerichtet. Wenn ich einen Ort für den Beginn meiner schauspielerischen Karriere nennen müsste, wäre es das College. Ich hatte mich nur entschieden die Schauspielkurse zu belegen, weil meine Zensuren ziemlich schlecht waren. Ich hatte damals keine Pläne für meine Zukunft und dachte nicht daran, einen bestimmten Weg einzuschlagen, um meine Karriere voranzutreiben.«

Philip Clarkson zufolge, der sich während dieser Zeit um die Aufführungen am College kümmerte, hatte Ford »einen guten Sinn für Humor, der zuweilen etwas grimmig war, und entwickelte eine echte Bühnenpräsenz«. Seine Ängste überwand er rasch und die Mitspieler akzeptierten ihn als denjenigen, der in den männlichen Hauptrollen am besten zur Geltung kam. Zudem beschäftigte sich Ford gerne mit technischen Fragen und half beim Bau der Kulissen. Der Rezensent des College-Magazins bescheinigte ihm, »dass seine tolle Leistung in ›The Fantasticks‹ kein Zufall war. Er spielte einen 50-jährigen Mann, der in einer Minute in Ekstase über seine Erfindung des Alphabets gerät und in der nächsten begierig danach ist, ein Techtelmechtel mit einer wasserstoffblonden Schönheitskönigin zu beginnen«. In seinem letzten Auftritt am Ripon College im Frühjahr 1964 spielte Harrison Ford die Rolle des Mr. Antrobus in ›The Skin of our Teeth‹ von Thornton Wilder, mit großer Brille, Schnauzbart und blondierten Haaren.

*Ford als Mackie Messer in der ›Dreigroschenoper‹ (Mai 1963)*

Im Juni 1964 wurde Ford am Belfry Theatre, das in Williams Bay im US-Bundesstaat Wisconsin am Lake Geneva liegt, engagiert und spielte den ganzen Sommer und Herbst Theater. Ford und seine Freundin Mary Louise Marquardt, die er während dieser Zeit heiratete, lebten direkt neben dem Theater in einem Wohnhaus namens Crane Hall. In der Spielzeit, die am 26. Juni 1964 mit der Komödie ›Take her, she is mine‹ eröffnet

wurde, wirkte Ford in sechs Stücken mit. Darunter waren auch Musicals, in denen er sang, etwa ›Little Mary Sunshine‹, in der er einen Waldhüters namens Jim verkörperte. Im September schloss das Theater seine Pforten wieder. Die knapp vier Monate hatten Ford Vergnügen bereitet und er beschloss die Schauspielerei zu seinem Beruf zu machen. Da dafür nur New York oder Los Angeles in Betracht kam, zog das Paar im Dezember 1964 an die Westküste. Dank der Vermittlung von Schauspiellehrer Bob Wentz stellte sich Ford im Frühjahr 1965 Regisseur Douglas Rowe vor, der ihm eine Rolle in dem Bürgerkriegsstück ›John Brown's Body‹ am Laguna Beach Playhouse verschaffte. Rowe wollte ursprünglich zwei Rollen selbst spielen, war aber beeindruckt von Fords Fähigkeiten und gab ihm die Rolle eines Soldaten der Südstaaten. Nach Rowes Angaben war er »wundervoll. Er hatte eine kräftige Stimme, sah gut aus und konnte spielen. Er brauchte keine besonderen Anweisungen und bekam gute Kritiken«. Der Komponist und musikalische Leiter des Theaters Ian Bernard war ebenfalls angetan und vermittelte ihn an die Produktionsfirma Columbia Pictures, die ihn zu einem Vorsprechen einlud. Seitdem hat Harrison Ford nie wieder Theater gespielt.

## Ehen und Kinder

### Fords erste Frau Mary Louise Marquardt

Noch in der Schulzeit lernte Harrison Ford seine erste große Liebe kennen. Mary Louise Marquardt war 1962 vom Stephens College in Missouri zum Ripon College in Wisconsin gewechselt. Die Tochter eines Arztes aus Milwaukee hatte ihre Eltern durch Krankheit verloren. Ihr Vater war im Dezember 1961 gestorben, ihre Mutter im Februar 1958. Ab November 1963 wurden Mary und Harrison ein Paar. Als er das Engagement am Belfry Theater in Williams Bay annahm, ging Mary mit und arbeitete als Sekretärin der Theatergruppe. Im Gegensatz zu

Ford hatte sie den College-Abschluss geschafft. Sie heirateten am 27. Juni 1964 im engsten Familienkreis in der St. James' Church in der Stadt Mequon in Milwaukee.

*Fords erste Ehefrau Mary Louise Marquardt (etwa 1962/1963)*

Da das Theater nur im Sommer bespielt wurde, luden die beiden am Ende der Spielzeit ihre Habe in einen VW-Bus und fuhren nach Kalifornien. Verschiedenen Quellen zufolge warf Ford eine Münze, da er nicht sicher war, ob New York oder Los Angeles die richtige Stadt sei. Da die Münze immer wieder New York entschied, warf er sie so lange in die Luft, bis die Westküste gewann. Ford lakonisch: »Lieber arm in der Wärme als auch noch schlechtes Wetter.« 1992 erklärte er: »Ich wechselte nicht von Chicago nach Los Angeles, um der Filmindustrie näher zu sein, sondern nur wegen des warmen Klimas. So bin ich eben.«

Das Paar wohnte zunächst im Hause des Regisseurs William Fucik in Newport Beach in Ka-

lifornien, ließ sich dann aber in einem Apartment in Laguna Beach nieder. Mary arbeitete in einer Arztpraxis, ihr Mann jobbte in einem Malergeschäft und nahm Arbeiten im Hafen an, wo er bei der Restaurierung einer Jacht half und Segelboote verkaufte. Er arbeitete in einem Kaufhaus und als Pizza-Mann. »Niemand sagte mehr zu mir als: ›Eine große Pizza mit Käse und Peperoni.‹ Niemand wusste, wer ich war oder was ich tat – es war großartig!«, kommentierte er später. In dieser Zeit zog er sich seine Kinnverletzung zu, deren Narbe noch heute sichtbar ist: »Ich war Assistent des Einkäufers für Ölgemälde im Kaufhaus Bullocks und auf dem Weg zur Arbeit«, erzählte er. »Ich fuhr einen dieser Volvos mit den ersten Sicherheitsgurten. Leider hatte ich ihn nicht angelegt wie sonst immer. Als ich dann nach dem Gurt griff, kam ich ins Schleudern und knallte gegen einen Telegrafenmast. Die Narbe sieht aus wie mit einer Heftklammer zusammengenäht – furchtbar.« 1993 antwortete er in einem Interview auf die Frage, ob er jemals habe anders aussehen wollen: »Wie jeder andere mit einer geraderen, dünneren Nase und einem besseren Kinn.«

Ford erhielt ein Engagement am Laguna Beach Playhouse, wo er im Frühjahr 1965 in dem Stück ›John Brown's Body‹ auftrat. Durch die Gelegenheitsjobs reichte die Gage zumindest, um sich die 75 Dollar Monatsmiete leisten und einigermaßen leben zu können. Ab Juni 1965 ging es finanziell bergauf, denn der Short Term Contract, den das Studio Columbia Pictures mit Ford schloss, bedeutete eine feste Gage von 150 Dollar pro Woche. Ford und seine Ehefrau zogen nach Hollywood in die Hudson Avenue. Im Jahr 1967 wurde Benjamin geboren, der erste Sohn. Er wurde später Koch und Gastronom, studierte an der ›California Culinary Academy‹ und war Chef des Restaurants ›Campanile‹ in Los Angeles. Seit Februar 2000 leitet er sein eigenes Restaurant mit dem Namen ›Chadwick‹ und ist Vater eines Sohnes mit dem Namen Ethan geworden. Marys Schwangerschaft fiel in eine für ihren Mann schwierige Zeit, denn Columbia hatte sich nach Ablauf der 18 Monate entschieden den Vertrag nicht zu verlängern. Das Studio bot an, Ford »gnadenhalber« drei weitere Monate zu unterstützen, aber der lehnte ab. Er erklärte seinem Chef, dass er »kein Interesse an Almosen« habe, und kündigte. Drei Tage später war er bei Universal unter Vertrag, bekam eine Gage von 250 Dollar pro Woche und konnte seine finanziellen Sorgen erst einmal wieder vergessen.

Im Jahre 1968 kaufte sich das Paar für 18.500 US-Dollar ein Haus, das im Woodrow Wilson Drive in der Nähe der Hollywood Bowl in den Hügeln von Hollywood steht. Es war renovierungsbedürftig, aber dank Fords Fähigkeiten als Zimmermann konnte er die notwendigen Arbeiten selber ausführen. 1969 wurde ihr zweiter Sohn Willard geboren. Er studierte später amerikanische Geschichte an der Universität von Kalifornien in Santa Cruz und arbeitete als Lehrer in Oakland. Im Jahr 2000 zog er nach Los Angeles und kümmert sich von dort aus auch um die verschiedenen Trusts und Stiftungen seines Vaters.

Da sich in seiner Filmkarriere nicht die erhofften Erfolge einstellten, arbeitete Ford als Zimmermann. Immer wieder nahm er seine Familie zu Dreharbeiten mit, doch aus finanziellen Gründen nicht so oft, wie er wollte. »Normalerweise standen wir unter dem Druck, arm und unausgefüllt zu sein und allgemein eine schwierige Zeit durchzumachen«, beschrieb Ford diese Jahre einmal in einem Interview. »Ich war als Zimmermann glücklich, aber meine wahren Ambitionen waren schon, als Schauspieler ein Auskommen zu haben. Also akzeptierte ich die Rolle des Han Solo in *Krieg der Sterne*, auch wenn ich als Zimmermann damals mehr Geld verdiente und in der Rolle monatelang von zu Hause weg sein würde. Ich bekam nicht genug bezahlt, um meine Frau und die Kinder mitzunehmen, und so lange getrennt zu sein trug nicht gerade zu einer guten Stimmung in der Familie

bei.« 1978 erklärte er: »Wir haben zwei Jungs, die zur Schule gehen. Ich hatte Glück, dass ich sie und Mary nach Jugoslawien zu den Dreharbeiten von *Der wilde Haufen von Navarone* mitnehmen konnte. Aber es ist schwierig, sie in dieser Phase ihres Lebens für einen längeren Zeitraum aus der Schule zu nehmen. Ich hoffe, dass meine Familie in ein paar Jahren die ganze Zeit mit mir reisen kann.« Gerade die langen Trennungen aufgrund von Dreharbeiten in England sorgten dafür, dass es in der Ehe zu Spannungen kam. Eben erst hatte er längere Zeit in London zugebracht, um *Krieg der Sterne* zu drehen. Nur unterbrochen von einem Urlaub, den er im Februar 1978 mit seiner Familie auf Hawaii verbrachte, drehte er einen Monat später erneut in Europa, und zwar *Das tödliche Dreieck*. Nachdem die Arbeit im Mai 1978 beendet war, trennte er sich von seiner Frau, zog aus dem gemeinsamen Haus aus und mietete eine Wohnung in West Hollywood. »Unsere Ehe zerbrach nach und nach. Wir drifteten einfach auseinander. Wir waren uns fremd geworden. In Wahrheit war die Zeit der Trennung das Deprimierendste in meinem Leben. Das Kino hat uns auseinander gebracht und ich werde ihm das niemals verzeihen.« Er gab zu nicht ganz unschuldig an der Trennung zu sein. »Ich war sicher nicht Mr. Sweetness und Mr. Light und wohl auch ein unzulänglicher Ehemann und Vater. Es war nicht leicht, mit mir zu leben. Ich war verbittert und zynisch.« Im Mai 1979 wurde die Ehe geschieden.

Anfang der neunziger Jahre verlor Mary Louise Marquardt bei einem Autounfall ihren zweiten Ehemann und wurde selbst schwer verletzt. Heute lebt sie unverheiratet im San Fernando Valley. Sie hat nie ein Interview über ihre Beziehung zu Harrison Ford gegeben.

### Fords zweite Frau Melissa Mathison

Es gibt widersprüchliche Angaben darüber, wo und wann Ford Melissa Mathison zum ersten Mal begegnet ist. Autor Garry Jenkins schreibt, dass Produzent und Casting-Director Fred Roos

*Mit seiner zweiten Frau Melissa Mathison, die für ihr Drehbuch von ›E.T.‹ ausgezeichnet wurde*

ihm die 27-Jährige bei einem Essen im Herbst 1977 im Rahmen der großen PR-Tournee für *Krieg der Sterne* in Toronto vorstellte. Andere behaupten, dass sich beide im August 1976 bei den Dreharbeiten von *Apocalypse Now* auf den Philippinen kennen lernten. Melissa Mathison war eine Mitarbeiterin von Francis Ford Coppola. Sie war als Script Supervisor tätig, kümmerte sich aber auch als Kindermädchen um den Nachwuchs der Coppolas. Die am 3. Juni 1950 als Tochter des Journalisten der ›Los Angeles Times‹ und ehemaligen ›Newsweek‹-Chefredakteurs Richard Mathison geborene Melissa hatte in Berkeley studiert. Sie hatte beim ›Time‹-Magazin in San Francisco und als Reporterin für ›People‹ gearbeitet und wurde schließlich Assistentin Coppolas bei *Der Pate – Teil II.* Auf dessen Anregung verfasste sie 1978 mit zwei Kollegen

das Drehbuch zu dem Film *Der schwarze Hengst*, das sie für weitere Aufgaben empfahl. Obwohl es nicht sofort zwischen beiden funkte, war bald klar, dass Ford und Mathison ein Paar werden würden.

Ford wollte nicht den gleichen Fehler wie in seiner ersten Ehe begehen und lange Zeit von seiner Partnerin getrennt sein. Also bemühte er sich, dass sie bei den Dreharbeiten immer dabei war. Im Frühjahr 1979 kauften sich Ford und Mathison im Benedict Canyon, oberhalb von Beverly Hills in Los Angeles, nahe dem Ort, wo Mary Louise Marquardt mit den Söhnen aus erster Ehe lebte, ein Haus. Die räumliche Nähe gewährleistete, dass Ford seine Kinder häufig sehen konnte. Mathison begleitete ihn nach London zu den Arbeiten an *Das Imperium schlägt zurück* und nach Tunesien, wo Teile von *Jäger des verlo-*

*renen Schatzes* entstanden. Am Rande der dortigen Aufnahmen kam sie mit Steven Spielberg ins Gespräch, der als Nächstes die Geschichte von der Begegnung eines kleinen Jungen mit einem Außerirdischen verfilmen wollte. ›Calling Home‹ oder ›E.T. and me‹ waren die Arbeitstitel des Projekts. Spielberg kannte *Der schwarze Hengst* und fragte Mathison, ob sie Interesse hätte, das Script zu verfassen. Sie sagte zunächst ab, da sie von der Umsetzung eines anderen Drehbuchs enttäuscht war. »Nebenbei« hatte sie *The Escape Artist* geschrieben, der 1982 in die US-Kinos kam. Die Geschichte, verfilmt von Caleb Deschane und mit Griffin O'Neal, Raul Julia und Teri Garr in den Hauptrollen, handelt von einem Teenager und Amateurzauberer und dessen Eltern, die ihn ausbeuten wollen. In Deutschland war der Film nicht zu sehen. Mathison sagte Spielberg, dass sie beschlossen habe nie mehr zu schreiben. Spielberg konnte sie jedoch vom Gegenteil überzeugen. *E.T.* wurde ein Welterfolg. Melissa Mathison gefielen vor allem die kreative Atmosphäre und die »familiären Strukturen« in der Arbeit mit Kathleen Kennedy und Frank Marshall, Spielbergs beiden ausführenden Produzenten. »Keiner von uns hat Angst, Steven darauf hinzuweisen, wenn er irrt«, sagte sie einmal. »Er erklärte immer wieder, dass ihm *E.T.* zu weich wäre, bis er endlich aufhörte nur an die Männer im Publikum zu denken.« Spielberg sah seine Beziehung zu Mathison als eine Art Symbiose: »Melissa besteht zu 80 Prozent aus Herz, 20 Prozent entfallen auf die Logik der Geschichte. Mit ihrer Empfindsamkeit und meinem Know-how haben wir *E.T.* realisiert. Außerdem kann ich mit Frauen besser arbeiten. Ich kann zwar nicht behaupten, dass ich ein profundes Verständnis von Frauen habe, aber ich vertraue ihnen.«

»Ich hoffe, ich mache es diesmal besser mit Melissa«, sagte Ford über die Beziehung zu seiner Lebensgefährtin. »Sie kommt mit zu den Dreharbeiten und wir sind nicht so häufig getrennt, wie das in meiner ersten Ehe der Fall war.

Wenn sie bei mir ist, arbeitet sie dort, wo sie kann – wenn es sein muss, auch auf dem Rücksitz eines Autos.« Vor allem seinetwegen heirateten die beiden am 14. März 1983 in Los Angeles. Die Zeremonie dauerte nur etwa 15 Minuten, bevor das Ehepaar mit unbekanntem Ziel davonfuhr. Fünf Jahre später blickte Melissa zurück: »Wir waren mit unserem Zusammenleben ziemlich glücklich, dachten uns aber, es wäre besser, verheiratet zu sein, wenn wir Kinder haben würden. Es war die Idee meines Mannes – in der Hinsicht ist er wirklich altmodisch.«

Am 10. März 1987 wurde ihr Sohn Malcolm geboren. In einem 1990 publizierten Interview gab sich Ford hocherfreut über seine erneute Vaterschaft. »Malcolm macht mein Leben noch reicher. Er lehrt mich jeden Tag von neuem, fröhlich zu sein und unbeschwert. Meine Frau und mein Kind geben mir, selbst nach Ärger und anstrengendsten Dreharbeiten, eine innere Ruhe. Und ein Oscar ist schließlich nicht das wichtigste Ziel in meinem Leben.« Am 30. Juni 1990 kam Tochter Georgia zur Welt. Auch in den folgenden Jahren machte Ford immer wieder deutlich, dass ihm die Familie und sein Nachwuchs das Wichtigste auf der Welt sind. Verschiedene Äußerungen in Interviews lassen aber auch eine gewisse Reserviertheit seiner Frau gegenüber erkennen. So sagte er 1991: »Die größte Freude, die mir das Leben bereitet, sind meine Kinder, mein Heim, meine Familie und meine Zeit in der Natur.« Explizit erwähnt wurde Melissa nicht. Auch in Gesprächen mit anderen Journalisten finden sich vergleichbare Aussagen. Auf die Frage nach den fünf wichtigsten Dinge in seinem Leben zählte er 1993 auf: »Kinder. Ein gutes Bett. Gute Schuhe. Praktische Kleidung. Und Zeit für mich selbst.« Im selben Jahr wurde sein Sohn Willard Vater eines Sohnes namens Eliel und er selbst Großvater. Ford möchte »als Erstes gerne Vater sein und erst dann ein Filmstar. Aber ich denke, man findet nie genug Zeit für die Kinder, und sicher entfernt mich auch mein Job zu weit von ihrem Leben. Es ist immer ein Kampf, alles Nötige mit ihnen zu vereinbaren. Aber das sind eben die Umstände meines Daseins. Meine Kinder wissen, wie mein Leben abläuft, und wenn ich nicht arbeite, verbringe ich so viel Zeit mit ihnen wie möglich.«

Durch die langen Dreharbeiten und die zeitweiligen Trennungen von seiner Familie ließ sich das manchmal nur schwer verwirklichen. Nach 1990 jedoch hält sich Ford, mit Ausnahme von Festivalbesuchen und Interviewtourneen, fast nie außerhalb der USA auf. Ein Haus in Los Angeles und ein Apartment am Central Park West in New York, das die Familie im Frühjahr 1990 erwarb, damit die Kinder dort zur Schule gehen konnten, sorgten dafür, dass die Trennungen nicht allzu lange dauerten. Dass Fords Beziehung zu seinen Kindern auch problematisch war, deuten Sätze wie diese an, die er während der Promotiontour für *In Sachen Henry* äußerte: »Es gibt gleich zu Anfang eine Szene, in der Henry in das Zimmer seiner Tochter geht und sich dafür entschuldigt, dass er sie zuvor angeschrien hat, und meint, dass man noch einmal von vorn beginnen solle. Das erinnert mich an Erfahrungen mit meinen eigenen Kindern und daran, was mein Vater mit mir gemacht hat.«

Ford hat immer auf eine strikte Trennung der beiden beruflichen Karrieren gedrungen. Obwohl Melissa Mathison in *E.T. – Der Außerirdische* eine kleine Szene mit Ford einbaute, die dann aber im Schnittraum blieb, gab es keine gemeinsamen Pläne, an einem Stoff zu arbeiten. »Unsere beruflichen Leben sind ziemlich genau getrennt. Wir treffen unsere eigenen Entscheidungen und es macht uns Spaß, mit anderen Menschen zu arbeiten. Wir diskutieren vielleicht über unsere Arbeit, fragen aber nicht um Rat, denn wir wissen, dass die kritische Arbeitsbeziehung nicht zu dem verheirateten Partner besteht, sondern zu dem, mit dem wir den Job machen. Was zwischen mir und dem Regisseur läuft, bleibt zwischen uns und nicht zwischen mir, dem Regisseur und meiner Frau.« 1992 sagte Ford über Melissa: »Wir haben beide unsere eigenen Leben und Karrieren, um die wir

uns kümmern müssen, aber wir treffen uns auch in der Mitte. Sie ist eine sehr kreative Person und das macht die Beziehung zu etwas Besonderem. Sie kümmert sich sehr um das, was sie tut, und ich respektiere das vollkommen. Ich denke, es hilft auch unserer Beziehung. Das mag bedeuten, dass meine Hemden nicht gebügelt werden, aber das macht mir nun wirklich nichts aus. Wir sind so wie die meisten Familien. Manche Tage verbringen wir gemeinsam, an anderen hat jeder seine eigenen Pläne. Aber wir versuchen so häufig wie möglich zusammen zu Hause zu sein, denn solche Zeiten sind bei meinem Job kostbar.«

*Mit Söhnen Benjamin und Willard bei der Premiere von ›Indiana Jones‹ in Deauville 1981*

Nachdem Melissa Mathison, bedingt durch die beiden Geburten, eine kreative Pause eingelegt hatte, verfasste sie Mitte der neunziger Jahre kurz hintereinander zwei Drehbücher. Das erste war *Der Indianer im Küchenschrank*, das von Frank Oz inszeniert wurde und 1995 in die Kinos kam. Zwei Jahre später erschien der von Martin

Scorsese gedrehte Film *Kundun* über die Jugendjahre des Dalai Lama. Ein weiteres Projekt, ein Drehbuch über Pinocchio für Roman Polanski, kam nicht zustande. Ihr immer größer werdender Drang, wieder selbst zu arbeiten und nicht nur Mutter zu sein, brachte auch Spannungen mit sich.

*Mit Melissa und dem dritten Sohn Malcolm (etwa 1990)*

Harrison Ford ist jemand, der gern allein ist und viel Zeit in der Natur verbringt. Außer wenigen alten Freunden lässt er niemanden an sich heran. »Natürlich versuche ich immer mich von der besten Seite zu zeigen – wie ein Gastgeber, der seine Gäste gut behandelt«, sagte er 1996. »So halte ich es für unschicklich, die eigenen Probleme oder die schmutzige Wäsche an die Öffentlichkeit zu zerren. Ich halte überhaupt nichts davon, mich vor anderen interessant zu machen – so wie ich mich selber auch kaum für das Privatleben anderer Menschen interessiere.«

Am 22. August 2001 reichte Melissa Mathison die Scheidung ein und engagierte dazu Staranwalt Dennis Wasser. Wie meist in solchen Fällen wurden in der Presse so genannte Freunde und Nachbarn zitiert, die ihre Meinung zu der Geschichte kundtaten. Einer dieser Informanten meinte, Ford sei in letzter Zeit sehr »launisch« gewesen und hätte »zurückgezogen und einsiedlerisch« gelebt. Bereits im November 2000 hatte das Paar bekannt gegeben in Zukunft getrennte Wege gehen zu wollen, doch schien im Mai 2001 – zunächst – alles wieder in Ordnung. Im September veröffentlichten die beiden das folgende Statement: »Wir würden es sehr begrüßen, wenn die Medien die Angelegenheit als Privatsache behandeln und zur Kenntnis nehmen würden, dass dies eine sehr schmerzhafte Zeit für uns beide ist.« Auch Melissa Mathison hat nie ein Interview über ihr Leben mit Harrison Ford gegeben.

## Fords Bruder Terence

Harrison Fords Bruder Terence kam am 21. April 1945 in Chicago zur Welt. Beide besuchten dieselbe Grundschule. Als Harrison Ford am 27. Juni 1964 in Mequon in Milwaukee Mary Louise Marquardt heiratete, war Terence neben Marys Schwester Charlene ihr Trauzeuge. Er selbst war dreimal verheiratet, von 1969 bis 1971, von 1977 bis 1982 und von 1987 bis 1992; seine dritte Frau war die Fernsehproduzentin Teri Guitron. Terence Ford ist heute wieder geschieden. Ebenso wie seinem Bruder war ihm lange nicht klar, was er werden wollte. Er zeigte kein Interesse an einer regelmäßigen Arbeit und wurde in den siebziger Jahren zum Hippie. Eine Zeit lang wohnte er in der Wohnung unter Mary und Harrison in Los Angeles, bis er, beeinflusst von den Lehren Timothy O'Learys, durch Marokko, Nepal und Indien reiste. Er studierte in London an der Filmakademie und lebte in einem tibetanischen Kloster in Schottland, ehe er sich in einer Hippie-Kommune in Kalifornien niederließ. Eine Weile war er drogen- und alkoholabhängig. Zwischenzeitlich half er seinem Bruder bei dessen Arbeit als Zimmermann, arbeitete als Fischer und in dem bekannten Nachtclub ›Max‹ in Kansas City, in dem er seine erste Frau kennen lernte. Mitte der achtziger Jahre beschloss er es ebenfalls als Schauspieler zu versuchen, kam aber über kleinere Auftritte in Fernsehserien, Kurzauftritte in TV- und Spielfilmen sowie Hauptrollen in B-Movies nicht hinaus. Nach Angaben von Autor Garry Jenkins half ihm sein gutes Aussehen dabei, mit Besetzungsagentinnen zu flirten und Einsätze in Serien wie *Falcon Crest* oder *Der Denver Clan* zu ergattern. Doch häufig genug kam er nicht weiter, auch weil der Ruhm seines Bruders ihn behinderte. »Ich bin schon glücklich, dass ich nicht Terence Costner oder Terence Belushi heiße«, bemerkte er einmal ironisch in einem Interview. »Wenn sie erfuhren, dass ich Harrisons Bruder bin, dachten die Agenten, sie würden ihn bekommen – nur viel günstiger. Sie hassten es, dass dem nicht so war.« Nach einer regelmäßigen Rolle in der Seifenoper *Riviera*, in der er einen Fotografen spielte, folgten weitere Aufträge in Frankreich und eine Zeit lang lebte er in Paris. Danach kehrte Terence Ford in die USA zurück und machte sich im Norden Kaliforniens mit einer kleinen Gärtnerei selbständig.

Leidenschaften

## Hollywood und abseits von Hollywood

Im Dezember 1964 zog Harrison Ford mit seiner ersten Frau Mary Louise Marquardt an die Westküste, wo sie sich in Laguna Beach nahe Los Angeles niederließen. Die ersten Jahre waren hart, das Engagement am Theater brachte nicht viel ein. Ford jobbte und nahm Aushilfsarbeiten an. Auch das Geld, das er durch seinen Vertrag mit Columbia und später mit Universal verdiente, reichte nur zum Nötigsten. Ein Fan von Los Angeles und speziell Hollywood war Ford nie: »Ich habe die Stadt nie besonders gemocht, obwohl ich 20 Jahre hier gelebt habe. An sonnigen Tagen ist es schön. Da wird einem bewusst, welche Ausstrahlung Los Angeles früher einmal hatte, bevor es so unnatürlich aus den Nähten geplatzt ist. Heute bin ich froh, dass ich nur noch zu Dreharbeiten hierher kommen muss«, erklärte er 1989 in einem Interview.

Aufgrund der Trennung von seiner ersten und der beginnenden Liebe zu seiner zweiten Frau zog Ford innerhalb der Stadt mehrfach um. Seine ablehnende Haltung in Bezug auf das Leben in Hollywood nahm zu, wie man Aussagen aus den Jahren 1990 bis 1992 entnehmen kann: »Die Leute dort sind so sehr mit ihrem Aussehen beschäftigt, dass sie keine Zeit mehr finden, die Welt um sich herum wahrzunehmen« ist ein Beispiel. »Sobald ich dort nicht mehr leben musste, ging ich weg. Ich bin weit genug oben, dass ich nicht mehr überall auftauchen muss. Ich muss nicht mehr ein Teil von Hollywood sein.« Zu diesem Zeitpunkt waren Melissa Mathison und er bereits nach Wyoming gezogen. Das Haus in Los Angeles hatte die Familie behalten, um bei Dreharbeiten in der Stadt in vertrauter Umgebung zu sein. Filmerfolge wie die Indiana-Jones-Reihe oder *Der einzige Zeuge* und der Status, den er sich im Laufe der achtziger Jahre erworben hatte, erlaubten Ford, sich nur noch selten an der Westküste blicken zu lassen. Stattdessen lud er die Regisseure und Produzenten, mit denen er

zusammenarbeiten wollte, in sein neues Domizil nach Wyoming ein. »Ich hasse alles in Hollywood«, sagte er 1990 der ›Hör Zu‹. »Ich hasse die vielen falschen Fuffziger hier, die Schönheitsoperationen, das Wetteifern um das klotzigste Haus. Die meisten Leute in Hollywood sind so damit beschäftigt, ihre Schenkel fit zu halten, dass sie dabei ihren Kopf und ihr Herz vernachlässigen. Und vor allem: Ich hasse den Klatsch, der so verletzen kann.« Doch ein begehrtes Ziel oder gar ein Opfer von Klatschreportern und Paparazzi war Harrison Ford nie. In seinem Entschluss, die Stadt zu verlassen, spiegelt sich viel eher der Wunsch wider, abseits in der Natur zu leben, als einer unter vielen heimisch zu sein. »Warum die Leute mich wollen? Weil ich so bin wie die Leute. Nichts Besonderes!«, sagte er einmal dem Magazin ›Gala‹. »Ich muss mich nicht interessanter machen, als ich bin. Das Interessanteste an mir ist mein Job« ist ein ebenso typischer Satz, der viel über den Mann aus dem Mittleren Westen aussagt. Das Magazin ›Life‹ veröffentlichte einmal ein Foto, auf dem er, neben vielen anderen Bürgern, unerkannt an einer Bushaltestelle steht. Das gefällt Harrison Ford – seine Ruhe zu haben und in Frieden gelassen zu werden. »Ich versuche nur mich unauffällig zu verhalten«, sagte er 1996. Manche Branchenkollegen glaubten sogar einen gewissen Hang zum Einsiedlerdasein an ihm auszumachen – ein Ruf, dem er immer wieder mal Nahrung gab. »Heute vermisse ich den Zirkus Los Angeles überhaupt nicht«, stellte er 1992 fest. »Ich ziehe den Frieden und die Stille vor. Als Person brauche ich viel Platz und es macht mir nichts aus, draußen in der Natur zu sein. Das macht mir Spaß. Ich habe endlich gefunden, wonach ich gesucht habe. Manchmal nehme ich meine Familie auch mit nach New York. Mein fünf Jahre alter Sohn Malcolm findet New York sehr aufregend. Persönlich stört mich die Stadt nicht, wenn ich sie in kleinen Dosierungen erleben kann, aber es ist wunderbar, zu wissen, dass es ein friedliches Zuhause gibt, in das man wieder zurückkehren kann.«

# Wyoming und die Natur

Dieses »friedliche Zuhause« fanden Harrison Ford und Melissa Mathison im Sommer 1985 nach einer längeren Suche in Wyoming. »Lange Zeit hatte ich in meinem Kopf ein Bild vom Paradies und überlegte mir, wie wohl das amerikanische Paradies aussieht. Wälder und Flüsse und klare Bergluft hatte ich dann vor Augen. Melissa und ich suchten nach einem Ort für ein zweites Zuhause, das schließlich zu unserem ersten Zuhause geworden ist.« Ford fehlte die körperliche Aktivität und das schöpferische Element in seinem Haus in Los Angeles. Bei einem Besuch in der amerikanischen Talkshow von Larry King klagte er, dass ihm die Stadt »keine Abwechslung« biete. »Für mich gibt es in Beverly Hills nichts zu tun. Es sei denn, ich gehe in den Park hinüber und schneide das Gras.« Im Sommer 1986 zog die Familie in ein Haus, das etwa 13 Kilometer von der 4.500 Einwohner großen Stadt Jackson Hole entfernt liegt, etwa 140 Kilometer südlich des Yellowstone-Nationalparks. »Ich kam etwa sechs Monate bevor dort die erste Ampel aufgestellt wurde«, sagte er rückblickend der ›Los Angeles Times‹. »Ich zog nach Wyoming, um so viel Zeit wie nur irgend möglich fernab von der Filmwelt verbringen zu können«, erzählte er 1989. Das Gelände, das Ford erwarb, ist etwa 800 Hektar groß und musste erst bewohnbar gemacht werden. Dazu zählte der Bau einer Straße und einer Zufahrt, die Renovierung des Hauses, das ursprünglich als Gebäude für einen Verwalter gedient hatte, und sogar die Umleitung eines Flusses. Auf der Ranch leben Pferde, Hunde und Katzen. Lange Zeit versuchte Ford geheim zu halten, wo das Anwesen liegt, um sich vor neugierigen Fans zu schützen. Nach Angaben eines Journalisten des ›Sunday Express‹, der 1991 als einer der wenigen dort zu Gast war, handelt es sich um ein »großes, gerades und flaches Schalbrett-Haus. Dazu gehört ein Tennisplatz, ein Schneemobil und ein Kanu. Außerdem gibt es eine riesige, bestens ausgestattete Werkstatt«.

Die Ranch ist weiß, zweigeschossig und erinnert in ihrer Einfachheit an die Häuser der Amish-People im Film *Der einzige Zeuge*. Auf die Frage, ob er dort nun mehr Privatleben habe, antwortete Ford: »Ja und nein. Dort gibt es natürlich auch Leute, die mich auf der Straße ansprechen oder bei mir klingeln. Aber es bleibt alles in vertretbaren Grenzen. Das kommt wahrscheinlich daher, dass ich auf meinem Privatleben bestehe. Dieser Wunsch wird von den Leuten respektiert.«

400 Hektar seines Landes stellte Ford als Naturschutzgebiet für bedrohte Tiere und Pflanzen zur Verfügung. »Es gibt Elche, amerikanische Elche, drei verschiedene Arten von Hirschen, Adler, Seeadler, Falken, Habichte, Eulen, den größten blauen Reiher von Wyoming, es gibt Ströme, Wälder und Fische.« Timothy White, einer der Fotografen, mit dem Ford seit vielen Jahren befreundet ist und für dessen Buch ›Portraits‹ er das Vorwort verfasste, und die US-Starfotografin Annie Leibovitz schossen Bilder des Schauspielers, auf denen man den 1,83 Meter großen Mann an seinem Zaun sieht, in seinem Boot rudernd oder sich in seiner Werkstatt aufhaltend. Die Aufnahmen zeigen, wie wichtig Ford die Verbundenheit mit der Natur ist, machen aber auch deutlich, dass sein Privatleben weiterhin nicht in die Öffentlichkeit getragen werden soll. Fotos mit seiner Frau und den Kindern entstanden nur bei Premieren oder als Schnappschüsse bei Dreharbeiten. Über sein Farmerleben sagte Ford 1990 im ›tip‹: »Kein Tag ist wie der andere. Und es ist keine produzierende Farm. Wir ließen die Kühe der Nachbarn auf unserer Weide grasen. Vor drei Jahren verlegten wir sie wieder, damit das Gras nachwachsen konnte. Unser Leben ist zu unregelmäßig, um Pferde zu halten. Wir haben dafür jede Menge wilde Tiere. Manchmal müssen wir ihren Lebensraum verbessern. Ich fische zudem viel, fahre Ski und bin aktives Mitglied in mehreren Organisationen für den Umweltschutz – auf internationaler Ebene und zu Hause in Jackson Hole.«

# Privatleben und Hobbys

Harrison Ford schirmt sein Privatleben so weit wie möglich vor der Öffentlichkeit ab. Nur wenige Journalisten durften ihn auf seinem Anwesen in Wyoming oder im New Yorker Apartment besuchen. »Ich bin immer ansprechbar, wenn ich etwas zu sagen habe«, erklärte er 1990 im Berliner ›tip‹. »Und wenn ich nichts zu sagen habe, dann bin ich nicht da. Ich ziehe es vor, dass die Leute so wenig wie möglich über mich wissen, und das hat vielfältige Gründe. Erstens hat mein Privatleben nichts mit meiner Arbeit zu tun. Zweitens sind die Leute sehr schnell gelangweilt. Und drittens werden in Amerika dem Berühmtsein und dem Erfolg zu viel Bedeutung zugemessen. Ich möchte mit diesem Mythos so wenig zu tun haben wie möglich. Meine Reserviertheit ist eine Erfindung der Presse.« Da sich Ford nicht als Berühmtheit oder Star sieht und sich im Beisein vieler Menschen nicht wohl fühlt, vermeidet er öffentliche Auftritte, Premieren, Partys oder Feiern der Filmbranche. Häufig genug hat er sein Missfallen über derartige Veranstaltungen ausgedrückt. Und da er erwartet in Ruhe gelassen zu werden, verhält er sich auch entsprechend zurückhaltend in Bezug auf andere Prominente. »Wenn ich auf der Straße berühmte Menschen sehe, drehe ich mich weg, damit sie nicht in Verlegenheit gebracht werden durch mein Anstarren. Manchmal ist es jemand, den ich kenne, aber in diesem Augenblick tue ich so, als kenne ich ihn nicht. Jack Nicholson ist seit 15 Jahren ein Freund von mir, aber jedes Mal wenn ich ihn auf der Straße treffe, drehe ich mich instinktiv weg, damit er seine Privatsphäre behalten kann.« Auch öffentliche Reden liegen Ford nicht. Der in New York lebende Regisseur Mike Nichols, der seit Jahren mit ihm befreundet ist, sagt, dass Ford Ansprachen »hasst«. Er war daher sehr bewegt, als Ford anlässlich einer Ehrung für den Regisseur, die 1990 im Lincoln Center stattfand, tatsächlich aufstand, um ein paar Worte zu sagen. »Man kann das als Außenste-

hender nicht wahrnehmen, aber wenn du sein Freund bist, weißt du, dass er in Momenten wie diesen durch die Hölle geht. Er hat diese Angst niemals wirklich besiegt und sie bereitet ihm jedes Mal Schmerzen.«

»Mein typischer Tag verläuft so«, erklärte Harrison Ford einmal, »dass ich früh aufstehe, mit der Familie frühstücke und dann irgendwelche Jobs auf der Ranch mache. Ich erledige Reparaturen, und wenn es geschneit hat, fege ich die Zufahrt. Es gibt immer viel zu tun. Ich fühle mich wohl, wenn ich mit meiner Laune niemanden störe. Der Vorteil an meinem Leben ist, dass egal wie lange es dauert, einen Film zu machen, ich nach dem Ende der Dreharbeiten wieder in die Realität zurückkehren kann.«

Ford isst gern japanisch, spielt ab und zu Tennis, »aber privat, nicht gesellschaftlich«. »Ich bin ein Nachrichten-Junkie und ich muss zu meiner Schande gestehen, dass ich mir neue Filme nur auf Video ansehe, denn ich hasse es, auszugehen. Ich bin eine sehr private Person«, erklärte er 1993. Zu seinen Hobbys zählen sämtliche handwerklichen Arbeiten. Ford besitzt einen Geländewagen, einen schwarzen Porsche 911, einen Mercedes T-Modell, einen Jeep und mehrere Motorräder vom Typ BMW und Harley Davidson, »acht oder neun, alle möglichen, aber keine Oldtimer, sondern nur zeitgemäße Maschinen«. Im Herbst 1990 erlitt er auf dem Weg zur Ranch einen Autounfall: »Das Auto vor mir bog nach links ab. Ich sah es nicht rechtzeitig und rauschte in dessen Heck. Ich hatte Glück, denn ich kam mit ein paar Kratzern am Arm davon.« Seit Mitte der neunziger Jahre zählt auch die Fliegerei zu Fords Leidenschaften, 1995 begann er mit dem Unterricht. Im September des darauf folgenden Jahres bestand er die Prüfung und erwarb die Fluglizenz für einmotorige Maschinen. Der Flieger, der im Film *Das Kartell* einen Trupp des amerikanischen Geheimdienstes CIA nach Kolumbien bringt, ist ebenso sein Eigentum wie das Flugzeug vom Typ DeHavilland Beaver, mit dem er in *Sechs Tage, sieben Nächte* fliegt. Mitte

1997 erwarb er eine Fluglizenz für Hubschrauber und kaufte sich kurze Zeit später zwei Helikopter vom Typ Bell. Mit einer dieser Maschinen erlitt er im Oktober 1999 einen Unfall, als er mit einem Fluglehrer im Norden von Los Angeles Notlandungen übte und dabei in ein ausgetrocknetes Flussbett stürzte. Beide Männer blieben unverletzt. Seine Fähigkeiten und seine Maschinen bot Ford den Behörden seines Heimatortes für Hilfsaktionen an und zweimal konnte er verirrte Wanderer aus bedrohlichen Situationen retten. »Es macht mir Spaß, meine Fähigkeiten zu vertiefen und neue Talente zu entwickeln«, wird Ford in einer Broschüre zitiert, die anlässlich der Verleihung des ›Lifetime Achievement Award‹ vom Amerikanischen Filminstitut (AFI) herausgegeben wurde. »Fliegen ist nichts Besonderes, nur manchmal etwas kritisch.«

Darüber hinaus interessiert sich Harrison Ford für Kunst. Seit den achtziger Jahren sammelt er vor allem Gemälde. Er begann mit fünf Zeichnungen des Künstlers Edouard Vuillard aus dem 19. Jahrhundert, später kamen Gemälde von Amerikanern wie Robert Henri und Edward Hopper hinzu. Auch schätzt er Westernlandschaften von Russell Chatham. »Ich bin kein besessener Sammler«, sagte er in einem Gespräch mit der ›Chicago Tribune‹. »Wenn ich keinen Platz mehr an den Wänden habe, höre ich auf.«

*PR-Foto von Universal, Ende der sechziger Jahre: Ford verdingte sich in TV-Serien.*

## Zimmermann Ford

Fords Engagement als Zimmermann entstand nicht nur aus einem persönlichen Bedürfnis, sondern auch aus seiner wachsenden Frustration über die Rollen, die er bei der Produktionsfirma Universal zu spielen hatte, und dem Gefühl, damit auf der Stelle zu treten. Zudem hatte die Familie Ford nach ihrem Umzug von Laguna Beach etwa 90 Kilometer außerhalb von Los Angeles eine neue Unterkunft in den Hollywood Hills bezogen, die Fords handwerklicher Fähigkeiten bedurfte. Schauspielkollege Doug Rowe, mit dem er am Laguna Beach Playhouse gespielt hatte, erinnert sich, dass Ford »wirklich kämpfte, denn er hatte nicht einmal das Geld, um sich das Bauholz für den Umbau des Hauses zu leisten«. Also fing er an sich nach Jobs umzusehen, um die Renovierung bezahlen zu können. »Ich hatte genug vom Film«, sagte er über die Jahre 1969/1970. »Man gab mir immer nur winzige Rollen. Zwar verdiente ich etwas und war laufend beschäftigt, aber ich sah keine Karriere vor mir. Also wurde ich Zimmermann. Das ist ein begehrter und hoch bezahlter Handwerksberuf. Es machte mir mehr schöpferische Freude als die besseren Komparsenrollen. Ich sagte mir, wenn du so weitermachst, bist du nichts als ein kleiner Scheißer. Und so war ich als Zimmermann glücklich und verdiente gutes Geld.« Mit dem Schauspiel aufzuhören bezeichnete er einmal als »eine Erlösung«. Dennoch wusste er, dass er mit dem Spielen nie ganz aufhören würde, und las weiterhin neben seiner handwerklichen Arbeit Drehbücher. »Dank des Geldes, das ich als Zimmermann verdiente, war ich nicht auf die Arbeit als Schauspieler angewiesen. Ich konnte es mir erlauben, Rollen auszuwählen, die ich spielen wollte. Außerdem gibt es eine Parallele zwischen der Arbeit eines Zimmermanns und der eines Schauspielers. Man muss einen logischen Plan haben. Dem musst du folgen und das Ganze vom Grund her aufbauen.«

Harrison Ford entschied sich »alles aus dem Haus zu werfen, was mir nicht gefiel. Ich hatte zuvor noch niemals etwas gezimmert, aber holte mir Bücher aus der Bibliothek, holte mir Werkzeug und fing einfach an – ungefähr acht Jahre lang in den Sechzigern und Siebzigern. Ich baute Zimmer, Schränke, Möbel, Holzverkleidungen und Wohnungen um. Es war toll. Ich konnte sehen, was ich geschaffen hatte. Also beschloss ich, vorerst keine Rollen mehr anzunehmen«. Ford hatte Glück, denn ein Freund stellte ihn dem populären südamerikanischen Komponisten Sergio Mendes vor. Er erhielt den Auftrag, ein Plattenstudio für ihn zu bauen, was mit 100.000 US-Dollar entlohnt werden sollte. »Sergio Mendes' Studio war mein erster Tischlerjob«, bestätigte Ford. »Ich habe auf dem Dach gesessen und die Bücher ›Wie werde ich Tischler?‹ gelesen, die ich mir aus der Bibliothek ausgeliehen hatte.« Nach Informationen der Autoren Ethlie Ann Vare und Mary Toledo berichtete Mendes: »Er erschien mir so, als wisse er, wovon er redete, auch wenn er keine Papiere vorzeigen konnte, die belegten, dass er Zimmermann ist. Er kümmerte sich sehr um das, was er tat, und das gefiel mir gut. Ich hasse das Wort ›Perfektionist‹, aber er war sehr aufmerksam und hat den Job großartig gemacht.« Etwa sechs bis sieben Monate baute Ford an dem Plattenstudio und das Ergebnis war »prächtig. Er benutzte gefärbtes Glas, das aus einem Mausoleum in Tennessee kam, und verlegte einen handgearbeiteten Holzfußboden. Es war eine fantastische Arbeit und wir nutzen

das Studio heute noch«, begeisterte sich Mendes 1988. Das Studio existierte bis Ende der neunziger Jahre. Mendes beschrieb Ford als einen »stillen Mann, der nicht viel am gesellschaftlichen Leben teilnahm. Seine Frau kam vorbei und brachte ihm mittags etwas zu essen. Er sprach wenig, war eher im Stillen stolz auf das, was er geschaffen hatte«.

Fords Fähigkeit sprach sich herum und er wurde eine Art Zimmermann der Stars in Hollywood. Sein Kommentar: »Hollywood konnte gute Zimmerleute besser gebrauchen als durchschnittliche Schauspieler.« Er arbeitete für die Akteure James Caan, Richard Dreyfuss und James Coburn, für den Regisseur Richard Fleischer (*20.000 Meilen unter dem Meer, Die Wikinger, Die fantastische Reise, Tora! Tora! Tora!*) und das Autorenehepaar Joan Didion und John Gregory Dunne. Auch seinem Mentor Fred Roos half er aus, baute das Bett für dessen Sohn, einen Nachttisch für ihn und war auch einmal mitten in der Nacht zur Stelle, als ein Sturm ein Loch ins Dach gerissen hatte und Wasser hineintropfte. »Einmal hat er eines meiner Häuser total umgebaut«, sagte Roos dem Magazin ›People‹. »Es gibt einen wunderbaren handgearbeiteten, geschwungenen Kaminmantel, der sicher noch da ist. Mir gehört das Haus nicht mehr, aber ich weiß, dass die Immobilienhändler noch immer auf das einzigartige Stück hinweisen.« Richard Fleischer, für den Ford 1973 ein Zimmer zu einer Bibliothek umbaute, erinnerte sich, dass Ford nach zehn Tagen Arbeit plötzlich verschwand ohne einen Ton zu sagen und dann wieder auftauchte. Auf die Frage, wo er gewesen sei, antwortete Ford, er hätte den Film *Der Dialog* gedreht. Als er das nächste Mal verschwand, stellte Fleischer keine Fragen mehr.

Ford war so gefragt, dass er andere Handwerker beschäftigen musste, um den lukrativen Aufträgen nachkommen zu können. Auch sein Bruder Terence half ihm 1972. Seinem Nachbarn, dem Sänger und Schauspieler David Somerville, der durch den Song ›Little Darlin'‹

bekannt geworden war, half er sein Haus abzustützen, das an einem Hang der Hollywood Hills stand. Nachdem er herausgefunden hatte, dass das Gebäude aufgrund geologischer Veränderungen in Bewegung geraten war, »zeichnete er einen Plan für mich und half mir die Stützen zu bauen. Wir nannten das Ganze die ›Ford Foundation‹. Ich revanchierte mich, indem ich ihm bei seiner Küche half, auch wenn die nur halb so gut gelungen ist«. Doch der Job gefiel Ford auch nur, solange er nicht zu sehr ausuferte. »Je erfolgreicher ich wurde, desto weniger liebte ich ihn«, gestand Ford US-Talkmaster Larry King. »Die Verantwortung wurde immer größer. Ich wollte nicht für alles geradestehen, etwa wenn der Klempner nicht rechtzeitig erschien.«

Des Weiteren arbeitete Ford beim Popfestival in Monterey, baute für die Schauspielerin Sally Kellerman eine Sonnenterrasse und Bücherregale. Einer seiner Jobs führte ihn im Herbst 1976 auf das Studiogelände der Samuel Goldwyn Studios, wo George Lucas seine Besetzungsgespräche für *Krieg der Sterne* führte. Ford arbeitete an der Eingangstür von Francis Ford Coppolas Büro in dessen Unternehmen Zoetrope. Nachdem er seinen Job abgeschlossen hatte, fragte ihn Lucas, ob er nicht den Bewerbern assistieren und mit ihnen die Texte lesen könne, was Ford auch tat. Überraschend erwies sich für Lucas, dass Ford selbst die ideale Besetzung für den Part des Han Solo war. Wochen später, als Ford gerade wieder bei Sally Kellerman beschäftigt war, rief ihn Lucas an, um ihm die Rolle zu geben, und Kellerman sagte erstaunt: »Wir wussten alle, dass er eines Tages seinen großen Durchbruch haben würde, aber nicht mal in meinen Träumen hätte ich damit gerechnet, dass der während eines Malerjobs in unserer Küche passieren würde.«

»Ich habe das Schauspielen nie aufgegeben«, sagte Ford, »sondern immer mal wieder vorgesprochen und hatte so einen Fuß in der Tür. Zimmermann zu sein war eine Möglichkeit, für den Unterhalt der Familie zu sorgen.« Tatsächlich drehte er während seiner Handwerkerphase *American Graffiti, Der Dialog* und *Apocalypse Now* sowie zwei Fernsehfilme, auch wenn es insgesamt betrachtet nicht viele Drehtage waren. Interessanterweise tauchen Hinweise auf seine Tätigkeit als Vollzeithandwerker auch in seinen Filmen immer wieder mal auf. So finden sich in *Heroes* einige Szenen, in denen er gemeinsam mit Henry Winkler ein paar Kaninchenställe zusammenzimmert. In *Der einzige Zeuge* wurde sogar die Sequenz eines Hausbaus eingefügt, die nicht nur die Figur des John Book in einem anderen Licht erscheinen lässt, sondern auch Fords Fähigkeiten unter Beweis stellt.

Rückblickend betrachtet Ford seine Abkehr vom Filmgeschäft als richtig. 1994 kommentierte er in ›Gala‹ die Zeit so: »Ich habe nicht vergessen, wie das war, als ich keinen Job fand beim Film. Damals habe ich den Gesellenbrief zum Zimmermann gemacht. Sonst hätte ich die Familie nicht ernähren können.« Auch als er im Sommer 1986 mit seiner Familie nach Wyoming zog, baute er dort vieles selbst und richtete sich neben dem Haupthaus eine große Werkstatt ein. Für seinen im März 1987 geborenen Sohn Malcolm baute er das Bett. Wenn er nicht dreht, verbringt Ford viel Zeit damit, am Haus zu arbeiten, den Zaun zu reparieren oder in der Werkstatt zu basteln.

Ford hat den Ruf eines detailversessenen Perfektionisten. 1990 empfahl ihm Produzent Mace Neufeld jemanden, der ihm bei der Renovierung der Fenster seines Apartments in New York helfen sollte. »Für den Handwerker war es der härteste Job, den er jemals gemacht hat, denn Harrison kam herein, schaute sich die Arbeit an und merkte an: ›Dies ist $^1/_{16}$ Inch daneben. Das müssen Sie noch mal machen.‹ Er ist echt besessen.« $^1/_{16}$ Inch entspricht 1,5 Millimetern!

Ford über Ford

### A wie Alter

»Entweder wird man mit dem Alter besser oder man verschwindet von der Bildfläche. Abgesehen davon wächst man als Schauspieler auch durch die verschiedensten Erfahrungen, die man im Laufe der Zeit gemacht hat. Auch Schuhmacher, Schneider und Menschen in anderen Berufen werden im Alter besser.«

### B wie Bösewicht

»Einfach nur einen Bösewicht oder gar einen Serienkiller zu spielen würde mich nicht interessieren, aber ich habe kein Problem damit, eine Figur zu spielen, die weniger sympathisch ist. Es gibt genügend Beweise dafür in meiner Filmliste.«

### C wie Charakter

»Ich nehme nie einen meiner *characters* mit nach Hause. Viele Leute können nur über die Arbeit reden, wenn sie filmen, aber ich bin da anders. Filme zu drehen ist nichts, was mich berührt.«

### D wie Drehbuch

»Das Drehbuch ist ein wesentliches Element des Films und ich verwende viel kreative Energie darauf, dass die Hauptpersonen mit der Geschichte eine homogene Einheit bilden, dass alle Darsteller logisch und konsequent agieren. Ich will, dass eine sichtbare Entwicklung im Film stattfindet, die im Idealfall die Entwicklung der Hauptfigur widerspiegelt.«

### E wie Ehrgeiz

»Ich habe keinerlei Ehrgeiz, Filme zu machen, die für mich geschrieben wurden, oder eigene Projekte zu verwirklichen. Ich ziehe es vor, eine Geschichte zu finden, die in sich selbst lebendig und interessant ist. Dann kann ich durch mein Spiel meinen Beitrag dazu leisten. Erst dann wird das Ergebnis optimal.«

### F wie Fans

»Fans sind meine Kunden, Leute, die meine Karriere erst möglich gemacht haben. Es kostet mich sehr wenig, ihre Wünsche zu erfüllen, es sei denn, ich wäre gerade beim Pinkeln.«

### F wie Frauen

»Ich fühle eine echte Verwandtschaft zu Frauen und fühle mich in ihrer Gegenwart sehr wohl. Ich mag Frauen.«

### G wie Gefühle

»Ich denke, die wahre Sprache des Films sind Gefühle. Wenn ich auf etwas emotional reagiere, diese Emotionen dem Publikum vermitteln und es dazu bringen kann, genauso zu fühlen, dann schaffe ich eine Bindung zwischen ihm und der Figur, die wirklich stark ist.«

### G wie Geld

»Ich erwarte Anerkennung für den Job, den ich tue, und das ist die Schauspielerei. Dafür bekomme ich mein Geld und nicht dafür, ein Star zu sein.«

### H wie Helden

»Helden spielen kann ich nicht. Heroisches Verhalten kann man nicht erfinden. Das ist hässlich und kommt bei niemandem an. Du spielst eine Rolle immer so echt wie möglich. Du kannst die Figur aber trotzdem etwas Heroisches leisten lassen. Es ist nicht uninteressant, einen Helden darzustellen. Wahre Helden aber hasse ich. Es ist viel interessanter, Durchschnittsmenschen zu spielen, mit denen das Publikum sich übrigens besser identifizieren kann. Möglich ist aber, dass die durchschnittlichen Menschen angeregt werden sich wie Helden zu benehmen. Ich spiele Personen, die sich auch mal heroisch verhalten. Jeden Tag lesen wir in der Zeitung von jemandem wie einem Milchmann, der in ein brennendes Gebäude rennt und ein Baby rettet. Einen Tag zuvor hätte ihn noch niemand für einen Helden gehalten. Er hat sich nur selbstlos verhalten, tapfer. Ich halte mich selbst nicht für heroisch.«

### H wie Humor

»Humor ist eine der wichtigsten Qualitäten, die ein Mensch haben kann, daher tendiere ich dazu, etwas Komödiantisches in alle meine Filme einzubauen.«

### I wie Improvisieren

»Ja, ich improvisiere, aber nicht so, dass ich meine Mitspieler damit überrasche oder gar vor den Kopf stoße. Das kann man vielleicht am Theater machen oder im Kabarett. Beim Film funktioniert das nicht. Meine Improvisation bei *Auf der Flucht* zum Beispiel sah so aus, dass ich beim Verhör durch die Mordkommission zwar meine Antworten im Voraus wusste, aber nicht, was sie mich fragen würden. Das gab mir den nötigen Spielraum, instinktiv zu reagieren, was, wie ich hoffe, viel überzeugender ist als einfach vorbereitete Dialoge abzuspulen.«

### J wie Joggen

»Ich jogge nicht. Filme zu drehen ist für mich genug Aufregung. Ich weiß, dass ich berüchtigt dafür bin, praktisch der einzige Mensch in Los Angeles zu sein, der nicht joggt oder irgendwelche Übungen macht, aber ich halte mich fit, indem ich Filme drehe.«

### K wie Kritiken

»Ich lese Kritiken, aber ich höre nicht auf sie.«

### L wie Langeweile

»An dieser Arbeit hat mich immer interessiert, dass man sie in jedem Alter leisten kann – solange das Publikum einen toleriert. Und ich kann keinen Grund entdecken, weswegen man dann aufhören sollte. Der einzige Grund für ein Ende der Arbeit wäre für mich die Langeweile. Und da sehe ich noch keine Gefahr. Bisher haben mich die Filme immer gefesselt.«

### M wie Macht

»Ich denke nicht, dass ich irgendeine Macht besitze, sondern nur, dass sich mir Möglichkeiten bieten, das zu tun, was ich möchte.«

### M wie Mitgefühl

»Ich glaube, ich habe genügend Mitgefühl, und das ist eine Eigenschaft, die ich an mir schätze. Ohne Großzügigkeit und Mitgefühl ist man kein richtiger Mensch. Und auf keinen Fall ein guter Schauspieler.«

### N wie Nase

»Ich würde gerne meiner Nase eine weitere Chance bieten, eine normale Position in meinem Gesicht einzunehmen.«

### N wie Normalbürger

»Ich versuche nur mich unauffällig zu verhalten. Es gibt eben diesen kleinen Unterschied zwischen hoch erhobenem Haupt und dem Gang eines Normalbürgers.«

### O wie Optimismus

»Ich bin Optimist. Ich persönlich glaube daran, dass die Dinge sich immer zum Besseren entwickeln, sowohl im Privat- als auch im Berufsleben. Es gibt keine einfachen Lösungen, aber wenn man sich lange Zeit darum bemüht, gelingt es. Und wenn das passiert, fühlst du dich bestätigt und genießt alles viel bewusster.«

### O wie Oscars

»Oscars sind eine politische Angelegenheit. Das ist nicht die Herausforderung bei einem Film wie *In Sachen Henry*, bei dem mich die Geschichte sehr bewegt hat. Ich denke nicht an Robert de Niro oder Dustin Hoffman. Ich befinde mich nicht in einem Wettbewerb mit anderen Schauspielern. Ich glaube nicht an Preise oder Wettbewerbe zwischen Äpfeln und Orangen. Das macht keinen Sinn.«

### P wie Politik

»Ich finde es unerträglich, wenn prominente Schauspieler als politische Figuren auftreten. Dadurch verlieren wichtige Diskussionen in bedauerlicher Weise an Qualität. Die Leute entscheiden nicht mehr aufgrund von Argumenten, sondern nach der Meinung ihres Stars. Und die ist oft genug wenig fundiert.«

### P wie Privatleben

»Ich gebe gern Auskunft über meine Filme, weil das nun mal zu den Aufgaben eines Stars gehört, aber ich sage nichts über mein Privatleben und lasse niemanden in mein Schlafzimmer gucken. Wenn ich irgendetwas ändern könnte, dann würde ich dafür sorgen, mehr privat sein zu können. Am liebsten wäre ich sogar anonym, denn das bin ich so gut wie nirgendwo.«

### R wie Rollenstudium

»Rollenstudium bedeutet für mich, den kleinen Dingen nachzuspüren, die später hilfreich sind eine Figur glaubhaft zu machen.«

### S wie Star

»Wenn ich höre, dass ich als Star oder gar Superstar beschrieben werde, dann ist das für mich der wahre Horror. Zuerst war es nur ein Schaudern, aber jetzt ist es eher ein stechender Schmerz. Was das wirklich bedeutet, ist, dass ich es vorziehen würde, nicht als Star angesehen zu werden. Es wäre mir lieber, wenn man mich als Schauspieler ansehen würde. Dieser so genannte Starruhm ist ein Werkzeug. Er bedeutet, dass ich die Gelegenheit habe, viel mehr zu arbeiten und mehr über die Filme zu sagen, die ich drehe.«

### S wie Stunts

»Ich mache keine Stunts. Stuntmen machen Stunts. Ich habe mich zwar ein paar Mal verletzt, aber es ist Unsinn, zu denken, dass ich irgendwelche gefährlichen Dinge tue. Jeder fitte Mensch könnte tun, was ich tue. Ich unternehme zwar Dinge, die mich zum Schwitzen bringen oder dreckig machen, aber keine Stunts.«

### T wie Trend

»Ich folge keinem Trend. Ich bin wie ein Paar alter Schuhe und ich war nie hip. Ich glaube, der Grund, warum ich immer noch da bin, ist, dass ich niemals so sehr in Mode war, dass ich durch irgendetwas Neues ersetzt werden musste.«

### U wie Unfälle

»Die Indiana-Jones-Filme waren die härtesten Arbeiten. Ich habe mehrfach Unfälle gehabt. Im ersten Teil wurde mein linkes Knie verletzt und ich musste zum Arzt. Der zweite Teil bescherte mir eine gebrochene Kniescheibe und ein paar verlorene Zähne.«

### V wie Vorbilder

»Als ich zwölf war, war Abraham Lincoln mein Held. Seitdem habe ich keine Vorbilder mehr. Ich schätze die Arbeit sehr vieler Menschen. Aber es gibt niemanden, den ich als Vorbild bezeichnen würde.«

### Z wie Zukunft und Zufriedenheit

»Ich denke nie so sehr an die Zukunft, denn sonst wird man schnell zu einem nervösen Zweifler. Ich war schon immer so. Ich plane nicht. Normalerweise mache ich einfach einen Job nach dem anderen. Ich will mir den Spaß bei der ganzen Sache nicht verderben.«

# Anhang

# Biografische Daten

13. Juli 1942: Geburt in Chicago im US-Bundesstaat Illinois

21. April 1945: Geburt seines Bruders Terence in Chicago

bis 1954: Besuch der Graham Stuart Elementary School in Chicago

1954 – 1956: Besuch der MS Meltzer Junior High School in Chicago

September 1956 – Juni 1960: Besuch der Maine East Township High School in Morton Grove

Herbst 1960 – 1963: Studium der englischen Literatur und Philosophie am Ripon College in Wisconsin

Juni – September 1964: Engagement im Belfry Theater in Williams Bay, Wisconsin, und Auftritte in sechs Theaterstücken

27. Juni 1964: Hochzeit mit Mary Louise Marquardt in der St. James's Church in Mequon, Milwaukee

Dezember 1964: Umzug nach Los Angeles

März 1965: Theaterarbeit am Laguna Beach Playhouse

Juni 1965: Vorstellungsgespräch und Vertrag mit Columbia Pictures

März 1966: Dreharbeiten *Immer wenn er Dollars roch* in Los Angeles (1 Drehtag)

Herbst 1966: Dreharbeiten *Der gnadenlose Ritt* in Utah, im Zion-Nationalpark und der Stadt Kanab

ab 1966: Auftritte in Fernsehserien und Fernsehfilmen

Frühjahr 1967: Ende des Vertrages mit Columbia, neuer Vertrag mit Universal. Arbeit als Hilfsschreiner beim Popfestival in Monterey

Februar 1967: Dreharbeiten *Die Leute von der Shiloh Ranch* und *Der Chef* in den Universal Studios in Los Angeles

April – Mai 1967: Dreharbeiten *Journey to Shiloh* auf dem Universal-Gelände

Herbst 1967: Geburt von Sohn Benjamin

Herbst 1967 – Januar 1968: Dreharbeiten *Versuch's doch mal mit meiner Frau* in New York und Los Angeles (1 oder 2 Drehtage in LA)

1968: Umzug in den Woodrow Wilson Drive in Los Angeles

1969: Geburt von Sohn Willard. Ende des Vertrages mit Universal

9. September – Dezember 1969: Dreharbeiten für *Zabriskie Point* in Los Angeles, der Mojave-Wüste und im Death Valley in Kalifornien (3 Drehtage)

Herbst 1969: Dreharbeiten *The Intruders* (Fernsehfilm)

Dezember 1969 – Januar 1970: Dreharbeiten *Getting Straight* in Eugene, Oregon

ab 1970 – 1977: Weitgehender Rückzug aus dem Filmgeschäft und Arbeit als Zimmermann

Juni – August 1972: Dreharbeiten *American Graffiti* in Sonoma, San Rafael, Petaluma und Marin County, Kalifornien

November 1972 – März 1973: Dreharbeiten *Der Dialog* in San Francisco (10 Drehtage)

1974/1975: Dreharbeiten *The Court-Martial of Lt. William Calley* aus der Serie *Judgement* und *James A. Michener's Dynasty* (Fernsehfilme)

20. März 1976 – Mai 1977: Dreharbeiten *Apocalypse Now* auf den Philippinen (9 Drehtage im August)

22. März – Juli 1976: Dreharbeiten *Krieg der Sterne* in Tunesien, im Tikal-Nationalpark in Guatemala, dem Death Valley National Monument in Kalifornien und den EMI-Elstree-Studios in Borehamwood bei London

Ende 1976: Dreharbeiten *Besessen* (Fernsehfilm) in Portland, Oregon

April – Mai 1977: Dreharbeiten *Helden von heute* in Missouri

21. Mai 1977: Zu Gast bei der Vorführung von *Krieg der Sterne* für Cast und Crew in San Francisco

Oktober 1977 – Januar 1978: Dreharbeiten *Der wilde Haufen von Navarone* in Jugoslawien, den Londoner Shepperton Studios und auf Jersey

März – Mai 1978: Dreharbeiten *Das tödliche Dreieck* in den EMI-Elstree-Studios, in London und England

Mai 1978: Trennung von Ehefrau Mary Louise Marquardt. Ford zieht in eine Wohnung in West Hollywood, Los Angeles (Scheidung Mai 1979)

August 1978: Dreharbeiten *More American Graffiti* in Marin County (1 Drehtag)

Oktober – Dezember 1978: Dreharbeiten *Ein Rabbi im Wilden Westen* in Arizona, Colorado und Nord-Kalifornien

Frühjahr 1979: Ford zieht mit Melissa Mathison nach Los Angeles (Benedict Canyon)

5. März – Mitte Juli 1979: Dreharbeiten *Das Imperium schlägt zurück* in Finse, Norwegen, und den EMI-Elstree-Studios in London

23. Juni – Oktober 1980: Dreharbeiten *Jäger des verlorenen Schatzes* im französischen La Rochelle, auf Hawaii, in Tunesien und den EMI-Elstree-Studios in London

Februar/März 1981: Zwei Wochen Proben für *Der Blade Runner*

9. März – Mitte Juli 1981: Dreharbeiten *Der Blade Runner* in den Burbank Studios von Warner Brothers in Los Angeles und in der Stadt

Juni 1981: Zu Gast bei der Premiere von *Jäger des verlorenen Schatzes* in New York

September 1981: Zu Gast bei den Internationalen Film-festspielen in Venedig, dem Festival des amerikani-schen Films im französischen Deauville und in Frankfurt am Main *(Jäger des verlorenen Schatzes)*

Herbst 1981: Dreharbeiten *E. T. – Der Außerirdische* in Kalifornien

11. Januar – 20. Mai 1982: Dreharbeiten *Die Rückkehr der Jedi-Ritter* in den Thorn-EMI-Elstree-Studios in London und in Arizona

Mai 1982: Zu Gast bei den Filmfestspielen in Cannes mit Steven Spielberg

14. März 1983: Hochzeit mit Melissa Mathison im Santa Monica Courthouse in Los Angeles

18. April – 8. September 1983: Dreharbeiten *Indiana Jones und der Tempel des Todes* in Sri Lanka, Macao, Kalifornien und den Thorn-EMI-Elstree-Studios in London

April – 30. Juni 1984: Dreharbeiten *Der einzige Zeuge* in Philadelphia und Lancaster, Pennsylvania

Sommer 1985: Erwerb eines Grundstücks nahe Jackson Hole, Wyoming

Oktober – Dezember 1985: Ford und Familie kreuzen mit ihrer Jacht ›Mariner III‹ vor Belize

Januar – März 1986: Dreharbeiten *Mosquito Coast* in Belize

Mai 1986: Besuch der Filmfestspiele in Cannes *(Mosquito Coast)*

Sommer 1986: Umzug nach Jackson Hole und Hausbau

10. März 1987: Geburt von Sohn Malcolm

Mai – Juli 1987: Dreharbeiten *Frantic* in Paris und den dortigen Studios de Boulogne

Mitte Februar – 27. April 1988: Dreharbeiten *Die Waffen der Frauen* in New York und New Jersey

16. Mai – August 1988: Dreharbeiten *Indiana Jones und der letzte Kreuzzug* in Spanien, Venedig, Jordanien, den USA, England und den Londoner EMI-Elstree-Studios

31. Juli – Oktober 1989: Dreharbeiten *Aus Mangel an Beweisen* in Chicago, Detroit, New Jersey, Newark, Allendale, Windsor, Ontario und den Kaufman-Astoria-Studios in New York

Frühjahr 1990: Kauf einer Wohnung in Manhattan

30. Juni 1990: Geburt der Tochter Georgia

September 1990: Proben für *In Sachen Henry*

14. September – Dezember 1990: Dreharbeiten *In Sachen Henry* in New York und den Paramount Studios in Los Angeles

2. November 1991 – März 1992: Dreharbeiten *Die Stunde der Patrioten* in London, Langley, Annapolis, San Diego, dem San Fernando Valley, Brawley in Kalifornien und den Paramount Studios in Los Angeles

3. Juni 1992: Zu Gast bei der Weltpremiere von *Die Stunde der Patrioten* in Los Angeles

Januar – April 1993: Dreharbeiten *Auf der Flucht* in Chicago und North Carolina

September 1993: Zu Gast bei den Filmfestspielen in Venedig und in Hamburg *(Auf der Flucht)*

August – September 1993: Dreharbeiten *Jimmy Hollywood* in Los Angeles (1 oder 2 Drehtage)

Oktober – Dezember 1993: Dreharbeiten *Das Kartell* in Mexiko, Mexiko-Stadt und Los Angeles

1993: Ford wird Großvater: Sohn Willard sorgt für einen Enkel namens Eliel

September 1994: Zu Gast bei der Europapremiere von *Das Kartell* auf den Filmfestspielen in Venedig

30. Januar – April 1995: Dreharbeiten *Sabrina* in Long Island in New York, Martha's Vineyard und den Kaufman Astoria Studios in Queens, New York

Erntedankfest 1995: Ford verteilt Essen an die Obdachlosen von Skid Row in Los Angeles

5. Februar – Mitte Juli 1996: Dreharbeiten *Vertrauter Feind* in New York, den Kaufman Astoria Studios in Queens, in Montelair in New Jersey und Irvington

September 1996: Ford erwirbt die Fluglizenz für einmotorige Maschinen

16. September 1996 – Januar 1997: Dreharbeiten *Air Force One* in Columbus in Ohio, Cleveland, Mansfield, Washington D.C. und den Sony Studios in Los Angeles

Oktober 1996: Nachdreh für *Vertrauter Feind* in New York

7. Juli – Oktober 1997: Dreharbeiten *Sechs Tage, sieben Nächte* auf der Hawaii-Insel Kauai, in New York und den Burbank Studios in Los Angeles

Mitte 1997: Ford erwirbt die Fluglizenz für Hubschrauber

10. September 1998 – 3. Februar 1999: Dreharbeiten *Begegnung des Schicksals* in Washington, New York, Miami und Miami Beach

10. Februar 1999: Fords Vater Christopher stirbt an einem Blutleiden in Los Angeles

März 1999: Zu Gast bei der Oscar-Verleihung: Ford übergibt den Preis für den besten Regisseur an Steven Spielberg für *Der Soldat James Ryan*

Sommer 1999: Dreharbeiten Werbespot für Lancia Lybra in Paris

Juli – Oktober 1999: Dreharbeiten *Schatten der Wahrheit* nahe Burlington am Lake Champlain und in Los Angeles

Oktober 1999: Unfall mit seinem Helikopter Bell 206 in Los Angeles, den Ford und der Fluglehrer unverletzt überstehen

Februar 2000: Zu Gast in Guatemala: Ford besichtigt als Direktionsmitglied von ›Conservation International‹ die Brandschäden im Tiger Lagoon Nationalpark

17. Februar 2000: Verleihung des AFI Lifetime Achievement Award in Los Angeles

31. Juli 2000: Ford rettet eine Bergsteigerin am Table Mountain in Teton County mit seinem Helikopter Bell 407

September 2000: Zu Gast bei den Filmfestivals in Venedig und Deauville *(Schatten der Wahrheit)*, Dreharbeiten Werbespot für Lancia Lybra in Deauville

6. September 2000: Zu Gast bei der Deutschland-Premiere von *Schatten der Wahrheit* im Münchner Gloria-Kino

19. Februar – 29. Juni 2001: Dreharbeiten *K-19 – The Widowmaker* in Moskau, Toronto, Halifax und Nova Scotia in Kanada sowie in Island

10. Juli 2001: Ford rettet einen 13-jährigen Jungen im Yellowstone-Nationalpark mit seinem Helikopter

22. August 2001: Melissa Mathison reicht die Scheidung ein

1. Oktober 2001: Ford verteilt Essen an das New York Police und Fire Department

# Filmografie

R = Regie        DB = Drehbuch
P = Produktion   D = Darsteller

Seit *Star Wars* (1977) wurde Harrison Ford von Wolfgang Pampel synchronisiert. Bei den wenigen Ausnahmen sind die Sprecher soweit möglich vermerkt.

### Dead Heat on a Merry-go-round
### (Immer wenn er Dollars roch)
USA 1966
R: Bernard Girard. DB: Bernard Girard. P: De Haven-Girard
D: James Coburn (Eli Kotch), Camilla Sparv (Inger Knudson), Aldo Ray (Eddie Hart), Nina Wayne (Frieda Schmid), Robert Webber (Milo Stewart)
Länge: 107 Minuten
US-Start: 12-10-66 (New York). Deutschland-Start: 11-08-67
Video (Columbia TriStar)

### Luv (Versuch's doch mal mit meiner Frau)
USA 1967
R: Clive Donner. DB: Elliott Baker. P: Martin Manulis, Gordon Carroll
D: Jack Lemmon (Harry Berlin), Peter Falk (Milt Manville), Elaine May (Ellen Manville Berlin), Nina Wayne (Linda Manville), Eddie Mayehoff (Anwalt Goodhart), Paul Hartman, Severn Darden (Müllmänner)
Länge: 96 Minuten
US-Start: 26-07-67. Deutschland-Start: 13-10-67
Video (Columbia TriStar)

### A Time for Killing (The Long Ride Home)
### (Der gnadenlose Ritt)
USA 1967
R: Phil Karlson. DB: Halsted Welles. P: Harry Joe Brown
D: Glenn Ford (Major Charles Wolcott), George Hamilton (Captain Dorrit Bentley), Inger Stevens (Emily Biddle), Timothy Carey (Billy Cat), Todd Armstrong (Lt. Prudessing), Harrison Ford (Lieutenant Shaffer)
Länge: 88 Minuten (deutsche Fassung 83 Minuten)
Deutschland-Start: 15-08-67. US-Start: 11-67
Video (RCA Columbia Pictures)

### Journey to Shiloh
USA 1968
R: William Hale. DB: Gene Coon. P: Howard Christie
D: James Caan (Buck Burnett), Michael Sarrazin (Miller Nalls), Brenda Scott (Gabrielle Du Prey), Don Stroud (Todo McLean), Paul Petersen (J. C. Sutton), Jan-Michael Vincent (Little Bit Buck), Harrison Ford (Willie Bill Beardon)
Länge: 81 bzw. 101 Minuten
US-Start: 10-05-68. In Deutschland kam der Film nicht in die Kinos.

### Getting Straight (Getting Straight)
USA 1970
R: Richard Rush. DB: Robert Kaufman. P: Richard Rush
D: Elliot Gould (Harry Bailey), Candice Bergen (Jan), Robert F. Lyons (Nick), Jeff Corey (Dr. Wilhunt), Max Julien (Ellis), Harrison Ford (Jake)
Länge: 125 Minuten
US-Start: 08-04-70 (andere Quelle: 13-05-70). Deutschland-Start: 04-09-70
Video (RCA Columbia Pictures)

### American Graffiti (American Graffiti)
USA 1973
R: George Lucas. DB: George Lucas, Gloria Katz, Willard Huyck. P: Francis Ford Coppola
D: Richard Dreyfuss (Curt), Ron Howard (Steve), Paul Le Mat (John), Charles Martin Smith (Terry the Toad), Cindy Williams (Laurie), Candy Clark (Debbie), Bo Hopkins (Joe), Mackenzie Phillips (Carol), Wolfman Jack (Discjockey), Harrison Ford (Bob Falfa)
Länge: 108 Minuten (Wiederaufführung 110, deutsche Fassung 109 Minuten)
US-Start: 01-08-73 (Wiederaufführung 26-05-78). Deutschland-Start: 23-08-74 (Synchronsprecher Ford: Hans-Jürgen Dittberner)
Video (Universal)

*Nur zweimal arbeiteten sie zusammen und Ford hatte nur kleine Rollen: Mit Francis Ford Coppola*

### The Conversation (Der Dialog)
USA 1974
R: Francis Ford Coppola. DB: Francis Ford Coppola. P: Francis Ford Coppola, Fred Roos
D: Gene Hackman (Harry Caul), John Cazale (Stanley), Allan Garfield (Bernie Moran), Frederic Forrest (Mark), Cindy Williams (Ann), Teri Garr (Amy), Robert Duvall, Harrison Ford (Martin Stett)
Länge: 113 Minuten
Weltpremiere: 07-04-74 (Coronet Theatre, New York). Europapremiere: 1974 (Filmfest Cannes).
US-Start: 12-74. Deutschland-Start: 12-09-74
Video (Paramount)

### Star Wars (Krieg der Sterne)
USA 1977
R: George Lucas. DB: George Lucas. P: Gary Kurtz
D: Mark Hamill (Luke Skywalker), Harrison Ford (Han Solo), Carrie Fisher (Prinzessin Leia Organa), Peter Cushing (Gouverneur Tarkin), Alec Guinness (Ben Obi-Wan Kenobi), Anthony Daniels (C3-PO), Kenny Baker (R2-D2), Peter Mayhew (Chewbacca), David Prowse (Darth Vader)
Länge: 121 Minuten
US-Start: 25-05-77 (Neufassung 24-01-97). Deutschland-Start: 09-02-78 (Wiederaufführungen 16-07-82 und 28-06-85, Neufassung 20-03-97)
Video: Sommer 1982 (CBS-Fox Video). 22-01-90 Teil 1-3 mit dem Film *Die Ewoks* (CBS-Fox Video)

### Heroes (Helden von heute)
USA 1977
R: Jeremy Paul Kagan. DB: James Carabatsos. P: David Foster, Lawrence Turman
D: Henry Winkler (Jack Dunne), Harrison Ford (Kenny Boyd), Sally Field (Carol), Val Avery (Busfahrer), Olivia Cole (Jane Adcox)
Länge: 113 Minuten (GB-Fassung 107, deutsche Fassung 85 Minuten)
US-Start: 11-77. Deutschland-Start: 03-11-78
Video: 1985 (CIC, 97 Minuten)

### Force 10 from Navarone (Der wilde Haufen von Navarone / auch: Force 10 Die Spezialeinheit)
GB 1978
R: Guy Hamilton. DB: Carl Foreman, Robin Chapman. P: Oliver A. Unger
D: Robert Shaw (Major Mallory), Edward Fox (Sgt. Dusty Miller), Harrison Ford (Lt. Col. Mike Barnsby), Carl Weathers (Sgt. Walter Weaver), Franco Nero (Capt. Radicek), Barbara Bach (Maritza Petrovitch), Richard Kiel (Capt. Drazak)
Länge: 118 Minuten
US-Start: 12-78. GB-Start: 07-09-79 (Preview 12-78). Deutschland-Start: 01-02-79 (Synchronsprecher Ford: Randolf Kronberg)
Video (RCA/Columbia)

### Hanover Street (Das tödliche Dreieck)
GB 1979
R: Peter Hyams. DB: Peter Hyams. P: Paul N. Lazarus III.
D: Harrison Ford (David Halloran), Lesley Anne Down (Magaret Sellinger), Christopher Plummer (Paul Sellinger), Alec McCowen (Major Trumbo), Patsy Kensit (Sarah Sellinger), Shane Rimmer (Col. Ronald Bart), Max Wall (Harry Pike)
Länge: 109 Minuten (Videofassung 104 Minuten)
US-Start: 11-79. Der Film erschien in Deutschland nur auf Video (Synchronsprecher Ford: Lutz Mackensy).
Video: 06-05-85 (RCA-Columbia)

**Apocalypse Now / Apocalypse Now Redux**
(Apocalypse Now / Apocalypse Now Redux)
USA 1979 / 2001
R: Francis Ford Coppola. DB: John Milius, Francis Ford
Coppola. P: Francis Ford Coppola
D: Marlon Brando (Colonel Walter E. Kurtz), Martin
Sheen (Captain Benjamin L. Willard), Robert Duvall (Lt.
Colonel Bill Kilgore), Frederic Forrest (Hicks), Albert
Hall (Chief Phillips), Sam Bottoms (Lance B. Johnson),
Larry Fishburne (Clean), Dennis Hopper (Fotograf),
Harrison Ford (Colonel Lucas)
Länge: 153 Minuten (35-mm-Fassung), 141 bzw. 147
Minuten (70-mm-Fassung), 203 Minuten (Redux-
Fassung)
Weltpremiere: 19-05-79 (Filmfest Cannes) / 11-05-01
(Filmfest Cannes). US-Start: 15-08-79 / 15-08-01.
Deutschland-Start: 04-10-79 (Synchronsprecher Ford:
Frank Glaubrecht)
Video (Marketing Video)

**The Frisco-Kid (Ein Rabbi im Wilden Westen)**
USA 1979
R: Robert Aldrich. DB: Michael Elias, Frank Shaw. P: Mace
Neufeld
D: Gene Wilder (Avram Belinski), Harrison Ford
(Tommy Lillard), Ramon Bieri (Mr. Jones), Val Bisoglio
(Häuptling Graue Wolke), George Ralph DiCenzo
(Darryl Diggs), Leo Fuchs (Rabbi)
Länge: 122 Minuten (deutsche Fassung 119 Minuten)
US-Start: 07-79. Europapremiere: 09-79 (Festival von
Deauville). Deutschland-Start: 27-09-79 (Synchron-
sprecher Ford: Thomas Danneberg)
Video (Warner Home Video)

**More American Graffiti / The Party Is Over …**
(Die Fortsetzung von American Graffiti / TV-Titel
auch: Noch mehr American Graffiti)
USA 1979
R: Bill W. L. Norton. DB: Bill W. L. Norton. P: Howard G.
Kazanjian
D: Ron Howard (Steve Bolander), Paul Le Mat (John
Milner), Charles Martin Smith (Terry ›the Toad‹ Fields),
Cindy Williams (Laurie Bolander), Candy Clark (Debbie
Dunham), Bo Hopkins (Little Joe), Mackenzie Phillips
(Carol), Harrison Ford (Officer Falfa), Scott Glenn
(Newt), Wolfman Jack (Discjockey), Rosanna Arquette
Länge: 112 Minuten (deutsche Fassung 111 Minuten)
Weltpremiere: 01-08-79. US-Start: 03-08-79. Deutsch-
land-Start: 11-01-80 (Synchronsprecher Ford: Randolf
Kronberg)

**The Empire Strikes Back**
(Das Imperium schlägt zurück)
USA 1980
R: Irvin Kershner. DB: Leigh Brackett, Lawrence Kasdan.
P: Gary Kurtz
D: Mark Hamill (Luke Skywalker), Harrison Ford (Han
Solo), Carrie Fisher (Prinzessin Leia), Billy Dee Williams
(Lando Calrissian), Anthony Daniels (C3-PO), Kenny
Baker (R2-D2), Peter Mayhew (Chewbacca), David
Prowse (Darth Vader), Frank Oz (Yoda), Alec Guinness
(Ben Obi-Wan Kenobi), Jeremy Bulloch (Boba Fett)
Länge: 125 Minuten
US-Start: 21-05-80 (Weltpremiere im Egyptian Theatre
in Los Angeles). Deutschland-Start: 11-12-80 (Wieder-
aufführung 05-07-85, Neufassung 10-04-97)
Video (CBS-Fox Video)

**Raiders of the Lost Ark (Jäger des verlorenen Schatzes)**
USA 1981
R: Steven Spielberg. DB: Lawrence Kasdan. P: Frank
Marshall
D: Harrison Ford (Indiana Jones), Karen Allen (Marion
Ravenwood), Paul Freeman (Emile Belloq), Ronald Lacey
(Toht), John Rhys-Davies (Sallah), Denholm Elliott
(Marcus Brody), Alfred Molina (Satipo)
Länge: 115 Minuten
US-Start: 12-06-81. Deutschland-Start: 30-10-81
Video (CIC)

**Blade Runner / The Blade Runner Director's Cut**
(Der Blade Runner / Der Blade Runner Director's Cut)
USA 1982 / 1993
R: Ridley Scott. DB: Hampton Fancher, David Peoples. P:
Michael Deeley
D: Harrison Ford (Rick Deckard), Rutger Hauer (Roy
Batty), Sean Young (Rachael), Edward James Olmos
(Gaff), M. Emmet Walsh (Captain Byant), Daryl Hannah
(Pris)
Länge: 117 Minuten
US-Start: 25-06-82 / 11-09-92. Deutschland-Start: 14-10-
82 / 22-04-93
Video: 10-10-83 (Warner Home Video)

### Return of the Jedi (Die Rückkehr der Jedi-Ritter)
USA 1983
R: Richard Marquand. DB: Lawrence Kasdan. P: Howard Kazanjian
D: Mark Hamill (Luke Skywalker), Harrison Ford (Han Solo), Carrie Fisher (Prinzessin Leia), Anthony Daniels (C3-PO), Kenny Baker (R2-D2), Peter Mayhew (Chewbacca), Billy Dee Williams (Lando Calrissian), Sebastian Shaw (Annakin Skywalker), David Prowse (Darth Vader), Frank Oz (Yoda), Jeremy Bullock (Boba Fett)
Länge: 133 Minuten (deutsche Fassung 132 Minuten)
US-Start: 25-05-83. Deutschland-Start: 09-12-83 (Wiederaufführung 12-07-85, Neufassung 24-04-97)
Video (CBS-Fox Video)

### Indiana Jones and the Temple of Doom (Indiana Jones und der Tempel des Todes)
USA 1984
R: Steven Spielberg. DB: Willard Huyck, Gloria Katz. P: Robert Watts
D: Harrison Ford (Indiana Jones), Kate Capshaw (Willie Scott), Ke Huy Quan (Short Round), Amrish Puri (Mola Ram), Roshan Seth (Chattar Lal)
Länge: 118 Minuten (deutsche Fassung 117 Minuten)
Weltpremiere: 23-05-84. US-Start: 25-05-84. Deutschland-Start: 03-08-84
Video: 11-86 (CIC)

### Witness (Der einzige Zeuge)
USA 1985
R: Peter Weir. DB: Earl W. Wallace, William Kelley. P: Edward S. Feldman
D: Harrison Ford (John Book), Kelly McGillis (Rachel Lapp), Josef Sommer (Deputy Commissioner Schaeffer), Lukas Haas (Samuel Lapp), Alexander Godunov (Daniel Hochleitner), Jan Rubes (Eli Lapp)
Länge: 112 Minuten
US-Start: 08-02-85. Deutschland-Start: 24-05-85
Video (CIC)

### The Mosquito Coast (Mosquito Coast)
USA 1986
R: Peter Weir. DB: Paul Schrader. P: Jerome Hellman
D: Harrison Ford (Allie Fox), Helen Mirren (Mutter), River Phoenix (Charlie Fox), Jadrien Steele (Jerry Fox), Hilary Gordon (April Fox), Rebecca Gorden (Clover Fox), Jason Alexander (Angestellter), Conrad Roberts (Mr. Haddy), Martha Plimpton (Emily Spellgood)
Länge: 119 Minuten
US-Start: 26-11-86. Deutschland-Start: 19-02-87
Video (CBS-Fox Video)

*Dreharbeiten zu ›Der einzige Zeuge‹. Peter Weir erteilt seinen Darstellern Anweisungen.*

### Frantic (Frantic)
USA 1988
R: Roman Polanski. DB: Roman Polanski, Gérard Brach. P: Thom Mount
D: Harrison Ford (Richard Walker), Emmanuelle Seigner (Michelle), Betty Buckley (Sondra Walker), Alexandra Stewart (Edie), David Huddleston (Peter), Robert Barr (Irvin)
Länge: 120 Minuten
US-Start: 26-02-88. Deutschland-Start: 25-08-88
Video (Warner Home Video)

### Working Girl (Die Waffen der Frauen)
USA 1988
R: Mike Nichols. DB: Kevin Wade. P: Douglas Wick
D: Melanie Griffith (Tess McGill), Sigourney Weaver (Katherine Parker), Harrison Ford (Jack Trainer), Alec Baldwin (Mick Dugan), Joan Cusack (Cyn), Philip Bosco (Oren Trask), Nora Dunn (Ginny), Oliver Platt (Lutz), Kevin Spacey (Bob Speck)
Länge: 113 Minuten
US-Start: 21-12-88. Deutschland-Start: 09-03-89
Video (CBS-Fox Video)

Indiana Jones and the Last Crusade
(Indiana Jones und der letzte Kreuzzug)
USA 1989
R: Steven Spielberg. DB: Jeffrey Boam. P: Steven Spielberg, George Lucas
D: Harrison Ford (Indiana Jones), Sean Connery (Prof. Henry Jones), Alison Doody (Dr. Elsa Schneider), Denholm Elliott (Marcus Brody), Julian Glover (Walter Donovan), John Rhys-Davies (Sallah), River Phoenix (Young Indy)
Länge: 127 bzw. 126 Minuten (TV-Fassung 121 bzw. 122 Minuten)
US-Start: 24-05-89. GB-Start: 28-06-1989 (Royal Charity Premiere 27-06-89 in London). Deutschland-Start: 14-09-89
Video: 04-90 (CIC)

Presumed Innocent (Aus Mangel an Beweisen)
USA 1990
R: Alan J. Pakula. DB: Frank Pierson, Alan J. Pakula. P: Sydney Pollack, Mark Rosenberg
D: Harrison Ford (Rusty Sabich), Greta Scacchi (Carolyn Polhemus), Brian Dennehy (Raymond Horgan), Raul Julia (Alejandro Stern), Bonnie Bedelia (Barbara Sabich), Paul Winfield, Anna Maria Horsford
Länge: 127 Minuten
US-Start: 27-07-90. Deutschland-Start: 13-12-90
Video (Warner Home Video)

Regarding Henry (In Sachen Henry)
USA 1991
R: Mike Nichols. DB: Jeffrey Abrams. P: Scott Rudin, Mike Nichols
D: Harrison Ford (Henry Turner), Annette Bening (Sarah), Bill Nunn (Bradley), Mikki Allen (Rachel), Donald Moffat (Charlie)
Länge: 107 Minuten
Europapremiere: 1991 (Filmfestival Venedig). US-Start: 10-07-91. Deutschland-Start: 26-09-91
Video (CIC)

Patriot Games (Die Stunde der Patrioten)
USA 1992
R: Phillip Noyce. DB: W. Peter Iliff, Donald Stewart, Steven Zaillian. P: Mace Neufeld, Robert Rehme
D: Harrison Ford (Dr. Jack Ryan), Anne Archer (Cathy Ryan), Patrick Bergin (Kevin O'Donnell), Sean Bean (Sean Miller), Thora Birch (Sally Ryan), James Fox (Lord Holmes), Samuel L. Jackson (Robert Jefferson ›Robby‹ Jackson), James Earl Jones (Admiral James Greer), Richard Harris (Paddy O'Neil)
Länge: 117 Minuten (deutsche Fassung 113 Minuten)
US-Start 05-06-92 (Weltpremiere am 03-06-92 im Mann's Chinese Theatre in Los Angeles). Deutschland-Start: 22-10-92
Video (CIC)

The Fugitive (Auf der Flucht)
USA 1993
R: Andrew Davis. DB: Jeb Stuart, David Twohy. P: Mace Neufeld, Robert Rehme
D: Harrison Ford (Dr. Richard Kimble), Tommy Lee Jones (Samuel Gerard), Sela Ward (Helen Kimble), Julianne Moore (Dr. Anne Eastman), Joe Pantoliano (Cosmo Renfro), Andreas Katsulas (Sykes), Jeroen Krabbé (Dr. Charles Nichols)
Länge: 130 Minuten
US-Start: 06-08-93. Europapremiere: 09-93 (Filmfestival Venedig). Deutschland-Start: 16-09-93
Video: 25-02-94 (Warner Home)

Jimmy Hollywood (Jimmy Hollywood)
USA 1994
R: Barry Levinson. DB: Barry Levinson. P: Mark Johnson, Barry Levinson
D: Joe Pesci (Jimmy Alto), Christian Slater (William), Victoria Abril (Lorraine), Jason Beghe, John Cothran jr., Harrison Ford (Harrison Ford)
Länge: 117 Minuten (deutsche Fassung 109 Minuten)
US-Start: 03-94. Deutschland-Start: 25-06-95 (Premiere beim Filmfest München).
Video: 12-07-95 (CIC)

Clear and Present Danger (Das Kartell)
USA 1994
R: Phillip Noyce. DB: Donald Stewart, Steven Zaillian, John Milius. P: Mace Neufeld, Robert Rehme
D: Harrison Ford (Dr. Jack Ryan), Anne Archer (Cathy Ryan), Willem Dafoe (Clark), Joaquim de Almeida (Felix Cortez), Henry Czerny (Robert Ritter)
Länge: 141 Minuten
US-Start: 03-08-94. Deutschland-Start: 29-09-94
Video (CIC)

**Sabrina (Sabrina)**
USA 1996
R: Sydney Pollack. DB: Barbara Benedek, David Rayfiel nach dem gleichnamigen Film von Billy Wilder. P: Scott Rudin, Sydney Pollack
D: Harrison Ford (Linus Larrabee), Julia Ormond (Sabrina Fairchild), Greg Kinnear (David Larrabee), Nancy Marchand (Maude Merchand), John Wood (Fairchild)
Länge: 124 Minuten
US-Start: 15-12-95. Deutschland-Start: 11-01-96
Video (marketing film)

**The Devil's Own (Vertrauter Feind)**
USA 1997
R: Alan J. Pakula. DB: David Aaron Cohen, Vincent Patrick, Robert Mark Kamen, Kevin Jarre nach einer Story von Kevin Jarre. P: Lawrence Gordon, Robert F. Colesberry
D: Harrison Ford (Tom O'Meara), Brad Pitt (Rory Devaney), Margaret Colin (Sheila O'Meara), Ruben Blades (Edwin Diaz), Treat Williams (Billy Burke), Natasha McElhone (Megan Doherty)
Länge: 111 Minuten
US-Start: 26-03-97 (Weltpremiere am 25-03-97 in New York). Deutschland-Start: 27-03-97
Video (Columbia TriStar)

*Mit Glenn Close bei der Deutschland-Premiere von ›Air Force One‹ in München, Oktober 1997*

**Air Force One (Air Force One)**
USA 1997
R: Wolfgang Petersen. DB: Andrew W. Marlowe. P: Wolfgang Petersen, Gail Katz, Armyan Bernstein, Jon Shestack
D: Harrison Ford (Präsident James Marshall), Gary Oldman (Ivan Korshunov), Glenn Close (Vizepräsident Kathryn Bennett), Wendy Crewson (Grace Marshall), William H. Macy (Major Caldwell)
Länge: 124 Minuten (deutsche Fassung 123 Minuten)
US-Start: 25-07-97. Europapremiere: 1997 (Filmfestival Venedig). Deutschland-Start: 23-10-97
Video (Touchstone Home Video)

**Six Days Seven Nights (Sechs Tage, sieben Nächte)**
USA 1998
R: Ivan Reitman. DB: Michael Browning. P: Ivan Reitman, Wallis Nicita, Roger Birnbaum
D: Harrison Ford (Quinn Harris), Anne Heche (Robin Monroe), David Schwimmer (Frank), Temeura Morrison (Jagger), Jacqueline Obradors (Angelica)
Länge: 102 Minuten
US-Start: 12-06-98. Deutschland-Start: 26-06-98
Video (Touchstone Home Video)

**Random Hearts (Begegnung des Schicksals)**
USA 1999
R: Sydney Pollack. DB: Darryl Ponicsan, Kurt Luedtke. P: Sydney Pollack, Marykay Powell
D: Harrison Ford (Dutch van den Broeck), Kristin Scott Thomas (Kay Chandler), Charles S. Dutton (Alcee), Bonnie Hunt (Wendy Judd), Dennis Haysbert (George Beaufort)
Länge: 133 Minuten
US-Start: 08-10-99. Deutschland-Start: 23-12-99
Video (Columbia TriStar)

**What Lies Beneath (Schatten der Wahrheit)**
USA 2000
R: Robert Zemeckis. DB: Clark Gregg nach einer Story von Sarah Kernochan und Clark Gregg. P: Steve Starkey, Robert Zemeckis, Jack Rapke
D: Harrison Ford (Dr. Norman Spencer), Michelle Pfeiffer (Claire Spencer), Diana Scarwid (Jody), Miranda Otto (Mary Feur), James Remar (Warren Feur)
Länge: 130 Minuten
US-Start: 21-07-00. Deutschland-Start: 28-09-00
Video (20th Century Fox Home Entertainment)

**K-19: The Widowmaker**
USA 2001
R: Kathryn Bigelow. DB: Christopher Kyle, Louis Nowra.
P: Kathryn Bigelow, Edward S. Feldman, Joni Sighvatsson, Chris Whitaker
D: Harrison Ford (Alexi Vostrikov), Liam Neeson (Mikhail Polenin), Peter Sarsgaard (Vadim Ratchenko), Svetlana Efremova (Yelena Vostrikov), Rod Steiger (Chief Rvavinsky), Joss Ackland
US-Start: 07-06-02. Deutschland-Start: 2002

*Mit Sydney Pollack während ihrer zweiten Arbeit:*
›*Begegnung des Schicksals*‹

Harrison Ford spielte in zwei weiteren Filmen mit, in denen seine Rollen jedoch herausgeschnitten wurden:

**Zabriskie Point (Zabriskie Point)**
USA 1969
R: Michelangelo Antonioni. DB: Michelangelo Antonioni, Fred Gardner, Sam Shepard, Tonino Guerra, Clare Peploe. P: Carlo Ponti
D: Mark Frechette (Mark), Daria Halprin (Daria), Rod Taylor (Immobilienkaufmann), Paul Fix, Joe Chaikins
Länge: 110 bzw. 111 Minuten
US-Start: 09-02-70. Deutschland-Start: 03-09-70

Ford war zunächst für eine Hauptrolle vorgesehen, die aber Mark Frechette erhielt. Dann spielte er in einer Nebenhandlung einen Flughafenarbeiter, doch fiel die Passage der Schere zum Opfer.

**E.T. – The Extraterrestrial (E.T. – Der Außerirdische)**
USA 1981
R: Steven Spielberg. DB: Melissa Mathison. P: Steven Spielberg, Kathleen Kennedy
D: Henry Thomas (Elliott), Robert MacNaughton (Michael), Drew Barrymore (Gertie), Dee Wallace (Mary), Tom Howell (Tyler), Peter Coyote (Keys)
Länge: 114 Minuten
Weltpremiere: 26-05-82 (Filmfestival Cannes). US-Start: 11-06-82. Deutschland-Start: 09-12-82
Spielberg drehte mit Harrison Ford einen etwa fünf Minuten dauernden Kurzauftritt, in dem er als Elliotts Schulleiter zu sehen ist. Fords damalige Freundin und spätere Frau Melissa Mathison nahm die Rolle in ihr Script auf. Nach dem Schnitt ist nur noch eine Hand von Harrison Ford zu sehen. Vielleicht sind längere Sequenzen in der für 2002 angekündigten Wiederaufführung des Films und der DVD enthalten.

Stand 15. Januar 2002

## Theaterauftritte

3. März 1960: *Mainspring*, Maine East Township High School

3. Mai 1963: *The Three Penny Opera*, Ripon College, Wisconsin

1963: *The Fantasticks*, Ripon College, Wisconsin

7. März 1964: *The Skin of our Teeth*, Ripon College, Wisconsin

26. Juni 1964: *Take her, she is mine*, The Belfry Theatre, Williams Bay, Wisconsin

1964: *Little Mary Sunshine*, The Belfry Theatre, Williams Bay, Wisconsin

1964: *Night of the Iguana*, The Belfry Theatre, Williams Bay, Wisconsin

1964: *Dark Moon*, The Belfry Theatre, Williams Bay, Wisconsin

1964: *Damn Yankees*, The Belfry Theatre, Williams Bay, Wisconsin

1964: *Sunday in New York*, The Belfry Theatre, Williams Bay, Wisconsin

Frühjahr 1965: *John Brown's Body*, Laguna Beach Playhouse, Laguna Beach

## Fernsehfilme

**The Intruders**
USA 1970
R: William A. Graham. DB: Dean Riesner. P: James Duff McAdams
D: Don Murray (Sam Garrison), Edmond O'Brien (Col. William Bodeen), John Saxon (Billy Pie), Anne Francis (Leora Garrison), Gene Evans (Cole Younger), Harrison Ford (Carl), Harry Dean Stanton
Inhalt: Eine Gruppe von Männern muss sich in einer kleinen Grenzstadt mit Jesse James und seiner Bande auseinander setzen.
Länge: 95 Minuten
TV-Premiere: 10-11-70 (NBC)

**The Court-Martial of Lt. William Calley**
USA 1975
R: Stanley Kramer. DB: Henry Denker. P: Stanley Kramer
D: Tony Musante (William Calley), Harrison Ford (Frank Crowder), Richard Basehart, Bob Hopkins (Prosecuting Attorney), G. D. Spradlin
Inhalt: Jede Folge der Serie *Judgement* beschäftigte sich mit der Aufarbeitung eines Prozesses. In dieser ging es um das Massaker von My Lai, das US-Soldaten in Vietnam anrichteten und für das William Calley sich verantworten muss. Ford spielt den Hauptbelastungszeugen von Calley.
Länge: 120 Minuten
TV-Premiere: 12-01-75 (ABC)

**James A. Michener's Dynasty (früherer Titel: The Americans)**
USA 1976
R: Lee Philips. DB: Sidney Carroll. P: Buck Houghton
D: Sarah Miles (Jennifer Blackwood), Stacy Keach (Matt Blackwood), Harris Yulin (John Blackwood), Amy Irving (Amanda Blackwood), Harrison Ford (Mark Blackwood)
Inhalt: Der Film behandelt die Erlebnisse der Familie Blackwood aus Ohio in den Jahren 1820 bis 1850, der Pionierzeit der USA. Ford spielt den Sohn des weiblichen Familienoberhauptes.
Länge: 100 bzw. 120 Minuten
TV-Premiere: 13-03-76 (NBC)

*Ford in einem seiner vier Fernsehfilme: Als Zeuge im Prozess gegen William Calley, 1975*

**The Possessed (Besessen)**
USA 1977
R: Jerry Thorpe. DB: John Sacret Young. P: Philip Mandelker
D: James Farentino (Kevin Leahy), Joan Hackett (Louise Gelson), Claudette Nevins (Ellen Summer), Eugene Roche (Sgt. Taplinger), Harrison Ford (Paul Winjam), Ann Dusenberry (Weezie Sumner)
Inhalt: Gruselfilm, in dem eine vom Satan besessene Leiterin einer Mädchenschule zum Feuerteufel wird. Ein verstorbener Vertreter der Kirche kehrt auf die Erde zurück und treibt den Teufel aus.
Länge: 78 Minuten (deutsche Fassung 71 Minuten)
TV-Premiere: 01-05-77
Der Film ist in Deutschland nur auf Video bei Warner Home Video erschienen (Synchronsprecher Ford: Rainer Schmidt).

# Fernsehserien

01-02-67 in *The Modoc Kid* (Folge 5.19) aus der Serie *Die Leute von der Shiloh-Ranch (The Virginian)* als Bankräuber, der am Ende erschossen wird

07-12-67 in *The Past is Prologue* (Folge 1.13) aus der Serie *Der Chef (Ironside)* als Harvard-Absolvent Tom Stowe, dessen Vater des Mordes angeklagt ist. Zwischen 1967 und 1975 entstanden 195 Folgen.

16-02-69 in *The Hazing* aus der Serie *My Friend Tony*

24-11-69 in *Love and the Former Marriage* aus der Serie *Love, American Style*

11-03-71 in *The Manufactured Man* aus der Serie *Dan Oakland (Dan August)*. 1970 entstanden 26 Folgen.

20-11-72 in *The Sodbusters* (Folge 18.11) aus der Serie *Rauchende Colts (Gunsmoke)* als Hobey

05-02-73 in *Whelan's Men* (Folge 18.20) aus der Serie *Rauchende Colts (Gunsmoke)* als Print. Zwischen 1955 und 1975 entstanden 635 Folgen.

21-02-74 in *Cross-ties* (Folge 2.18) aus der Serie *Kung Fu* als Mr. Harrison

*Als Bankräuber in ›Die Leute von der Shiloh Ranch‹ 1967*

02-10-74 in *Edge of Evil* (Folge 1.4) aus der Serie *Petrocelli* als Tom Brannigan. Zwischen 1974 und 1976 entstanden 46 Folgen.

1965 – 1974 in einer der 238 Folgen aus *FBI (The F.B.I.)*

1970 – 1974 in einer der 96 Folgen aus *Partridge Family* als Lehrer

13-03-93 in *Young Indiana Jones and the Mystery of the Blues* (Folge 2.5) aus der Serie *The Young Indiana Jones Chronicles* als Indiana Jones im Alter von 50 Jahren

## Fernsehporträts, Interviews, Moderationen

1978 *The Star Wars Holiday Special*

1981 *Great Movie Stunts: Raiders of the Lost Ark*
Ford war Gastgeber und Moderator.

1986 *Oprah Celebrity Interview with Harrison Ford* (Sonderausgabe der ›Oprah Winfrey Show‹)

1990 *Wogan in Hollywood* (BBC 1)
Im Juli 1990 reiste der britische Journalist Terry Wogan nach Los Angeles, um verschiedene Interviews mit Prominenten zu führen, unter anderem mit Ford.
Erstausstrahlung: 01-10-90 (BBC)

1992 *The Secret World of Spying*

1992 *Behind the Scenes: A Portrait of Pierre Guffroy*

1993 *Superstars of Action*

1993 *George Lucas: Heroes, Myths and Magic*

1994 *Inside the Actors Studio*
Interviews mit Prominenten über die berühmte Schauspielschule, unter anderem mit Ford

1994 *A Century of Cinema*

1994 *Mustang: The Hidden Kingdom*
Ford sprach den Kommentar dieser Dokumentation.

1995 *A Hundred and One Nights* (*101 Nacht – Die Träume des Monsieur Cinema*)
R: Agnès Varda
Ford war einer der Interviewpartner.

1995 *A Salute to Steven Spielberg*
Ford trat im Rahmen der Verleihung des Life Achievement Award an Spielberg auf.

1998 *Harrison Ford, the Reluctant Hero* (US TV-Porträt)

1998 *The Magic Hour*

1999 *The Unauthorized Star Wars Story*
Interview mit Ford

1999 *The Stars of Star Wars: Interviews with the Cast*

1999 *From Star Wars to Star Wars: The Story of Industrial Light & Magic*

2001 *Lost Worlds: Life in the Balance*
Ford sprach den Kommentar der IMAX-Dokumentation.

Des Weiteren entstanden zahlreiche »Making Of's« der Produktionsfirmen, die hier nicht aufgeführt sind. Es ist davon auszugehen, dass seit Anfang der achtziger Jahre zu allen Filmen, in denen Harrison Ford mitwirkte, kurze Dokumentationen über die Dreharbeiten entstanden, für die auch Ford befragt wurde.

## Werbung

1995 Oldsmobile (Autos – nur Fords Stimme), Kirin Beer (Bier), Cellular Phones Company (Handys), Sony Television (Fernseher), Honda Motor Company (Autos), Wowow (japanischer Satelliten-TV-Kanal) – alle begrenzt auf Japan

1999/2000 Lancia Lybra (italienische Autos) – Europa

2000 Earthshare (Ford sprach den Kommentar)

Zudem machte Ford Werbung für Ebel-Uhren. Auf den Anzeigenmotiven waren aber nur seine Hände zu sehen.

# Nicht realisierte Projekte

1967 *Die Reifeprüfung* (R: Mike Nichols) – Ford sprach vor, wurde aber abgelehnt. Die Rolle bekam Dustin Hoffman.

1969 *Asphalt Cowboy* (R: John Schlesinger) – Ford sprach zweimal vergeblich vor, die Rolle ging an Jon Voight.

1970 *All in the Family* – Ford lehnte die Hauptrolle des Mike Stivic in dieser TV-Serie ab, die ab Januar 1971 lief und den späteren Regisseur Rob Reiner in der Rolle bekannt machte.

1970 – 1977 Ford lehnte eine Reihe von Rollen in TV-Serien oder Pilotfilmen ab, da er der Meinung war, dass das Fernsehen sein »Gesicht verbrauchen« würde.

1979 *Alien* (R: Ridley Scott) – Ford lehnte ab und die Rolle erhielt Tom Skerritt.

1982 Verschiedenen Quellen zufolge lehnte Ford eine Komödie mit Barbra Streisand ab, möglicherweise ihre erste Regiearbeit *Yentl*.

1983 *Zeit der Zärtlichkeit* (R: James L. Brooks) – Ford lehnte ab, da er sich für die Rolle des Astronauten und Verehrers von Shirley MacLaine nicht reif genug fühlte. Jack Nicholson spielte die Rolle und erhielt einen Oscar als bester Nebendarsteller.

1983 *Silkwood* (R: Mike Nichols) – Ford lehnte aufgrund einer Terminüberschneidung mit anderen Dreharbeiten ab. Kurt Russell bekam die Rolle des Drew Stephens.

1984 *Beverly Hills Cop – Ich lös' den Fall auf jeden Fall* (R: Martin Brest) – Ford lehnte ab, weil ihm das Drehbuch nicht gefiel. Eddie Murphy spielte die Rolle.

1986 *Revolution* (R: Hugh Hudson) – Ford lehnte ab und Al Pacino erhielt die Rolle des Trappers Tom Dobb.

1987 *Schrei nach Freiheit* (R: Richard Attenborough) – Ford sollte die Rolle des südafrikanischen Journalisten Donald Woods spielen, lehnte aber ab. Kevin Kline übernahm den Part.

1987 *The Untouchables* (R: Brian de Palma) – Ford lehnte die Rolle von Eliot Ness ab, Kevin Costner spielte sie.

1988 *Big* (R: Penny Marshall) – Ursprünglich wollte Steven Spielberg den Film mit Harrison Ford inszenieren. Die Rolle wurde dann von Tom Hanks gespielt.

1988 *Falsches Spiel mit Roger Rabbit* (R: Robert Zemeckis) – Ford lehnte ab, weil ihm die Effekte zu sehr im Vordergrund standen. Bob Hoskins übernahm die Rolle.

1988 *Das Kuckucksei* (R: Paul Bogart) – Ford zeigte sich an der Rolle von Harvey Fiersteins schwulem Freund in der Filmversion des Theaterstücks *Torch Song Trilogy* interessiert. Der Autor favorisierte Richard Chamberlain, gespielt wurde die Rolle von Matthew Broderick.

1988 *Yellow Jersey* – Ford wurden 10 Millionen US-Dollar Gage für einen Film über Fahrradrennen angeboten. Das Projekt wechselte mehrfach die Studios, kam aber nie zustande.

1989 *Die Schattenmacher* (R: Roland Joffé) – Ford lehnte die Rolle des Physikers Robert Oppenheimer ab, nachdem er das Drehbuch dreimal gelesen hatte. Der Part wurde von Dwight Schultz gespielt.

1990 *Misery* (R: Rob Reiner) – Ford lehnte die Rolle des Schriftstellers ab, die dann von James Caan gespielt wurde.

1990 *Die Spur führt zurück* (R: Jack Nicholson) – In einer früheren Fassung des Buches von Robert Towne sollte Harrison Ford oder Roy Scheider den Part des Detektivs J.J. Gittes übernehmen. Schließlich spielte Nicholson ihn selbst.

1990 *Jagd auf Roter Oktober* (R: John McTiernan) – Ford lehnte die Rolle des Jack Ryan ab, weil die Figur erst spät in dem Film auftauche und zudem nur eine untergeordnete Bedeutung habe. Angeblich war Ford am Part des Kapitän Ramius interessiert. Die Rollen wurden von Alec Baldwin und Sean Connery gespielt.

1990 *Ghost – Nachricht von Sam* (R: Jerry Zucker) – Ford lehnte die Rolle des Sam ab, weil er nicht in der ersten halben Filmstunde sterben wollte. Patrick Swayze spielte sie dann.

1990 *Dick Tracy* (R: Warren Beatty) – Ford lehnte ab und Warren Beatty spielte selbst.

1991 *Herr der Gezeiten* (R: Barbra Streisand) – Ford lehnte ab und Nick Nolte bekam die Rolle.

1991 *JFK* (R: Oliver Stone) – Ford lehnte ab und Kevin Costner spielte.

1991 *Havanna* (R: Sydney Pollack) – Ford lehnte ab und Robert Redford übernahm.

1991 *Hickok and Cody* – Für eine Neuverfilmung der Geschichte über die beiden Westernhelden sollten Bruce Willis und Ford verpflichtet werden. Der Film wurde nie gedreht.

1992 *Good Behaviour* (R: Mike Nichols) – Ford war für die von Kevin Wade geschriebene Komödie vorgesehen. Der Film wurde nie gedreht.

1992 *Night Ride Down* – Harold Becker sollte den Thriller inszenieren, der in den dreißiger Jahren spielt. Ford sprang wegen *Stunde der Patrioten* ab. Der Film wurde mehrfach umgeschrieben, aber bisher nicht gedreht.

1993 *Schindlers Liste* (R: Steven Spielberg) – Für die Rolle des Schindler interessierten sich Mel Gibson, Kevin Costner, Daniel Day Lewis, Jack Thompson und Harrison Ford. Sie alle waren nach Spielbergs Aussagen bereit, »praktisch ohne Honorar« mitzuwirken, doch Spielberg wollte keinen großen Star. Er besetzte die Rolle mit Liam Neeson.

1993 *Spider* – Der Film kam nie zustande.

1994 *I Love Trouble – Nichts als Ärger* (R: Charles Shyer) – Ford lehnte ab und Nick Nolte erhielt die Rolle.

1994 *The Iron Horseman* – Die Idee für einen Eisenbahn-Western, die ihm Produzent Arnold Kopelson mehrfach nahe legte, interessierte Ford eine Zeit lang, doch lehnte er schließlich ab. Der Film wurde nie realisiert.

1994 *Dodsworth* (R: Marty Richards) – Ford sollte in einem Remake von William Wylers Film aus dem Jahr 1936 Travis McGee spielen, den von John D. MacDonald erfundenen Detektiv. Der Film kam nie zustande.

1995 *Hallo, Mr. Präsident* (R: Rob Reiner) – Ford lehnte die Rolle des US-Präsidenten ab, die Michael Douglas dann erhielt.

1996 *Mut zur Wahrheit* (R: Edward Zwick) – Ford lehnte ab und Denzel Washington spielte.

1996 *Metro* (R: Thomas Carter) – Ford lehnte ab, die Rolle ging an Eddie Murphy.

1996 *Liebe hat zwei Gesichter* (R: Barbra Streisand) – Ford lehnte ab und Jeff Bridges übernahm den Part.

1996 *Dragonheart* (R: Rob Cohen) – Ford lehnte ab und Dennis Quaid spielte.

1996 *Daylight* (R: Rob Cohen) – Ford lehnte ab und Sylvester Stallone erhielt die Rolle.

1998 *The Age of Aquarius* (R: Phil Alden Robinson) – Der Film über den Krieg in Jugoslawien wurde nie gedreht.

1998 *Der schmale Grat* (R: Terrence Malick) – Ford lehnte ab, Nick Nolte übernahm den Part.

1998 *Without Limits* (R: Robert Towne) – Ford lehnte ab und Donald Sutherland spielte.

1998 *Auf der Jagd* (R: Stuart Baird) – Ford lehnte die Fortsetzung von *Auf der Flucht* ab. Die Rolle wurde von Wesley Snipes gespielt.

1999 *Point of Impact* – In dem von William Goldman überarbeiteten Drehbuch nach einem Roman von Stephen Hunt geht es um den Scharfschützen Swagger, eine Legende des Vietnamkriegs. Ford lehnte ebenso wie Clint Eastwood und Robert Redford die Rolle ab. Der Film wurde nie gedreht.

1999 *Die Braut, die sich nicht traut* (R: Garry Marshall) – In einer früheren Version waren Geena Davis und Harrison Ford vorgesehen. Die Rollen wurden von Julia Roberts und Richard Gere gespielt.

2000 *Traffic* (R: Steven Soderbergh) – Ford wurde die Rolle angeboten, die später von Michael Douglas gespielt wurde. Ford lehnte ab, weil er lieber einen Film mit mehr Tempo drehen wollte.

2000 *Der Sturm* (R: Wolfgang Petersen) – Ford lehnte ab und George Clooney spielte.

2000 *Der Patriot* (R: Roland Emmerich) – Ford lehnte ab, weil der Film »die amerikanische Revolution auf einen Typ beschränkt, der Rache will«. Mel Gibson übernahm.

2000 *Proof of Life – Lebenszeichen* (R: Taylor Hackford) – Ford lehnte ab und Russell Crowe spielte.

2001 *The Sum of All Fears* (R: Phil Alden Robinson) – Ford lehnte seinen dritten Auftritt als Jack Ryan ab, da ihm das Drehbuch nicht gefiel. Er wollte, dass Autor Steve Zaillian das Script überarbeitet, der schon *Das Kartell* mitverfasst hatte, aber Warner Brothers lehnte ab. Ben Affleck spielte die Rolle. Zuvor hatte Ford bereits eine Rolle in der Verfilmung des Tom-Clancy-Romans ›The Cardinal of the Kremlins‹ abgesagt, nachdem er verschiedene Drehbuchänderungen verlangt hatte, zu denen Warner Brothers nicht bereit war.

2001 *Insomnia* (R: Christopher Nolan) – Nach Informationen des Branchenmagazins ›Entertainment Weekly‹ waren Jonathan Demme und Ford interessiert den norwegischen Thriller aus dem Jahr 1997 neu zu verfilmen. Die Rolle spielte Al Pacino.

2001 Laut dem Londoner ›Sunday Express‹ sollen Harrison Ford oder Kevin Costner die Hauptrolle in einem biografischen Film über Thomas Paine, den Philosophen des 18. Jahrhunderts, unter der Regie von Sir Richard Attenborough übernehmen.

2002 *Dragonfly* (R: Tom Shadyac) – Ford lehnte ab und Kevin Costner bekam den Part.

2002 *Harts War* (R: Gregory Hoblit) – Ford lehnte ab, die Rolle ging an Bruce Willis.

2003 *Indiana Jones Teil 4* – Die Arbeiten an einer weiteren Folge der Archäologen-Serie ziehen sich seit Jahren hin. In einem Gespräch in Hamburg sagte Jeffrey Katzenberg im Herbst 2001, dass »Spielberg weiter daran arbeitet«. George Lucas gab im September 2001 bekannt, dass er nach Fertigstellung seines jüngsten Star-Wars-Abenteuers *Der Angriff der Klonkrieger* mit *Indy 4* beginnen wolle. Sowohl Ford als auch Sean Connery signalisierten im Jahr 2001 ihr Interesse.

Harrison Ford zu den entgangenen Rollen: »Ich bedauere nicht die Entscheidungen, die ich in Bezug auf Filme getroffen habe, die dann große Erfolge wurden. Die Gründe dafür, die Jobs nicht anzunehmen, waren, dass ich entweder nicht wusste, wie ich darangehen sollte, mir das Ganze zu nah an dem erschien, was ich bereits gespielt hatte, oder mir die Idee nicht gefiel. Wenn du etwas nicht machen kannst, kannst du es eben nicht machen. Es gibt keinen Grund, das zu bedauern.« (2000)

# Gagen und Besucherzahlen

### Gagen

Vertrag mit Columbia Pictures (ab Juni 1965): 150 US-Dollar pro Woche

*Immer wenn er Dollars roch* (1966): 50 US-Dollar für einen Drehtag

Vertrag mit Universal (ab Frühjahr 1967): 250 US-Dollar pro Woche

*American Graffiti* (1973): 500 US-Dollar pro Woche

*Krieg der Sterne* (1977): 10.000 US-Dollar plus Umsatzbeteiligung: Das ergab bei der ersten Auswertung etwa 50.000, summierte sich aber auf eine Million US-Dollar.

*Apocalypse Now* (1979): 1.750 US-Dollar pro Woche

*Jäger des verlorenen Schatzes* (1981): Gage im siebenstelligen Bereich und 7 Prozent Umsatzbeteiligung

*Der Blade Runner* (1982): 3 Millionen US-Dollar plus 20 Prozent Umsatzbeteiligung

*Die Rückkehr der Jedi-Ritter* (1983): 500.000 US-Dollar

*Indiana Jones und der Tempel des Todes* (1984): 4,5 Millionen US-Dollar plus Umsatzbeteiligung. Nach Angaben von ›rtv‹ erhielt Ford 2,7 Millionen Dollar Gage.

*Indiana Jones und der letzte Kreuzzug* (1989): 5 Millionen US-Dollar plus 5 Prozent Umsatzbeteiligung

Nach Angaben des US-Magazins ›Forbes‹ beliefen sich Fords Einnahmen in den Jahren 1989/1990 auf 22 Millionen US-Dollar, er zählt damit zu den 40 Bestverdienenden in Hollywood.

*Aus Mangel an Beweisen* (1990): 7,5 Millionen US-Dollar plus Umsatzbeteiligung

*In Sachen Henry* (1991): 10 Millionen US-Dollar plus Umsatzbeteiligung

*Die Stunde der Patrioten* (1992): 9 oder 10 Millionen US-Dollar plus 10 Prozent Umsatzbeteiligung. Ausgehandelt wurden weitere 20 Millionen Dollar Gage für die nächsten beiden Teile der Jack-Ryan-Serie.

Das US-Magazin ›Forbes‹ bezifferte Fords Einkommen in den Jahren 1993/1994 auf 44 Millionen Dollar und führte ihn auf Platz 10 der bestverdienenden Filmstars.

*Das Kartell* (1994): 15 Millionen US-Dollar plus 11,5 Prozent Umsatzbeteiligung

*Sabrina* (1995): 20 Millionen US-Dollar plus Umsatzbeteiligung

*Vertrauter Feind* (1997): 20 Millionen US-Dollar plus Umsatzbeteiligung

*Air Force One* (1997): 20 Millionen US-Dollar plus 15 Prozent Umsatzbeteiligung

*Sechs Tage, sieben Nächte* (1998): 15 Millionen US-Dollar plus Umsatzbeteiligung

1998 wurde Harrison Ford in das ›Guinness Buch der Rekorde‹ als höchstbezahlter Filmstar aufgenommen: »Harrison Ford verdiente 1998 die Rekordsumme von 104,98 Millionen DM. Ford spielte in neun der 45 Filme mit den höchsten Bruttoeinnahmen aller Zeiten.«

*Schatten der Wahrheit* (2000): 20 Millionen US-Dollar plus Umsatzbeteiligung

*K 19 – The Widowmaker* (2001): 25 Millionen US-Dollar plus 20 Prozent Umsatzbeteiligung

Harrison Ford zum Thema Gagen und Geld: »Es ist zu schwer, diesen Job nur wegen des Geldes zu machen. Ich habe Filme für Geld gedreht, aber seit langer Zeit nicht mehr.« (1986)
»Geld ist nur dann wichtig, wenn man keins hat. Im Gegensatz zu Onkel Dagobert habe ich keinen Geldspeicher, wo ich mich in meinen Talern wälzen kann. Mit dem Geld, das ich verdiene, kann ich mir einen Teil meines Privatlebens zurückkaufen, das mir der Ruhm gestohlen hat.« (1990)

## Besucherzahlen von Ford-Filmen in deutschen Kinos

| Jahr | Titel | Besucherzahl |
|------|-------|-------------|
| 1977 | *Krieg der Sterne* | 8.085.000 |
| 1980 | *Das Imperium schlägt zurück* | 5.049.408 |
| 1981 | *Jäger des verlorenen Schatzes* | 2.498.639 |
| 1982 | *Der Blade Runner* | 1.025.157 |
| 1983 | *Die Rückkehr der Jedi-Ritter* | 5.013.065 |
| 1984 | *Indiana Jones und der Tempel des Todes* | 3.832.411 |
| 1985 | *Der einzige Zeuge* | 959.303 |
| 1986 | *Mosquito Coast* | 103.654 |
| 1988 | *Die Waffen der Frauen* | 504.053 |
| 1988 | *Frantic* | 927.461 |
| 1989 | *Indiana Jones und der letzte Kreuzzug* | 3.644.906 |
| 1990 | *Aus Mangel an Beweisen* | 1.178.940 |
| 1991 | *In Sachen Henry* | 295.211 |
| 1992 | *Die Stunde der Patrioten* | 936.605 |
| 1993 | *Auf der Flucht* | 1.946.526 |
| 1994 | *Das Kartell* | 948.234 |
| 1995 | *Sabrina* | 230.728 |
| 1997 | *Air Force One* | 2.362.113 |
| 1997 | *Vertrauter Feind* | 1.114.036 |
| 1998 | *Sechs Tage, sieben Nächte* | 1.468.853 |
| 1999 | *Begegnung des Schicksals* | 517.532 |
| 2000 | *Schatten der Wahrheit* | 1.825.221 |

## US- und Kanada-Box-Office

| Jahr | Titel | Einspielergebnis (in US-Dollar) |
|------|-------|-------------|
| 1973 | *American Graffiti* | 55.886.000 |
| 1977 | *Krieg der Sterne* | 460.998.007 |
| 1979 | *Apocalypse Now* | 37.980.163 |
| 1980 | *Das Imperium schlägt zurück* | 290.271.859 |
| 1981 | *Jäger des verlorenen Schatzes* | 242.374.454 |
| 1982 | *Der Blade Runner* | 27.018.472 |
| 1983 | *Die Rückkehr der Jedi-Ritter* | 309.206.384 |
| 1984 | *Indiana Jones und der Tempel des Todes* | 179.870.271 |
| 1985 | *Der einzige Zeuge* | 65.532.576 |
| 1986 | *Mosquito Coast* | 14.302.779 |
| 1988 | *Die Waffen der Frauen* | 63.542.771 |
| 1988 | *Frantic* | 17.637.950 |
| 1989 | *Indiana Jones und der letzte Kreuzzug* | 197.171.806 |
| 1990 | *Aus Mangel an Beweisen* | 86.303.188 |
| 1991 | *In Sachen Henry* | 43.001.500 |
| 1992 | *Die Stunde der Patrioten* | 82.880.259 |
| 1993 | *Auf der Flucht* | 183.875.760 |
| 1994 | *Das Kartell* | 122.012.656 |
| 1997 | *Air Force One* | 172.842.297 |
| 1998 | *Sechs Tage, sieben Nächte* | 74.339.294 |
| 1999 | *Begegnung des Schicksals* | 31.020.443 |
| 2000 | *Schatten der Wahrheit* | 155.370.362 |

Die erfolgreichsten Ford-Filme (weltweit)

| Rang | Titel | Einspielergebnis in Mio US-Dollar |
| --- | --- | --- |
| 1 | *Krieg der Sterne* (1977)* | 798.0 |
| 2 | *Das Imperium schlägt zurück* (1980)* | 534.0 |
| 3 | *Indiana Jones und der letzte Kreuzzug* (1989) | 494.8 |
| 4 | *Die Rückkehr der Jedi-Ritter* (1983)* | 470.5 |
| 5 | *Jäger des verlorenen Schatzes* (1981) | 383.5 |
| 6 | *Auf der Flucht* (1993) | 368.9 |
| 7 | *Indiana Jones und der Tempel des Todes* (1984) | 333.1 |
| 8 | *Air Force One* (1997) | 315.0 |
| 9 | *Schatten der Wahrheit* (1999) | 275.7 |
| 10 | *Aus Mangel an Beweisen* (1990) | 221.3 |
| 11 | *Das Kartell* (1994) | 207.6 |
| 12 | *Die Stunde der Patrioten* (1992) | 173.6 |
| 13 | *Vertrauter Feind* (1997) | 140.8 |
| 14 | *American Graffiti* (1973) | 125.0 |

* einschließlich Special Edition bzw. Director's Cut

Quellen: ›Variety‹: All-Time Box Office Champs 10-05-97; ›The Hollywood Reporter‹; Jens-Peter Johannsen; Dale Pollock: Sternenimperium; Orbit Video und Entertainment Data 1989; eigene Recherchen

Harrison Ford: »Ein künstlerischer Erfolg wäre mir manchmal lieber als ein kommerzieller. Ich habe nicht das Verlangen, dass jeder Film, in dem ich spiele, ein Box-Office-Hit wird. Wenn ich das von vornherein wüsste, würde ich häufiger an weniger ambitionierten Filmen mitarbeiten.«

# Preise und Wettbewerbe

1982 Saturn Award für *Jäger des verlorenen Schatzes*, vergeben von der Academy of Science Fiction, Horror and Fantasy Films

1982 Jupiter der Zeitschrift ›cinema‹ für den beliebtesten Schauspieler

1985 Jupiter der Zeitschrift ›cinema‹ für den beliebtesten Schauspieler

1994 Box Office Star of the Century, verliehen auf der ShoWest Convention in Las Vegas

1994 Spencer Tracy Award der Universität Los Angeles (UCLA)

1994 MTV-Movie Award gemeinsam mit Tommy Lee Jones als bestes männliches Duo auf der Leinwand in *Auf der Flucht*

1994 Blockbuster Entertainment Award für den besten Schauspieler in der Kategorie Action auf Video für *Auf der Flucht*

1995 Blockbuster Entertainment Award für den besten Schauspieler in der Kategorie Action im Kino für *Das Kartell*

1995 Blockbuster Entertainment Award für den besten Schauspieler in der Kategorie Action auf Video für *Das Kartell*

1996 Saturn Award für das Lebenswerk, vergeben von der Academy of Science Fiction, Horror and Fantasy Films

1996 Hasty Puddings Man of the Year der Universität Harvard (20. Februar)

1997 Bambi der Zeitschrift ›Hör Zu‹ für *Air Force One*

1998 People's Choice Award als beliebtester männlicher Schauspieler

1998 Foster's Can Film Award als beliebtester männlicher Action-Held für *Air Force One*

1998 Filmschauspieler des Jahres des ›GQ Magazins‹

1998 Wahl in die Liste der »10 Sexiest Men of the Year« des Magazins ›Playgirl‹

1998 Wahl zum »Sexiest Man Alive« des Magazins ›People‹

1998 Wahl zum beliebtesten männlichen Filmschauspieler in den USA vor Tom Cruise und Will Smith (Umfrage des Meinungsforschungsinstituts Gallup, Harris Poll)

1999 People's Choice Award als beliebtester männlicher Filmstar aller Zeiten

1999 Blockbuster Entertainment Award für den besten Schauspieler in der Kategorie Komödie/Romantik für *Sechs Tage, sieben Nächte*

1999 Honoree der 26th Annual Vision Awards

2000 People's Choice Award als beliebtester männlicher Schauspieler

2000 Life Achievement Award des American Film Institute in Los Angeles für das Lebenswerk (17. Februar)

2000 Media Spotlight Award von Amnesty International USA

2001 Blockbuster Entertainment Award für den besten Schauspieler in der Kategorie Spannung für *Schatten der Wahrheit*

# Bibliografie

**Texte von Harrison Ford**

White, Timothy: Portraits. New York 2001 (Fotoband mit einem Vorwort von Harrison Ford)


**Bibliografie: Harrison Ford**

Abele, Robert: People Profiles: Harrison Ford. New York 2000

Clinch, Minty: Harrison Ford: A Biography. London 1987

Davis, Daphne: Selections from Stars! A Treasury of Hollywood's Most Popular Superstars. New York 1984 (enthält das Kapitel ›Harrison Ford: Maverick‹)

Grobel, Lawrence: Above the Line. Conversations about the movies. New York 2000 (enthält ein Interview mit Harrison Ford, das bereits in der US-Ausgabe des ›Playboy‹ im Juli 1997 erschien)

Honeyford, Paul: Harrison Ford. London 1986 (Deutsche Ausgabe: Seine Filme – sein Leben. München 1990)

Jaelot-Blanc, Jean-Jacques: Harrison Ford. Paris 1990

Jenkins, Garry: Harrison Ford. Imperfect Hero. London 1996 und New Jersey 1998

McKenzie, Alan: The Harrison Ford Story. London 1984

Pfeiffer, Lee/Lewis, Michael: The Films of Harrison Ford. New York 1996/1999

Schultz, Berndt/Loderhose, Willy: Harrison Ford. Hollywoods heimlicher Superstar. Bergisch Gladbach 1989

Sellers, Robert: Harrison Ford – A Biography. Hale 1992 und London 1993 (Deutsche Ausgabe: Harrison Ford. Eine Biographie. Köln 1994)

Sinay, Hershel D. (Hg): Harrison Ford. AFI Tribute Book. Los Angeles 2000

Vare, Ethlie Ann/Toledo, Mary: Harrison Ford. New York 1987

Zolkow, Claudius von: Das große Buch über Harrison Ford und Indiana Jones. Hamburg 1989


**Bibliografie: Mitwirkende, Kollegen, Regisseure**

Brode, Douglas: The Films of Steven Spielberg. New York 1995

Crawley, Tony: The Steven Spielberg Story. London 1983 (deutsche Ausgabe: Steven Spielberg. Eine Erfolgsstory. München 1989)

Denker, Oliver: Star Wars. Die Filme. München 1996

Freedland, Michael: Jack Lemmon. Seine Filme – sein Leben. München 1986

Fründt, Bodo/Jacobsen, Wolfgang/Jansen, Peter W./Maerker, Christa: Francis Ford Coppola. München 1985

Goldau, Antje/Prinzler, Hans Helmut: Spielberg – Filme als Spielzeug. Berlin 1985

Korte, Helmut/Faulstich, Werner: Action und Erzählkunst – Die Filme von Steven Spielberg. Frankfurt 1987

Loderhose, Willy: Steven Spielberg. Der Herr der Träume. Bergisch Gladbach 1995

Petersen, Wolfgang/Greiwe, Ulrich: Ich liebe die großen Geschichten. Vom ›Tatort‹ bis nach Hollywood. Köln 1997

Pollock, Dale: Sternenimperium. Das Leben und die Filme von George Lucas. München 1983

Schumacher, Michael: Francis Ford Coppola. A Filmmaker's Life. London 1999

Sheard, Michael: Yes, Mr Bronson. Memoirs of a Bum Actor. Chichester 1997

Shiach, Don: The Films of Peter Weir. London 1993

Taylor, Philip M.: Steven Spielberg. London 1992

Tesche, Siegfried: Sean Connery – Die Biografie. Berlin 2000

Yule, Andrew: Steven Spielberg. Die Eroberung Hollywoods. München 1997

## Bibliografie: Filme

Coppola, Eleanor: Vielleicht bin ich zu nah. Notizen bei der Entstehung von ›Apocalypse Now‹. Reinbek 1980

Cowie, Peter: The Apocalypse Now Book. London 2000

Hahn, Ronald M./Jansen, Volker: Kultfilme. Von ›Metropolis‹ bis ›Rocky Horror Picture Show‹. München 1985

Jenkins, Garry: Empire Building. The Remarkable Real Life Story of Star Wars. London 1997

Johns, Ken: Hanover Street – 1943 Style. In: photoplay June 1978

Lucas, George/Katz, Gloria/Huyck, Willard: American Graffiti. The complete scenario of the film with 70 illustrations. New York 1973

Lüdecke, Jean: 1000 Kultfilme auf Video. Kauf- und Leihvideos mit allen technischen Angaben. München 1994

Sammon, Paul M.: Future Noir. The Making of Blade Runner. New York 1996

Schnelle, Frank: Ridley Scott's Blade Runner. Stuttgart 1997

Taylor, Derek: The Making of Raiders of the Lost Ark. New York 1981


## Weitere Quellen

Compart, Martin: Crime TV. Lexikon der Krimi-Serien. Berlin 2000

Jochim, Gregor: Lexikon der Filmpannen. Leipzig 2000

Presseinformationen der Filmverleihe Buena Vista International, CIC, Paramount Pictures, Tobis Studio Canal, Twentieth Century Fox, Warner Brothers, UIP


## Interviews, Zeitungs- und Zeitschriftenporträts

Biebl, Elmar: Harrison Ford: Ich kenne jede Barbie bestens. In: Premiere World Magazin, April 2001

Cameron-Wilson, James: Harrison Ford. Court In The Spotlight. In: Film Review, November 1990

Campbell, Virginia: Ich kann auch wieder als Tischler arbeiten. In: Gala, 18-01-96

Champlin, Charles: Harrison Ford: More Than Slam-Bang. In: Los Angeles Times, 22-07-90

Crawley, Tony: Ford's Game. In: Film Review, Oktober 1992

Desalm, Brigitte: Der galaktische Reiter. In: steady cam 15/1990

Devon, Joe: Harrison Ford. In: Famous, Juni 1992

Glynn, Leonard/Mooney, Patricia W.: A Cliffhanger Classic. In: Newsweek, 28-09-81

Green, Tom: He makes a buzz about ›Mosquito‹. In: USA Today, 23-12-86

Griffin, Nancy: Jungle Chums. In: Life, Juni 1984

Gristwood, Sarah: Alone At Last. In: Sunday Express Magazine, 14-07-91

Grobel, Lawrence: Off Camera. In: Playboy, September 1993

Halberstadt, Michèle: Harrison Ford. Absence of malice. In: Premiere, Mai 1985

Heinrich, Ludwig: Weinen ist ein Problem, Berühmtheit auch. In: Blickpunkt Film, 23-08-91

Herpell, Gabriela: Ein Mann sieht rot. Interview mit Harrison Ford. In: Tempo, Oktober 1992

Hertling, Marc: Revolte gegen das Mittelmaß. Interview mit Harrison Ford, dem Star von Peter Weirs Aussteigerfilm ›Mosquito Coast‹. In: Kölner Stadtanzeiger, 12-03-87

Ho, Francois: L'Homme Tranquille. In: Starfix, Oktober 1989

Hoban, Phoebe: Keine Rosen für den Staatsanwalt. In: Wiener 12/1990

Kruse, Horst: Harrison Ford. Charisma und Leinwandpräsenz. In: filmspiegel 5/1991

Leonhardt, Yvonne: Hollywoods heißester Held. In: Tango, 29-09-94

Lössl, Ulrich: Auf der Flucht. In: zitty 19/1993

Lurie, Rod: Regarding Harrison. In: Il Messaggero, 19-08-91

Mac Trevor, Joan: Harrison Ford: Je suis pret à tout pour défendre ma famille. In : Ciné-Télé-Revue, 18/24-07-92

Martin, Guy: Harrison Ford and the Jungle of Gloom. In: Esquire, Oktober 1986

Maurus, Kim: Harrison Ford: Bei ihm klappte alles erst im zweiten Anlauf. In: TV klar 1993

McGregor, Alex: Noyce One. In: Time Out, 09/16-09-92

Mercer, Alice: Witness Hero. In: Et Cetera, 12-08-85

Mills, Bart: Harrison Ford. Rugged Romantic. In: Biography Magazine, October 1999

Munn, Mike: What stardom means to me. In: photoplay, April 1978

Murphy, Edward: Look Ma! No Han! In: Film Review, September 1988

o.V.: Der Mann, der die Angst kennt. In: MV, Februar 1996

o.V.: Der Minus Mann. In: tip 25/1990

o.V.: Gestatten, Harrison Ford. In: Focus, 26-09-94

o.V.: Harrison Ford Contre Harrison Ford. In: Premiere, April 1997

o.V.: Harrison Ford. Common sense is all I have. In: Movieline, Dezember 1995

o.V.: Harrison Ford. Der Saubermann für alle Fälle. In: Gala, 20-10-94

o.V.: Harrison Ford. Held mit Herz. In: Cinema, November 1982

o.V.: Harrison Ford. Held wider Willen. In: rtv, 30-06/06-07-90

o.V.: Harrison Ford. In: people, 11-05-96

o.V.: Harrison Ford. Wenn es keinen Spaß mehr macht, ist Schluss. In: Gala, 23-06-94

o.V.: Harrison Ford: Das tapfere Schreinerlein. In: Film Illustrierte, Januar 1991

o.V.: Indiana Jones kommt schon bald wieder. Interview mit Harrison Ford. In: Cinema, November 1981

o.V.: Regarding Harrison. The actor looks back at some pivotal roles. In: Entertainment Weekly, 12-06-92

O'Neill, Anne-Marie/Cunneff, Tom: Build to last. In: people, 1999

Orlin, Scott: Tom Clancy ist nicht professionell. Harrison Ford. Das Interview. In: cinema, Oktober 1994

Osswald, Dieter: Kriegsspiele. Interview mit Harrison Ford. In: Marabo, Oktober 1992

Peters, Susan: Harrison Ford: Méfiez-vous des stars qui vous disent comment voter! In: Ciné-Tele-Revue, 28-12-89

Rebichon, Michel: Harrison Ford. Heros Malgre Lui. In: Studio, September 1993

Reed, J.D.: Harrison Ford. From Star Wars to the Cold War to the war between the sexes, the Force has never left him. In: people, November 1998

Reisfeld, Bert: Ausstiegsträume an der ›Mosquito Coast‹. FE-Gespräch mit Harrison Ford über seinen neuen Film. In: Filmecho, 21-01-87

Richardson, Brian: Ein Held nur für gewisse Stunden. In: TV Movie 1993

Ronel, Daniel: Ich werd's schon schaffen. Interview mit Harrison Ford. In: Salzburger Nachrichten 02-01-01

Rust, Michael: Keeping up with the Joneses. In: Film Review, Oktober 1988

Ruuth, Marianne: Vintage Ford. In: Select, Oktober 1990

Ryan, James: When Ford's on a picture, he does more than star. In: The Hollywood Reporter, 04-08-93

Scheid, Norbert: Ich habe gefunden, was die Menschen das Paradies nennen. In: Hör Zu, 1990

Schickel, Richard: Slam! Bang! A Movie Movie. In: Time, 15-06-81

Schoenberger, Frances: Der Realist. In: Hollywood, September 1989

Sereda, Elizabeth: Der Serienheld. In: Skip, September 1994

Sragow, Michael: The Ultimate Saturday Matinee. In: Rolling Stone, 25-06-81

Sturm, Rüdiger: Ich habe einen Traum. In: Die Zeit, 28-09-00

Swann, Phillip: Harrison Ford: The Billion Dollar Man. In: Orbit Video 1989

Tits, Johan: The Good Guy. Harrison Ford und seine Rollen. In: Ostwestfalen Tips, Dezember 1990

Verdiani, Gilles: King Harrison. In: Premiere, November 1994

Yakir, Dan: File on Ford. o.J.

*Eine Form der Unsterblichkeit: Briefmarken der russischen Wolgarepublik Mordovia*